罗洛·梅文集

— 郭本禹 杨韶刚/主编 —

Psychology and the Human Dilemma

心理学与人类困境

[美]罗洛·梅（ROLLO MAY）/著

郭本禹 方红 /译

中国人民大学出版社

·北京·

总 序 Preface

罗洛·梅（Rollo May，1909—1994）被称做“美国存在心理学之父”，也是人本主义心理学的杰出代表。20世纪中叶，他把欧洲的存在主义哲学和心理学思想介绍到美国，开创了美国的存在分析学和存在心理治疗。他著述颇丰，其思想内涵带给现代人深刻的精神启示。

一、罗洛·梅的学术生平

罗洛·梅于1909年4月21日出生在俄亥俄州的艾达镇。此后不久，他随全家迁至密歇根州的麦里恩市。罗洛·梅幼时的家庭生活很不幸，父母都没有受过良好的教育，而且关系不和，经常争吵，两人后来分居，最终离婚。他的母亲经常离家出走，不照顾孩子，根据罗洛·梅的回忆，母亲是“到处咬人的疯狗”。他的父亲同样忽视子女的成长，甚至将女儿患心理疾病的原因归于受教育太多。由于父亲是基督教青年会的秘书，因而全家总是搬来搬去，罗洛·梅称自己总是“圈子中的新成员”。作为家中的长子，罗洛·梅很早就承担起家庭的重担。他幼年时最美好的记忆是离家不远的圣克莱尔河，他称这条河是自己“纯洁的、深切的、超凡的和美丽的朋友”。在这里，他夏天游泳，冬天滑冰，或是坐在岸边，看顺流而下运矿石的大船。不幸的早年生活激发了罗洛·梅日后对心理学和心理咨询的兴趣。

罗洛·梅很早就对文学和艺术产生了兴趣。他在密歇根州立学院读书时，最感兴趣的是英美文学，由于他主编的一份激进的文学刊物惹恼了校方，转学到俄亥俄州的奥柏林学院。在此他投身于艺术课程，学习绘画，深受古希腊艺术和文学的影响。1930年获得该校文学学士学位后，他随一个艺术团体到欧洲游历，学习各国的绘画和艺术。他在由美国人在希腊开办的阿纳托利亚学院教了三年英文，这期间他对古希腊文明有了更深刻的体认。罗洛·梅终生保持着对文学和艺术的兴趣，这在他的著作中也充分体现出来。

1932年夏，罗洛·梅参加了阿德勒（Alfred Adler）在维也纳山区一个避暑胜地举办的暑期研讨班，有幸结识了这位著名的精神分析学家。阿德勒是弗洛伊德（Sigmund Freud）的弟子，但与弗洛伊德强调性本能的作用不同，阿德勒强调人的社会性。罗洛·梅在研讨班中与阿德勒进行了热烈的交流和探讨。他非常赞赏阿德勒的观点，并从阿德勒那里接受了许多关于人的本性和行为等方面的心理学思想。可以说，阿德勒为罗洛·梅开启了心理学的大门。

1933年，罗洛·梅回到美国。1934—1936年，他在密歇根州立学院担任学生心理咨询员，并编辑一本学生杂志。但他不安心于这份工作，希望得到进一步的深造。罗洛·梅原本希望到哥伦比亚大学学习心理学，但他发现那里所讲授的全是行为主义的观点，与自己的兴趣不合。最终，他进入纽约联合神学院学习神学，并于1938年获得神学学士学位。罗洛·梅在这里做了一个迂回。他先学习神学，之后又转回心理学。这个迂回对罗洛·梅至关重要。他在这里学习到有关人的存在的知识，接触到焦虑、爱、恨、悲剧等主题，这些主题在他日后的著作中都得到了阐释。

在联合神学院，罗洛·梅还结识了被他称为“朋友、导师、精神之父和老师”的保罗·蒂利希（Paul Tillich），他对罗洛·梅学术生涯的发展产生了至关重要的影响。蒂利希是流亡美国的德裔存在主义哲学家，罗洛·梅常去听蒂利希的课，并与他结为终生好友。从蒂利希那里，罗洛·梅第一次系统地学习了存在主义哲学，了解到存在主义鼻祖克尔凯郭尔（Soren Kierkegaard）和存在主义大师海德格尔（Martin Heidegger）的思想。罗洛·梅思想中的许多关键概念，如生命力、意向性、勇气、无意义的焦虑等，都可以看到蒂利希的影子。为纪念这位良师诤友，罗洛·梅曾出版了三本关于蒂利希的著作。此外，罗洛·梅还受到德国心理学家戈德斯坦（Kurt Goldstein）的影响，接受了他关于自我实现、焦虑和恐惧的观点。

在纽约联合神学院毕业后，罗洛·梅被任命为公理会牧师，在新泽西州的蒙特克莱尔做了两年牧师。他对这个职业并不感兴趣，最终还是回到了心理学领域。在这期间，罗洛·梅出版了自己的第一本著作《咨询的艺术：如何给予和获得心理健康》（*The Art of Counseling: How to Give and Gain Mental Health*, 1939）。20 世纪 40 年代初，罗洛·梅到纽约城市学院担任心理咨询员。同时，他进入纽约著名的怀特精神病学、心理学和精神分析研究院学习精神分析。他在怀特研究院受到精神分析社会文化学派的影响。当时该学派的成员沙利文（Harry Stack Sullivan）为该院基金会主席，另一位成员弗洛姆（Erick Fromm）也在该院任教。社会文化学派与阿德勒一样，也不赞同弗洛伊德的性本能观点，而是重视社会文化对人格的影响。该学派拓展了罗洛·

梅的学术视野，并进一步确立了他对存在的探究。

通过在怀特研究院的学习，罗洛·梅于1946年成为一名开业心理治疗师。在此之前，他已进入哥伦比亚大学攻读博士学位。但1942年，他感染了肺结核，差点死去。这是他人生的一大难关。肺结核在当时被视作不治之症，罗洛·梅在疗养院住院三年，经常感受到死亡的威胁，除了漫长的等待之外别无他法。但难关同时也是一种契机，他在面临死亡时，得以切身体验自身的存在，并以自己的理论加以观照。罗洛·梅选择了焦虑这个主题为突破点。结合深刻的焦虑体验，他仔细阅读了弗洛伊德的《焦虑的问题》（*The Problem of Anxiety*）、克尔凯郭尔的《焦虑的概念》（*The Concept of Anxiety*）以及叔本华（Arthur Schopenhauer）、尼采（Friedrich Wilhelm Nietzsche）等人的著作。他认为，在当时的疾病状况下，克尔凯郭尔的话更能打动他的心，因为它触及了焦虑的最深层结构，即人类存在的本体论问题。从疾病中康复之后，罗洛·梅在蒂利希的指导下，以其亲身体验和内心感悟写出博士学位论文《焦虑的意义》（*The Meaning of Anxiety*）。1949年，他以优异成绩获得哥伦比亚大学授予的第一个临床心理学博士学位。博士学位论文的完成，标志着罗洛·梅思想的形成。此时，他已届不惑之年。

自20世纪50年代起，罗洛·梅的学术成就突飞猛进。他陆续出版多种著作，将存在心理学拓展到爱、意志、权力、创造、梦、命运、神话等诸多主题。同时，他也参与到心理学的历史进程中。这一方面表现在他对发展美国存在心理学的贡献上。1958年，他与安吉尔（Ernest Angel）和艾伦伯格（Henri Ellenberger）合作主编了《存在：精神病学与心理学的新方向》（*Existence: A New Dimension in Psychiatry and Psychology*），向美国的读者介绍欧洲的存在心理学和存在心理治疗思想，此书标志着美国存在心理学本土化的完成。1958—1959 年，罗洛·梅组织了两次关于存在心理学的专题讨论会。第一次专题讨论会后形成了美国心理治疗家学院；第二次是 1959 年在美国心理学会辛辛那提年会上举行的存在心理学特别专题讨论会，这是存在心理学第一次出现在美国心理学会官方议事日程上。这次会议的论文集由罗洛·梅主编，并以《存在心理学》(*Existential Psychology*，1960) 为名出版，该书推动了美国存在心理学的进一步发展。1959 年，他开始主编油印的《存在探究》杂志，该杂志后改为《存在心理学与精神病学评论》，成为存在心理学和精神病学会的官方杂志。正是由于这些工作，罗洛·梅被誉为“美国存在心理学之父”。另一方面，罗洛·梅积极参与人本主义心理学的活动，推动了人本主义心理学的发展。1963 年，他参加了在费城召开的美国人本主义心理学会成立大会，此次会议标志着人本主义心理学的诞生。1964 年，他参加了在康涅狄格州塞布鲁克召开的人本主义心理学大会，此次会议标志着人本主义心理学为美国心理学界所承认。他曾对行为主义者斯金纳 (Burrhus Frederic Skinner) 的环境决定论和机械决定论提出过严厉的批评，也不赞成弗洛伊德精神分析的本能决定论和泛性论观点，将精神分析改造为存在分析。他还通过与其他人本主义心理学家争论，推动了人本主义心理学的健康发展。其中最有名的是他与罗杰斯 (Karl Rogers) 的著名论辩，他反对罗杰斯的性善论，提倡善恶兼而有之的观点。

20 世纪 50 年代中期，罗洛·梅积极参与纽约州立法，反对美国医学会试图把心理治疗作为医学的一个专业，只有医学会的会员才能具有从业资格的做法。在 60 年代后期和 70 年代早期，罗洛·梅投身反对越南战争、反核战争、反种族歧视运动以及妇女自由运动，批评美国文化中欺骗性的自由与权力观点。到了70年代后期和80年代，罗洛·梅承认自己成为一名更加温和的存在主义者，反对极端的主观性和否定任何客观性。他坚持人性中具有恶的一面，但对人的潜能运动和会心团体持朴素的乐观主义态度。

1948年，罗洛·梅成为怀特研究院的一名成员；1952年，升为研究员；1958年，担任该研究院的院长；1959年，成为该研究院的督导和培训分析师，并一直工作到1974年退休。罗洛·梅曾长期担任纽约市的社会研究新学院主讲教师（1955—1976），他还先后做过哈佛大学（1964）、普林斯顿大学（1967）、耶鲁大学（1972）、布鲁克林学院（1974—1975）的访问教授，以及纽约大学的资深学者（1971）和加利福尼亚大学雷根特学院的教授（1973）。此外，他还曾担任过纽约心理学会和美国精神分析学会主席等多种学术职务。

1975年，罗洛·梅移居加利福尼亚，继续他的私人临床实践，并为人本主义心理学大本营塞布鲁克研究院和加利福尼亚职业心理学学院工作。

罗洛·梅与弗洛伦斯·德弗里斯（Florence DeFrees）于1938年结婚。他们在一起度过了30年的岁月后离婚。两人生有一子两女，儿子罗伯特·罗洛（Robert Rollo）曾任阿默斯特学院的心理咨询主任，女儿卡罗林·简（Carolyn Jane）和阿莱格拉·安妮（Allegra Anne）是双胞胎，前者是社会工作者治疗师和画家，后者是纪录片创作者。罗洛·梅的第二任妻子是英格里德·肖勒（Ingrid Scholl），他们于1971年结婚，十年后分手。1988年，他与第三任妻子乔治亚·米勒·约翰逊（Georgia Miller Johnson）走到一起。乔治亚是一位荣格学派的分析心理学治疗师，她是罗洛·梅的知心伴侣，陪伴他走过了最后的岁月。1994年10月22日，罗洛·梅因多种疾病在加利福尼亚的家中逝世。

罗洛·梅曾先后获得十多个名誉博士学位和多种奖励，他尤为得意的是两次获得克里斯托弗奖章，以及美国心理学会颁发的临床心理学科学和职业杰出贡献奖和美国心理学基金会颁发的心理学终身成就奖章。

1987年，塞布鲁克研究院建立了罗洛·梅中心。该中心由一个图书馆和一个研究项目组成，鼓励研究者以罗洛·梅的精神进行研究和出版作品。1996年，美国心理学会人本主义心理学分会设立了罗洛·梅奖。这表明罗洛·梅在今天依然产生着影响。

二、罗洛·梅的基本著作

罗洛·梅一生著述丰富，出版了20余部著作，发表了许多论文。他在80岁高龄时，仍然坚持每天写作四个小时。我们按他思想发展的历程来介绍其主要作品。

罗洛·梅的两部早期著作是《咨询的艺术：如何给予和获得心理健康》（1939）和《创造性生命的源泉：人性与神的研究》（*The Springs of Creative Living*：*A Study of Human Nature and God*，1940）。《咨询的艺术：如何给予和获得心理健康》一书是罗洛·梅于1937年和1938年在教会举行的“咨询与人格适应”研讨会上的讲稿。该书是美国出版的第一部心理咨询著作，具有重要的学术意义。该书再版多次，到1989年已印刷15万册。在这部著作中，罗洛·梅提倡在理解人格的基础上进行咨询实践。他认为，人格是生活过程的实现，它围绕生活的终极意义或终极结构展开。咨询师通过共情和理解，调整患者人格内部的紧张，使其人格发生转变。该书虽然明显有精神分析和神学的痕迹，但已经在一定程度上表现出罗洛·梅的后期思想。《创造性生命的源泉：人性与神的研究》一书与前一部著作并无大的差异，只是更明确地表述了健康人格和宗教信念。在与里夫斯(Clement Reeves)的通信中，罗洛·梅表示拒绝该书再版。这一时期出版的著作还有《咨询服务》(*The Ministry of Counseling*, 1943)一书。

罗洛·梅思想形成的标志是《焦虑的意义》(1950)一书的问世。该书是在他的博士学位论文基础上修改而成的。在这部著作中，罗洛·梅对焦虑进行了系统研究。他在考察哲学、生物学、心理学和文化学的焦虑观基础上，通过借鉴克尔凯郭尔的观点，结合临床案例，提出了自己的观点。他将焦虑置于人的存在的本体论层面，视作人的存在受到威胁时的反应，并对其进行了详细的描述。通过焦虑研究，罗洛·梅逐渐形成了以人的存在为核心的思想。在这种意义上，该书为罗洛·梅此后的著作奠定了框架基础。

1953年，罗洛·梅出版了《人的自我寻求》(*Man's Search for Himself*)，这是他早期最畅销的一本书。他用自己的思想对现代社会进行了整体分析。他以人格为中心，探究了在孤独、焦虑、异化和冷漠的时代自我的丧失和重建，分析了现代社会危机的心理学根源，指出自我的重新发现和自我实现是其根本的出路。该书涉及自由、爱、创造性、勇气和价值等一系列重要主题，这些主题是罗洛·梅此后逐一探讨的问题。可以说，该书是罗洛·梅思想全面展开的标志。

在思想形成的同时，罗洛·梅还积极推进美国存在心理学的发展。这首先反映在他与安吉尔和艾伦伯格合作主编的《存在：

精神病学与心理学的新方向》（1958）中。该书是一部译文集，收录了欧洲存在心理学家宾斯万格（Ludwig Binswanger）、明可夫斯基（Eugene Minkowski）、范·盖布萨特尔（V. E. von Gebsattel）、斯特劳斯（Erwin W. Straus）、库恩（Roland Kuhn）等人的论文。罗洛·梅撰写了两篇长篇导言：《心理学中存在主义运动的起源和意义》和《存在心理治疗的贡献》。这两篇导言清晰明快地介绍了存在心理学的思想，其价值不亚于后面欧洲存在心理学家的论文。该书被誉为美国存在心理学的“圣经”。罗洛·梅对美国存在心理学发展的推进还反映在他主编的《存在心理学》中。书中收入了罗洛·梅的两篇论文：《存在心理学的产生》和《心理治疗的存在基础》。

1967年，罗洛·梅出版了《存在心理治疗》（*Existential Psychotherapy*），该书由罗洛·梅为加拿大广播公司系列节目“观念”所做的六篇广播讲话结集而成。该书简明扼要地阐述了罗洛·梅的许多核心观点，其中许多主题在罗洛·梅以后的著作中以扩展的形式出现。次年，他与利奥波德·卡利格（Leopold Caligor）合作出版了《梦与象征：人的潜意识语言》（*Dreams and Symbols*：*Man's Unconscious Language*）。他们在书中通过分析一位女病人的梦，阐发了关于梦和象征的观点。在他们看来，梦反映了人更深层的关注，它能够使人超越现实的局限，达到经验的统一。同时，梦能够使人体验到象征，象征则是将各种分裂整合起来的自我意识的语言。罗洛·梅关于象征的观点还见于他主编的《宗教与文学中的象征》（*Symbolism in Religion and Literature*，1960）一书，该书收入了他的《象征的意义》一文，该文还收录在《存在心理治疗》中。

1969年，罗洛·梅出版了《爱与意志》（*Love and Will*）。该

书是罗洛·梅最富原创性和建设性的著作，一经面世，便成为美国最受欢迎的畅销书之一，曾荣获“爱默生”奖。写作该书时，罗洛·梅与第一任妻子的婚姻正走向尽头。因此，该书既是他对自己生活的反思，也是对现代社会的深刻洞察。该书阐述了他对爱与意志的心理学意义的看法，分析了爱与意志、愿望、选择和决策的关系，以及它们在心理治疗中的应用。罗洛·梅将这些主题置于现代社会情境下，揭示了人们日趋恶化的生存困境，并呼吁通过正视自身、勇于担当来成长和发展。

从20世纪70年代起，罗洛·梅开始将自己的思想拓展到诸多领域。1972年，他出版了《权力与无知：寻求暴力的根源》(*Power and Innocence*：*A Search for the Sources of Violence*)。正如其副标题所示，该书目的在于探讨美国社会和个人的暴力问题，阐述了在焦虑时代人的困境与权力的关系。罗洛·梅从社会中的无力感出发，认为当无力感导致冷漠，而人的意义感受到压抑时，就会爆发不可控制的攻击。因此，暴力是人确定自我进而发展自我的一种途径，当然这并非整合性的途径。围绕自我的发展，罗洛·梅又陆续出版了《创造的勇气》(*The Courage to Create*，1975)和《自由与命运》(*Freedom and Destiny*，1981)。在《创造的勇气》中，罗洛·梅探讨了创造性的本质、局限以及创造性与潜意识和死亡等的关系。他认为，只有通过需要勇气的创造性活动，人才能表现和确定自己的存在。在《自由与命运》中，罗洛·梅将自由与命运视作矛盾的两端。人是自由的，但要受到命运的限制；反过来，只有在自由中，命运才有意义。在二者间的挣扎和奋斗中，突现出人自身以及人的存在。在《祈望神话》(*The Cry for Myth*，1991)中，罗洛·梅将主题拓展到神话上。这是他生前最后一部重要的著作。罗洛·梅认为，神话能够展现出人类经验的原型，能够使人意识到自身的存在。在现代社会中，人们遗忘了神话，与此同时也意识不到自身的存在，由此导致人的迷失。

罗洛·梅还先后出版过两部文集，分别是《心理学与人类困境》（*Psychology and the Human Dilemma*，1967）和《存在之发现》（*The Discovery of Being*，1983）。《心理学与人类困境》收录了罗洛·梅20世纪五六十年代发表的论文。如书名所示，该书探讨了在焦虑时代生命的困境，阐明了自我认同客观现实世界的危险，指出自我的觉醒需要发现内在的核心性。从这种意义上，该书是对《人的自我寻求》中主题的进一步深化。罗洛·梅将现代人的困境追溯到人生存的种种矛盾上，如理性与非理性、主观性与客观性等。他对当时的心理学尤其是行为主义对该问题的忽视提出严厉批评。《存在之发现》以他在《存在：精神病学与心理学的新方向》中的导言为主题，较全面地展现了他的存在心理学和存在治疗思想。该书是存在心理学和存在心理治疗最简明、最权威的导论性著作。

罗洛·梅深受存在哲学家蒂利希的影响，先后出版了三本关于回忆保罗·蒂利希的书，它们分别是《保卢斯[①]：友谊的回忆》（*Paulus: Reminiscences of a Friendship*，1973）、《作为精神导师的保卢斯·蒂利希》（*Paulus Tillich as Spiritual Teacher*，1988）和《保卢斯：导师的特征》（*Paulus: The Dimensions of a Teacher*，1988）。

罗洛·梅积极参与人本主义心理学运动，他与罗杰斯和格林（Thomas C. Greening）合著了《美国政治与人本主义心理学》（*American Politics and Humanistic Psychology*，1984），还与罗杰斯、

① 保卢斯是保罗的爱称。

马斯洛（Abraham Maslow）合著了《政治与纯真：人本主义的争论》（*Politics and Innocence*：*A Humanistic Debate*，1986）。

1985 年，罗洛·梅出版了自传《我对美的追求》（*My Quest for Beauty*，1985）。作为一个学者，他在回顾自己的一生时，以自己的理论对美进行了审视。贯穿全书的是他早年就印刻在内心的古希腊艺术精神。在他对生活的叙述中，不断涉及爱、创造性、价值、象征等主题。

罗洛·梅的最后一部著作是与他晚年的朋友和追随者施耐德合著的《存在心理学：一种整合的临床观》（*The Psychology of Existence*：*An Integrative*，*Clinical Perspective*，1995）。该书是为新一代心理治疗实践者所写的教科书，可视作《存在：精神病学与心理学的新方向》的延伸。在该书中，罗洛·梅提出了整合、折中的存在心理学观点，并把他的人生体验用于心理治疗，对自己的思想作了最后的总结。

此外，罗洛·梅还经常发表电视和广播讲话，留下了许多录像带和录音带，如《意志、愿望和意向性》（*Will*，*Wish and Intentionally*，1965）、《意识的维度》（*Dimensions of Consciousness*，1966）、《创造性和原始生命力》（*Creativity and the Diamonic*，1968）、《暴力和原始生命力》（*Violence and the Diamonic*，1970）、《发展你的内部潜源》（*Developing Your Inner Resources*，1980）等。

三、罗洛·梅的主要理论

罗洛·梅的思想围绕人的存在展开，我们从以下四方面阐述他的主要理论观点。

（一）存在分析观

在人类思想史上，存在问题一直是令人困扰的谜团。古希腊哲学家亚里士多德说过："存在之为存在，这个永远令人迷惑的问题，自古以来就被追问，今日还在追问，将来还会永远追问下去。"有时，我们也会产生如古人一样令人惊讶的困惑：自己居然活在这个世上。但对这个困惑的深入思考，主要是存在主义哲学进行的。丹麦哲学家克尔凯郭尔是存在主义的先驱，他在反对哲学家黑格尔（G. W. F. Hegel）的纯粹思辨的形而上学的基础上，提出关注现实的人的存在，如人的焦虑、烦闷和绝望等。德国哲学家海德格尔第一个真正地将存在作为问题提了出来。他从区分存在与存在者入手，认为存在只能通过存在者而存在。在诸种存在者中，只有人的存在最为独特。这是因为，只有人的存在才能将存在的意义彰显出来。与海德格尔同时代的萨特（Jean-Paul Sartre）、梅洛-庞蒂（Maurice Merleau-Ponty）、雅斯贝尔斯（Karl Jaspers）和蒂利希等人都对存在主义进行了阐发，并对罗洛·梅产生了重要影响。当然，罗洛·梅着重于人的存在的心理层面，不同于哲学家们的思辨探讨，具有自身独特的风格。

1. 存在的核心

罗洛·梅关于人的存在的观点最为核心的是存在感。所谓存在感，就是指人对自身存在的经验。他认为，人不同于动物之处，就在于他具有自我存在的意识，能够意识到自身的存在，这就是存在感。存在感和我们日常较为熟悉的自我意识是较为接近的，但他指出，自我意识并非纯知性的意识，如知道我当前的工作计划。自我意识是对自身的体验，如感受到自己沉浸到自然万物之中。

罗洛·梅认为，人在意识到自身的存在时，能够超越各种分离，实现自我整合。只有人的自我存在意识才能够使人的各种经验得以连贯和统整，将身与心、人与自然、人与社会等联为一体。在这种意义上，存在感是通向人的内心世界的核心线索。看待一个人，尤其是其心理健康状况如何，应当视其对自身的感受而定。存在感越强、越深刻，个人自由选择的范围就越广，人的意志和决定就越具有创造性和责任感，人对自己命运的控制能力就越强。反之，当一个人丧失了存在感，意识不到自我的存在价值，就会听命于他人，不能自由地选择和决定自己的未来，就会导致心理疾病。

2. 存在的本质

当人通过存在感体验到自己的存在时，他首先会发现，自己是活在这个世界之中的。存在的本质就是存在于世（being-in-the-world）。人存在于世界之中，与世界密不可分，共同构成一个整体，在生成变化中展现自己的丰富面貌。中国俗语“人生在世”就说明了这一点。人的存在于世意味着：(1) 人与世界是不可分的整体。世界并非外在于人的存在，并非如行为主义所说的，是客观成分（如引起人的反应的刺激）的总和。事实上，人在世界之中，与事物存在独特的意义关联。比如人看到一块石头，石头并非客观的刺激，它对人有着独特的意义，人的内心也许会浮起久远的往事，继而欢笑或悲伤。(2) 人的存在始终是现实的、个别的和变化的。人一生下来，就存在于世界之中，与具体的人或物打交道。换句话说，人是被抛（thrownness）到这个世界上的，人要现实地接受世界中的一切，也就是接受自己的命运。而且，人的存在始终在生成变化之中，人要在过去的基础上，朝向未来发展。人在变化中展现出不同于他人的自己独特的经验。(3) 人的存在又是自己选择的。人在世界中并非被动地承受一切，而是通过自己的自由选择，并勇于承担由此带来的责任，发展自己，实现自己的可能性。

3. 存在的方式

人存在于世表现为三种存在方式。(1) 存在于周围世界 (Umwelt) 之中。周围世界是指人的自然世界或物质世界，它是宇宙间自然万物的总和。人和动物都拥有这个世界，目的在于维持生物性的生存并获得满足。对人来说，除了自然环境外，还有人的先天遗传因素、生物性的需要、驱力和本能等。(2) 存在于人际世界 (Mitwelt) 之中。人际世界是指人的人际关系世界，它是人所特有的世界。人在周围世界中存在的目的在于适应，而在人际世界中存在的目的在于真正地与他人交往。在交往中，双方增进了解并相互影响。在这种方式中，人不仅仅适应社会，而且更主动地参与到社会的发展中去。(3) 存在于自我世界 (Eigenwelt) 之中。自我世界是指人自己的世界，是人类所特有的自我意识世界。它是人真正看待世界并把握世界意义的基础，它告诉人，客体对自己来说具有怎样的意义。要把握客体的意义，就需要自我意识。因此，自我世界需要人的自我意识作为前提，现代人之所以失落精神活力，就在于放弃了自我世界，缺乏明确而坚强的自我意识，由此导致人际世界的表面化和虚伪化。人可以同时处于这三种方式的关系中，例如，人在进晚餐时 (周围世界) 与他人在一起 (人际世界)，并且感到身心愉悦 (自我世界)。

4. 存在的特征

罗洛·梅认为，人的存在具有如下六种基本特征：(1) 自我核心，指人以其独特的自我为核心。罗洛·梅坚持认为，每个人都是一个与众不同的独立存在，每个人都是独一无二的，没有人可以占有其他人的自我，心理健康的首要条件就在于接受自我的这种独特性。在他看来，神经症并非对环境的适应不良。事实上，它是一种逃避，是人为了保持自己的独特性，企图逃避实际的或幻想的外在环境的威胁，其目的依然在于保持自我核心性。(2) 自我肯定，指人保持自我核心的勇气。罗洛·梅认为，人的自我核心不会自然发展和成长，人必须不断地鼓励自己、督促自己，使自我的核心性趋于成熟。他把这种督促和鼓励称为自我肯定，这是一种勇气的肯定。自我肯定是一种生存的勇气，没有它，人就无法确立自己的自我，更不能实现自己的自我。(3) 参与，指在保持自我核心的基础上参与到世界中去。罗洛·梅认为，个体必须保持独立，才能维护自我的核心性。但是，人又必须生活于世界之中，通过与他人分享和沟通，共享这一世界。人的独立性和参与性必须适得其所，平衡发展。一方面，过分的参与必然导致远离自我核心，现代人之所以感到空虚、无聊，在很大程度上就是由于顺从、依赖和参与过多，脱离了自我核心。另一方面，过分的独立会将自己束缚在狭小的自我世界内，缺乏正常的交往，必然损害人的正常发展。(4) 觉知，指人与世界接触时所具有的直接感受。觉知是自我核心的主观方面，人通过觉知可以发现外在的威胁或危险。动物身上的觉知即警觉。罗洛·梅认为，觉知一旦形成习惯，往往变成自动化的行为，会在不知不觉中进行，因此它是比自我意识更直接的经验。觉知是自我意识的基础，人必须经过觉知，才能形成自我意识。(5) 自我意识，指人特有的觉知现象，是人能够跳出来反省自己的能力。它是人类最显著的本质特征，也是人不同于其他动物的标志。它使得人能够超越具体的世界，生活在"可能"的世界之中。此外，它还使得人拥有抽象观念，能用言语和象征符号与他人沟通。正是有了自我意识，人才能在面对自己、他人或世界时，从多种可能性中进行选择。(6) 焦虑，指人的存在面临威胁时所产生的痛苦的情绪体验。罗洛·梅认为，每个人都不可避免地会产生焦虑体验。这是因为，人有自由选择的能力，并需要为选择的结果承担责任。潜能的衰弱或压抑会导致焦虑。在现实世界中，人常常感觉到无法完美地实现自己的潜能，这种不愉快的经验会给人类带来无限的烦恼和焦虑。此外，人对自我存在的有限性即死亡的认识也会引起极度的焦虑。

（二）存在人格观

在罗洛·梅看来，人格所指的是人的整体存在，是有血有肉、有思想有意志的人。他强调要将人的内在经验视作心理学研究的首要对象，而不应仅仅专注于外显的行为和抽象的理论解释。他曾指出，要想正确地认识人的真相，揭示人的存在的本质特征，必须重新回到生活的直接经验世界，将人的内在经验如实描述出来。

1. 人格结构

罗洛·梅在《咨询的艺术：如何给予和获得心理健康》一书中阐释了人格的本质结构。他认为，人的存在的四种因素，即自由、个体性、社会整合和宗教紧张感构成人格结构的基本成分。(1)自由。自由是人格的基本条件，是人整个存在的基础。罗洛·梅认为，人的行为并非如弗洛伊德所认为的那样，是盲目的，也非如行为主义所认为的那样，是环境决定的。人的行为是在自由选择的过程中进行的。他深信，自由选择的可能性不仅是心理治疗的先决条件，同时也是使病人重获责任感，重新决定自己生活的唯一基础。当然，自由并不是无限的，它受到时空、遗传、种族、社会地位等方面的限制。人恰恰是在利用现实限制的基础上进行自由选择，实现自己的独特性。(2) 个体性。个体性是自我区别于他人的独特性，它是自我的前提。罗洛·梅强调，每一个自由的个体都是独立自主，与众不同的，而且在形成他独特的生活模式之前，人必须首先接受他的自我。人格障碍的主要原因之一就是自我无法个体化，丧失了自我的独特性。(3) 社会整合。社会整合是指个人在保持自我独立性的同时，参与社会活动，进行人际交往，以个人的影响力作用于社会。社会整合是完整存在的条件。罗洛·梅在这里使用"整合"而非"适应"，目的在于表明人与社会的相互作用。他反对将社会适应良好作为心理健康的最佳标准。他认为，正常的人能够接受社会，进行自由选择，发掘社会的积极因素，充实和实现自我。(4) 宗教紧张感。宗教紧张感是存在于人格发展中的一种紧张或不平衡状态，是人格发展的动力。罗洛·梅认为，人从宗教中能够获得人生的最高价值和生命的意义。宗教能够提升人的自由意志，发展人的道德意识，鼓励人负起自己的责任，勇敢地迈向自我实现。宗教紧张感的明显证明是人不断体验到的罪疚感。当人不可能实现自己的理想时，就会体验到罪疚感。这种体验能够使人不断产生心理紧张，由此推动人格发展。

2. 人格发展

罗洛·梅以自我意识为线索，通过人摆脱依赖、逐渐分化的程度，勾勒出人格发展的四个阶段。

第一阶段为纯真阶段，主要指两三岁之前的婴儿时期。此时人的自我尚未形成，处于前自我时期。人的自我意识也处于萌芽状态，甚至可以称处于前自我意识时期。婴儿在本能的驱动下，做自己必须做的事情以满足自己的需要。婴儿虽然割断了脐带，从生理上脱离了母体，甚至具有了一定程度的意志力，如可以通过哭喊来表明其需要，但他在很大程度上受缚于外界尤其是自己的母亲，并未在心理上“割断脐带”。婴儿在这一阶段形成了依赖性，并为此后的发展奠定基础。

第二阶段为反抗阶段，主要指两三岁至青少年时期。此时的人主要通过与世界相对抗来发展自我和自我意识。他竭力去获得自由，以确立一些属于自己的内在力量。这种对抗甚至夹杂着挑战和敌意，但他并未完全理解与自由相伴随的责任。此时的人处于冲突之中。一方面，他想按自己的方式行事，另一方面，他又无法完全摆脱对世界特别是父母的依赖，希望父母能给他们一定支持。因此，如何恰当地处理好独立与依赖之间的矛盾，是这一阶段人格发展的重要问题。

第三阶段为平常阶段，这一阶段与上一阶段在时间上有所交叉，主要指青少年之后的时期。此时的人能够在一定程度上认识到自己的错误，原谅自己的偏见，能够在选择中承担责任。他能够产生内疚感和焦虑以承担责任。现实社会中的大多数人都处于这一阶段，但这并非真正成熟的阶段。由于伴随着责任的重担，此时的人往往采取逃避的方式，依从传统的价值观。所以，社会生活中的很多心理问题都是这一阶段的反映。

第四阶段为创造阶段，主要指成人时期。此时的人能够接受命运，以勇气面对人生的挑战。他能够超越自我，达到自我实现。他的自我意识是创造性的，能够超越日常的局限，达到人类存在最完善的状态。这是人格发展的最高阶段。真正达到这一阶段的人是很少的。只有那些宗教与世俗中的圣人以及伟大的创造性人物才能达到这一阶段。不过，常人有时在特殊时刻也能够体验到这一状态，如听音乐或体验到爱或友谊时，但这是可遇而不可求的。

（三）存在主题观

罗洛·梅研究了人的存在的诸多方面，涉及大量的主题。我们以原始生命力、爱、焦虑、勇气和神话五个主题，来展现罗洛·梅丰富的理论观点。

1. 原始生命力

原始生命力（the diamonic）是一种爱的驱动力量，是一个完整的动机系统，在不同的个体身上表现出不同的驱动力量。例如，在愤怒中，人怒气冲天，完全失去了理智，完全为一种力量所掌控，这就是原始生命力。在罗洛·梅看来，原始生命力是人类经验中的基本原型功能，是一种能够推动生命肯定自身、确证自身、维护自身、发展自身的内在动力。例如，爱能够推动人与他人真正地交往，并在这种交往中实现自身的价值。

原始生命力具有如下的特征：(1) 统摄性。原始生命力是掌握整个人的一种自然力量或功能。例如，人们在生活中表现出强烈的性与爱的力量，人们在生气时的怒发冲冠，在激动时的慷慨激昂，人们对权力的强烈渴望等，都是原始生命力的表现。实际上，这就是指人在激情状态下不受意识控制的心理活动。(2) 驱动性。原始生命力是使每一个存在肯定自身、维护自身、使自身永生和增强自身的一种内在驱力。在罗洛·梅看来，原始生命力可以使个体借助于爱的形式来增强自身生命的价值，是用来创造和产生文明的一种内驱力。(3) 整合性。原始生命力的最初表现形态是以生物学为基础的"非人性的力量"，因此，要使原始生命力在人类身上发挥积极的作用，就必须用意识来加以整合，把原始生命力与健康的人类之爱融合为一体。只有运用意识的力量坦然地接受它、消化它，与它建立联系，并把它与人类的自我融为一体，才能加强自我的力量，克服分裂和自我的矛盾状态，抛弃自我的伪装和冷漠的疏离感，使人更加人性化。(4) 两重性。原始生命力既具有创造性也具有破坏性。如果个体能够很好地使用原始生命力，其魔力般的力量便可在创造性中表现出来，帮助个体实现自我；若原始生命力占据了整个自我，就会使个体充满了破坏性。因此，人并非善的，也并非恶的，而是善恶兼而有之。(5) 被引导性。由于原始生命力具有双重性，就需要人们有意识地对它加以指引和开导。在心理治疗中，治疗师的作用就是帮助来访者学会对自己的原始生命力进行正确的引导。

罗洛·梅的原始生命力概念隐含着弗洛伊德的本能的痕迹。原始生命力如同本能一样，具有强大的力量，能够将人控制起来。不过，罗洛·梅做出了重大的改进。原始生命力不再像本能那样是趋乐避苦的，它具有积极和消极两重性，而且，通过人的主动作用，能够融入到人自身中。由此也可以看出罗洛·梅对精神分析学说的扬弃。

2. 爱

爱是一种独特的原始生命力，它推动人与所爱的人或物相联系，结为一体。爱具有善和恶的两面，它既能创造和谐的关系，也能造成人际间的仇恨和冲突。

罗洛·梅关于爱的观点经历了一个发展过程。早期，他对爱进行了描述性研究，指出爱具有如下特征：爱以人的自由为前提；爱是实现人的存在价值的一种由衷的喜悦；爱是一种设身处地的移情；爱需要勇气；最完满的爱的相互依赖要以“成为一个自行其是的人”的最完满的创造性能力为基础；爱与存在于世的三种方式都有联系，爱可以表现为自然世界中的生命活力、人际世界中的社会倾向、自我世界中的自我力量；爱把时间看做是定性的，是可以直接体验到的，是具有未来倾向的。

后来，罗洛·梅在《爱与意志》中，将爱置于人的存在层面，把它视作人存在于世的一种结构。爱指向统一，包括人与自己潜能的统一，与世界中重要他人的统一。在这种统一中，人敞开自己，展现自己真正的面貌，同时人能够更深刻地感受到自己的存在，更肯定自己的价值。这里体现出前述存在的特征：人在参与过程中，保持自我的核心性。罗洛·梅还进一步区分出四种类型的爱：(1) 性爱，指生理性的爱，它通过性活动或其他释放方式得到满足；(2) 厄洛斯 (Eros)，指爱欲，是与对象相结合的心理的爱，在结合中，能够产生繁殖和创造；(3) 菲利亚 (Philia)，指兄弟般的爱或友情之爱；(4) 博爱，指尊重他人、关心他人的幸福而不希望从中得到任何回报的爱。在罗洛·梅看来，完满的爱是这四种爱的结合。但不幸的是，现代社会倾向于将爱等同于性爱，现代人将性成功地分离出来并加以技术化，从而出现性的放纵。在性的泛滥的背后，爱却被压抑了，由此人忽视了与他人的联系，忽视了自身的存在，出现冷漠和非人化。

3. 焦虑

在罗洛·梅看来，个体作为人的存在的最根本价值受到威胁，自身安全受到威胁，由此引起的担忧便是焦虑。焦虑和恐惧与价值有着密切的关系。恐惧是对自身一部分受到威胁时的反应，当然恐惧存在特定的对象，而焦虑没有。如前所述，焦虑是存在的特征之一。在这种意义上，罗洛·梅将焦虑视作自我成熟的积极标志。但是，在现代社会中，由于文化的作用，焦虑逐渐加剧。罗洛·梅特别指出，西方社会过分崇拜个人主义，过于强调竞争和成就，导致了从众、孤独和疏离等心理现象，使人的焦虑增加。当人通过竞争与奋斗试图克服焦虑时，焦虑反而又加剧了。20 世纪文化的动荡，使得个人依赖的价值观和道德标准受到削弱，也造成焦虑的加剧。

罗洛·梅区分出两种焦虑：正常焦虑和神经症焦虑。正常焦虑是人成长的一部分。当人意识到生老病死不可避免时，就会产生焦虑。此时重要的是直面焦虑和焦虑背后的威胁，从而更好地过当下的生活。神经症焦虑是对客观威胁作出的不适当的反应。人使用防御机制应对焦虑，并在内心冲突中出现退行。罗洛·梅曾指出，病态的强迫性症状实际是保护脆弱的自我免受焦虑。为了建设性地应对焦虑，罗洛·梅建议使用以下几种方法：用自尊感受到自己能够胜任；将整个自我投身于训练和发展技能上；在极端的情境中，相信领导者能够胜任；最后通过个人的宗教信仰来发展自身，直面存在的困境。

4. 勇气

在存在的特征中，自我肯定是指人保持自我核心的勇气。因此，勇气也与人的存在有着密切的关联。罗洛·梅指出，勇气并非面对外在威胁时的勇气，它是一种内在的素质，是将自我与可能性联系起来的方式和渠道。换句话说，勇气能够使得人面向可能的未来。它是一种难得的美德。罗洛·梅认为，勇气的对立面并非怯懦，而是缺乏勇气。现代社会中的一个严峻的问题是，人并非禁锢自己的潜能，而是人由于害怕被孤立，从而置自己的潜能于不顾，去顺从他人。

罗洛·梅区分出四种勇气：(1) 身体勇气，指与身体有关的勇气，它在美国西部开发时代的英雄人物身上体现得最为明显。他们能够忍受恶劣的环境，顽强地生存下来。但在现代社会中，身体勇气已退化成为残忍和暴力。(2) 道德勇气，指感受他人苦难处境的勇气。具有较强道德勇气的人，能够非常敏感地体验到他人的内心世界。(3) 社会勇气，指与他人建立联系的勇气，它与冷漠相对立。罗洛·梅认为，现代人害怕人际的亲密，缺乏社会勇气，结果反而更加空虚和孤独。(4) 创造勇气，这是最重要的勇气，它能够用于创造新的形式和新的象征，并在此基础上推进新社会的建立。

5. 神话

神话是罗洛·梅晚年思考的一个重要主题。他认为，20世纪的一个重大问题是价值观的丧失。价值观的丧失使得个人的存在感面临严峻的威胁。当人发现自己所信赖的价值观念忽然灰飞烟灭时，他的自身价值感将受到极大的挑战，他的自我肯定和自我核心等都会出现严重的问题。在这种情境下，现代人面临如何重建价值观的问题。在这方面，神话提供了一条可行的途径。罗洛·梅认为，神话是传达生活意义的主要媒介。它类似分析心理学家荣格（Carl Gustav Jung）所说的原型，但它既可以是集体的，也可以是个人的，既可以是潜意识的，也可以是意识的。如《圣经》就是现代西方人面对的最大的神话。

神话通过故事和意象，能够给人提供看待世界的方式，能够使人表述关于自身与世界的经验，使人体验自身的存在。《圣经》通过其所展现的意义世界，能够为人的生活指引道路。正是在这种意义上，罗洛·梅认为，神话是给予我们的存在以意义的叙事模式，能够在无意义的世界中让人获得意义。他指出，神话的功能是，能够提供认同感、团体感，支持我们的道德价值观，并提供看待创造奥秘的方法。因此，重建价值观的一项重要的工作，就是通过好的神话来引领现代人前进。罗洛·梅尤其提倡鼓励人们运用加强人际关系的神话，以这类神话替代美国流传已久的分离性的个体神话，能够推动人们走到一起，重建社会。

（四）存在治疗观

1. 治疗的目标

罗洛·梅认为，心理治疗的首要目的并不在于症状的消除，而是使患者重新发现并体认自己的存在。心理治疗师不需要帮助病人认清现实，采取与现实相适应的行动，而是需要加强病人的自我意识，与病人一起，发掘病人的世界，认清其自我存在的结构与意义，由此揭示病人为什么选择目前的生活方式。因此，心理治疗师肩负双重的任务，一方面要了解病人的症状，另一方面要进一步认清病人的世界，认识到他存在的境况。后一方面比前一方面更难，也更容易为一般的心理治疗师所忽视。

具体来说，存在心理治疗一般强调两点。首先，患者通过提高觉知水平，增进对自身存在境况的把握，从而作出改变。心理治疗师要提供途径，使病人检查、直面、澄清并重新进入他们对生活的理解，进入他们生活中遇到的问题。其次，心理咨询师使病人提高自由选择的能力并承担责任，使病人能够充分觉知到自己的潜能，并在此基础上变得更敢于采取行动。

2. 治疗的原则和方法

罗洛·梅将心理治疗的基本原则归纳为四点：(1) 理解性原则，指治疗师理解病人的世界，只有在此基础上，才能够使用技术。(2) 体验性原则，指治疗师要促进患者对自己存在的体验，这是治疗的关键。(3) 在场性原则，治疗师应排除先入之见，进入到与病人间的关系场中。(4) 行动原则，指促进患者在选择的基础上投身于现实行动中。

存在心理治疗从总体上看是一系列态度和思想原则，而非一种治疗的方法或体系，过多使用技术会妨碍对患者的理解。因此，罗洛·梅提出，应该是技术遵循理解，而非理解遵循技术。他尤其反对在治疗技术选择上的折中立场。他认为，存在心理治疗技术应具有灵活性和通用性，随病人及治疗阶段发生变化。在特定时刻，具体技术的使用应依赖于对病人存在的揭示和阐明而行。

3. 治疗的阶段

罗洛·梅将心理治疗划分为三个阶段：(1) 愿望阶段，发生在觉知层面。治疗师帮助患者，使他们拥有产生愿望的能力，以获得情感上的活力和真诚。(2) 意志阶段，发生在自我意识层面，心理治疗师促进患者在觉知基础上产生自我意识的意向，例如，在觉知层面体验到湛蓝的天空，现在则意识到自己是生活于这样的世界的人。(3) 决心与责任感阶段，心理治疗师促使患者从前两个层面中创造出行动模式和生存模式，从而承担责任，走向自我实现、整合和成熟。

四、罗洛·梅的历史意义

(一) 开创了美国存在心理学

在罗洛·梅之前，虽然有少数美国学者研究存在心理学，但主要是对欧洲存在心理学的引介，而罗洛·梅则形成了自己独特而系统的存在心理学理论体系。前已述及，他对欧洲心理学作了较全面的介绍，通过1958年的《存在：精神病学与心理学的新方向》一书，使得美国存在心理学完成了本土化。他还从存在分析观、存在人格观、存在主题观、存在治疗观四个层面系统展开，由此形成了美国第一个系统的存在心理学理论体系。在此基础上，罗洛·梅还进一步提出“一门研究人的科学”，这是关于人及其存在整体理解与研究的科学。这门科学不是停留在了解人的表面，而旨在理解人存在的结构方式，发展强烈的存在感，促使其重新发现自我存在的价值。罗洛·梅与欧洲存在心理学家一样，以存在主义和现象学为哲学基础，以人的存在为核心，以临床治疗为方法，重视焦虑和死亡等问题。但他又对欧洲心理学进行了扬弃，生发出自己独特的理论观点。他不像欧洲存在心理学家那样过于重视思辨分析，他更重视对人的现实存在尤其是现代社会境遇下人的生存状况的分析。尤为独特的是，他更重视人的建设性的一面。例如，他强调人的潜能观点。正是在这种意义上，他给存在心理学贴上了美国的“标签”，使得美国出现了真正本土化的存在心理学。他还影响了许多学者，推动了美国存在心理学的发展和深化。布根塔尔（James Bugental）、雅洛姆（Irvin Yalom）和施耐德（Kirk J. Schneider）等人正是在他的基础上，将美国存在心理学推向了新的高度。

（二）推进了人本主义心理学

罗洛·梅在心理学史上的另一突出贡献是推进了人本主义心理学的发展。从前述他的生平中可以看出，他亲自参与并推进了人本主义心理学的历史进程。从思想观点上看，他以探究人的经验和存在感为目标，重视人的自由选择、自我肯定和自我实现的能力，将人的尊严和价值放在心理学研究的首位。他对传统精神分析进行了扬弃，将其引向人本主义心理学的方向，并对行为主义的机械论进行了批判。因此，罗洛·梅开创了人本主义心理学的自我选择论取向，这不同于马斯洛和罗杰斯强调人本主义心理学的自我实现论取向，从而丰富了人本主义心理学的理论体系。正是在这种意义上，罗洛·梅成为与马斯洛和罗杰斯并驾齐驱的人本主义心理学的三位重要代表人物之一。

罗洛·梅还通过理论上的争论，推进了人本主义心理学的健康发展。前面提到，他从原始生命力的两重性，引出人性既有善的一面，又有恶的一面。他不同意罗杰斯人性本善的观点。他重视人的建设性，同时也注意到人的不足尤其是破坏性的一面。与之相比，罗杰斯过于强调人的建设性，将消极因素归因于社会的作用，暗含着将人与社会对立起来的倾向。罗洛·梅则一开始就将人置于世界之中，不存在这种对立倾向。所以，罗洛·梅的思想更为现实，更趋近于人本身。除了与罗杰斯的论战外，罗洛·梅在晚年还对人本主义心理学中分化出来的超个人心理学提出告诫，并由此引发了争论。他认为超个人心理学强调人的积极和健康方面的倾向，存在脱离人的现实的危险。应该说，他的观点对于超个人心理学是具有重要警戒意义的。

（三）首创了存在心理治疗

罗洛·梅在从事心理治疗的实践中，形成了自己独特的思想，这就是存在心理治疗。它以帮助病人认识和体验自己的存在为目标，以加强病人的自我意识，帮助病人自我发展和自我实现为己任，重视心理治疗师和病人的互动以及治疗方法的灵活性。它尤其强调提高人面对现实的勇气和责任感，将心理治疗与人生的意义等重大问题联系了起来。罗洛·梅是美国存在心理治疗的首创者，在他之后，布根塔尔和施奈德等人作了进一步发展，使得存在心理治疗成为人本主义心理治疗的重要组成部分。当前，存在心理治疗与来访者中心疗法、格式塔疗法一起，成为人本主义心理治疗领域最为重要的三种方法。

（四）揭示了现代人的生存困境

罗洛·梅不只是一位书斋式的心理学家，他还密切关注现代社会中人的种种问题。他深刻地批判了美国主流文化严重忽视人的生命潜能的倾向。他在进行临床实践的同时，并不仅仅关注面前的病人。他能够从病人的存在境况出发，结合现代社会背景来揭示现代人的生存困境。他从人的存在出发，揭示出现代人在技术飞速发展的同时，远离自身的存在，从而导致非人化的生存境况。罗洛·梅指出，现代人在存在的一系列主题上都表现出明显的问题。个体难以接受、引导并整合自己的原始生命力，从而停滞不前，无法激发自己的潜能，从事创造性的活动。他还指出，现代人把性从爱中成功地分离出来，在性解放的旗帜下放纵自身，却遗忘了爱的真正含义是与他人和世界建立联系，从而导致爱的沦丧。现代人逃避自我，不愿承担自己作为一个人的责任，在面临自己的生存处境时感到软弱无能，失去了意志力。个体不敢直面自己的生存境况，不能合理利用自己的焦虑，而是躲避焦虑以保护脆弱的自我，结果使得自己更加焦虑。个体顺从世人，不再拥有直面自己存在的勇气。个体感受不到生活的意义和价值，处于虚空之中。在这种意义上，罗洛·梅不仅仅是一位面向个体的心理治疗师，他还是一位对现代人的生存困境进行诊断的治疗师，一位现代人症状的把脉者。当然，罗洛·梅在揭示现代人的生存困境的同时，也建设性地指出了问题的解决之道，提供了救赎现代人的精神资料。不过，他留给世人的并非简易的行动指南，而是丰富的精神养分，需要世人认真地消化和吸收，由此才能返回到自身的存在中，勇敢地担当，积极地行动，重塑自己的未来。

罗洛·梅在著作中所考察的是20世纪中期的人的存在困境。现在，当时光已经过去半个多世纪后，人的生存境遇依然没有得到根本的改观，甚至更加恶化。社会的竞争越来越激烈，人们的生活节奏越来越快，个体所承受的压力也越来越大，内心的焦虑、空虚、孤独等愈发严重。人在接受社会各种新事物的同时，自身的经验却越来越多地被封存起来。与半个世纪前相比，人似乎更加远离了自身的存在。从这个意义上说，罗洛·梅更是一位预言家，他所展现的现代人的生存图景依然需要当代人认真地对待和思考。

正因为如此，罗洛·梅在生前和逝后并未被人们忽视或遗忘。越来越多的人发现了他思想的价值，并投入到真正的行动中去。罗洛·梅的大多数著作都被多次重印或再版，并被翻译成多国文字出版。进入21世纪以来，这种趋势依然在延续。也正是基于此，我们推出这套《罗洛·梅文集》，希望能有更多的中国读者听到罗洛·梅的声音，分享他的精神资源。

郭本禹

南京师范大学

2008年9月1日

关于本书中一些章节的说明

本书的一些章节收录了作者在其他地方发表过的论文和演讲稿，并做了修改，具体如下：

第二章的部分内容选自一篇名为“现代人的自我意象”（Modern Man's Image of Himself）的演讲稿，该演讲稿是 1962 年 2 月在芝加哥大学芝加哥神学院举办的奥尔登·塔特希尔讲座（Alden Tuthill Lectures）上的讲演。

第三章收录了名为“学生的焦虑及其与教育的关系”（Anxiety Among Students and Its Relation to Education）的演讲稿，该演讲稿是 1964 年 12 月在波士顿的新英格兰大学与中学协会年会上的发言，并发表在《新英格兰协会评论》（*New England Association Review*）上。

第四章的部分内容根据一篇提交给美国心理病理学会年会的论文写成，该论文被收录在《焦虑》（*Anxiety*）一书中。该书由霍克和祖宾（Hock & Zubin）主编，格鲁尼与斯特莱顿出版社（Grune and Stratton）于 1951 年出版。

第五章收录了一篇 1956 年在美国心理病理学会年会上所作的演讲，该演讲稿被收录在《心理治疗进展》（*Progress in Psychotherapies*）一书中。该书由纽约格鲁尼与斯特莱顿出版社于 1957 年出版。

第六章是在芝加哥大学心理学系研究生班所作的演讲，该演讲稿被收录在《当代心理治疗》(*Contemporary Psychotherapies*)一书中。该书由莫里斯·斯坦（Morris I. Stein）主编、伊利诺伊州格伦科（Glencoe）的自由出版社（Free Press）于1961年出版。

第七章基于在肯塔基州列克星敦退伍军人医院召开的第一届现象学与精神病学年会上所作的演讲，该演讲稿被收录在《纯粹现象学与应用现象学》(*Phenomenology Pure and Applied*)一书中。该书由欧文·斯特劳斯（Erwin Straus）主编、匹兹堡迪尤肯大学出版社（Duquesne University Press）于1965年出版。

第八章原本是1959年在巴塞罗那第三届国际心理治疗大会上发表的演讲，该演讲稿被收录在《有关心理治疗的论题》(*Topical Problems of Psychotherapy*)第三卷中。该卷由位于巴塞尔和纽约的卡格出版社（S. Karger）出版。

第九章最初是1963年由芝加哥莱格尼里出版社（Regnery）出版的让-保罗·萨特（Jean-Paul Sartre）的《存在精神分析》(*Existential Psychoanalysis*)平装本的导言。

第十章最初发表在1963年冬季刊《存在心理学与精神病学评论》(*Review of Existential Psychology and Psychiatry*)第三卷第一期的第5～10页上。

第十一章最初发表在1952年11月的《精神病学：人际关系研究杂志》(*Psychiatry: Journal for the Study of Interpersonal Relations*)第十五卷第四期上。其中部分内容在我的著作《人的自我寻求》(*Man's Search for Himself*)中也出现过，该书于1963年由纽约的诺顿出版社（Norton）出版。

第十二章最初出现在洛伊德-琼斯和韦斯特维尔特（Lloyd-Jones & Westervelt）主编的《行为科学与指引：计划与远景》

(*Behavioral Science and Guidance*：*Proposals and Perspectives*)一书中，该书于1963年由哥伦比亚大学师范学院出版署（Bureau of Publications，Teachers College，Columbia University）出版。

第十三章最初是1955年在纽约科学院（New York Academy of Sciences）举行的纽约临床心理学家协会（New York Society of Clinical Psychologists）周年颁奖典礼上的讲话。

第十四章最初是一篇于1963年9月提交给美国心理学会（American Psychological Association）年会一次关于心理学家之社会责任的专题讨论会的论文。

罗洛·梅

……莱孔（Lycon）在（对苏格拉底的）审判中说——“任何信仰都经不起审查，如果你查看它的根，任何树都无法存活下来。”

然而，只有在生命不断地受到审查，并且没有检查员能告诉人们他们的研究将会持续多久的时候，自由才能存活下来。人类的生命存在于这种矛盾之中，进退维谷。审查是生命，审查是死亡。它是两者兼而有之，同时它又是两者之间的张力。

——马克斯韦尔·安德森（Maxwell Anderson），“*Notes on Socrates*,” *Drama Section*, *New York Times*, October, 28, 1951

目录

Contents

导言 Introduction

本书中的文章有一个共同的主题。这个主题一方面源自人性的多样性与丰富性，另一方面又源自人性的单调性与贫乏性。这一主题还源自人类的宽容大度与我们同样表现出的残酷无情之间所形成的鲜明对照。我们展现出一种令人钦佩的推理能力，但是这种能力却又与我们令人恐惧的非理性行为不断地起冲突。我们会在某一天体验到快乐和创造力，而就在第二天，我们又认识到，我们一点都没有减少绝望和自我挫败的倾向。

我认为，正是这一系列的东西将某些显著的特征引进了人类的意识之中。我将会在本书的“困境”这一术语下对其中的一些特征加以讨论。长久以来，我一直确信，心理学这一学科要想无愧于“人的科学”[1]这一称谓，它就必须将人类的全部体验，尤其是在截然相反的情况下所表现出来的体验纳入研究的主题。

我们在这里并不是从其技术意义上来使用“困境”一词的。我并不是像在“进退两难”（two horns of a dilemma，字面意思为“一个困境的两只角”）这个短语中所暗含的那样指一个无法解决的问题，这两个角中如果其中一个不会为难你，那么另外一个必定会使你陷于进退两难的境地。相反，我用“困境”一词指人类无法逃脱的、截然相反的情况与自相矛盾的境地。诚然，为了逃避某一方面，困境会导致僵局、障碍以及另一个方面的一种狂乱的过度发展。因此会出现许多障碍与问题，这些障碍与问题将人们带进了心理治疗诊所与咨询室。但是，这种截然相反同时也是人类活力与创造力的源泉。正是通过建设性地面对这些自相矛盾的境地所导致的紧张情绪，人类才构建了文化与文明。

既然本书主要论述的是心理学家对现代文化的责任，那么我们就可以问："心理学家们是怎样推卸掉这些责任的?"这个问题的答案必定是模糊不清的。

几个星期以前，两个英国人来拜访我，他们已经在美国采访了一些心理学家和精神病医生，为的是给英国广播公司制作一些关于美国新的治疗形式的磁带。在采访的过程中，他们问我："心理学家不用为当前西方社会的不适和精神疾病负一些责任吗?"

"不用，"我回答说，"这就同艺术家不用为艺术的混乱状况负责、经济学家不用为股票市场的跌落和国家的普遍经济萧条负责一样。任何一个专业团体都无需因为历史的要求而接受谴责。"

但是，我同时也意识到，并接着说，对于这个问题还有其他的方面不能如此轻易下定论。心理学家们利用了我们这个时代的不适和精神失调。他们利用了我们这个时代市民对理解心理健康和自知的巨大需要。让我们不要欺骗自己说，20世纪心理学专业取得巨大发展（美国心理学会的会员由1918年的387人跃至1978年的46 000多人）是由于我们这份工作本身有多么辉煌。相反，这应该归功于在一个像我们这样的时代人们所体验到的强烈的内在问题，这时，一个时代将要灭亡，而新的时代还没有诞生。心理学的成长是时代巨大需要的一个征兆。

与安心地享受这种非同一般的增长所带来的安慰相反，我们可以来问一下，在这种增长中是否存在着巨大的危险？从事医学的同事可以确切地告诉我们，公众的这种接受程度实际上是很危险的，同样，我也希望通过历史上的一个事件来对此加以论证。

在20世纪50年代早期和中期，纽约州一小支从事治疗的心理学家队伍在州立法机关与当时具有压倒性力量的美国医学协会（American Medical Association）开展了斗争。每一次开庭，我们都面临着将心理治疗看成是医学的一个专业的议案介绍。我们将面临瞬时的灭亡，我们必须为自己的专业生命而斗争。从我担任了一年的心理学家联合委员会（Joint Council of Psychologists）主席以及接下来担任的纽约州心理学会（New York State Psychological Association）主席这些职位来说，我处于这场战争的中心，并因此能够获得一种关于这场战争中的情感的内部观点。令人惊奇的是，我们心理学家赢得了每一场斗争。最终我们赢得了战争——不仅为了纽约州，也为了整个国家。[2]

但是，我们赢得这场战争在很大程度上是基于某些与我们毫无关系的东西，即，立法机关的成员们对美国医学协会的巨大力量所表现出来的郁积在内心的、模糊的愤怒和不信任。这种力量是“神”的角色所赋予的，公众出于其自身的需要曾将这种角色投射到了医师的身上，而后者也不假思索地接受了。任何团体只要接受了公众将其作为“神”的尊崇，并加以利用，那么这个团体到后来必将受到与先前得到的尊崇程度成正比的攻击，被称为“魔鬼”（或者，被称为恶魔，我自己更偏向于称其为恶魔）。正如在大量涌现的关于治疗失当的诉讼中所体现出来的那样，这种愤怒和不信任现在已经非常广泛地出现在了公众的意识当中，在某些情境中非常严重，以至于使得医疗实践几乎成了不可能的事情。

几十年前，我们当中有一些人曾经预测，由于过度的信任和信仰，公众必将产生反对心理治疗，尤其是精神分析的反应。据我所知，这种预测并未引起人们的注意，既然有如此众多的患者，还有如此丰厚的金钱流入口袋，那又为何还要自寻烦恼呢？现在，这种反应来到了我们的面前。

但是，我却害怕会出现甚至更大的反对整个心理学的反应。（公众转而求助于准宗教团体以获得答案就已经可以看作是一个小小的暗示。）仅仅是这样的事实，即像来采访我的那两个英国人那样的聪明人会问心理学家是否要为我们这个时代的不适负责，这样的事实本身就是个预兆。

人们指望能从心理学中获得关于爱、焦虑、希望、绝望这些问题的答案。他们得到的答案是什么呢？要么就是过度简化的乌托邦，要么就是可以用于任何事情的测试这种鬼把戏，或者就是通过抛出语言来“解决”问题的技术手册。爱被抛弃了，并被性所取代，焦虑被紧张所取代，希望成了错觉，绝望成了抑郁。难怪我们文化中一些像格雷戈里·巴特森（Gregory Bateson）这样认真的、富有思想的学生认为根本就没有心理学这门科学，这整个学科的开始就是一个错误。

还有英国诺贝尔奖获得者 P. B. 米德沃尔（P. B. Medawar）在评论关于《IQ 的科学与策略》的著作时，称心理学是一门“非自然的科学”，他还列出了这门学科的一些错误：“……其从业者非常辛苦地试图模仿他们所相信的——这是非常错误的，真为他们可惜——想要成为自然科学中与众不同的方法与惯例。具体说来，这些错误有：（a）相信测量与计算本质上是值得赞扬的活动［实际上，恩斯特·贡布里希（Ernst Gombrich）称这种尊崇为关于量化的谬见（idola quantitatis）］；（b）对归纳法优越论进行了完全让人怀疑的混杂——尤其是认为事实先于观念……”[3]

看一下双性性格这个问题。真诚地寻求澄清这个问题的人们在测试中会碰到关于他们是更“男性”还是更“女性”这样的暗机关，而关于这个问题的事实——具体说是，关于男性身上出现越来越多的温柔以及女性身上出现越来越多的魄力这个事实——完全消失了。真实的问题根本就没有被看到，它们被压在了通过“客观化的”测试将个人的自我从情境中抽离出来的技术之下。然后，进行这类测试的人们后来发现，他们已经被引上了一条享乐之路，而他们在这个过程中已经牺牲了自己的意识。

我们再来看一下拉尔夫·纳德（Ralph Nader）于1976年在华盛顿美国心理学会大会上所作的演讲。纳德花了一个小时的时间以大学入学考试为基础对位于普林斯顿的非常有影响力的、强大的教育考试服务中心（Educational Testing Service）进行了攻击。纳德认为，这些测试是不准确的，而且它们宣称这些学生不合格，从而严重地伤害了这些未来的大学生。这是一次重要的演讲，它应该使那些测试的制造者认真地进行深刻的自我反省。然后，我们在《美国心理学会通讯》（*APA Monitor*）上看到了教育考试服务中心那位成功地站稳脚跟的主任所发表的对整个系统的冗长的、详细到令人厌烦的辩护，这真是让人厌烦的事！在我看来，这种辩护完全没有涉及核心的要点。

在本书中，我提出，我们在心理学中遇到模棱两可的困境的主要原因之一，就在于我们如此辛苦地避免面对人类的两难境地。出于我们似乎无所不在的简单化倾向，我们遗漏了非常重要的人的机能方面。而且我们最终失去了“这些事情发生在其身上的人”，留下的仅仅是所发生的、悬在半空中的“事情”，而可怜的人类在这个过程中却被丢失了。

举一个例子来说，我们需要面对我们所研究的自我与人类的历史维度，还要面对我们生活、行动并存在于其中的文化的历史。从使得我们对非同一般的增长当中所存在的危险视而不见的历史维度来看待事情，这是一种失败。

而且，我们需要面对文学，尤其是经典的文学。因为经典著作表达了人类体验中某些不变的方面，在被撰写的时代给人类以帮助，并从那时起一直到现在对不同的年代、不同的文化都有帮助。因为文学是对整个历史中人类的自我阐释。

文学中还有其他两样东西是我们需要面对的，即，永久的象征与神话。作为沟通不同的年代与文化的桥梁，这些象征与神话传达着对人类而言的本质。象征与神话是作为我们文化之基础的非物质结构，在一个像我们这样的分裂时代，正是象征与神话使得我们感到不安，它们直接大声地道出了人类的两难境地。如果我们对其最深的语言不熟悉，那么我们怎样才能帮助人类缓解精神不安呢？

我们是否能够使心理学学科成为一门“关于人类的科学”？没有人知道答案。但是如果我们面对人类的两难境地，那么至少我们研究的是人类，而不是某些被还原为孤立部分的、根本没有中心的、荒谬的、被截短了的生物，这些孤立的部分因为适合我们的机器，所以我们可以对它们进行测试。这将意味着放弃一些我们自己的权利需要，并澄清我们的控制需要。这样，才可能希望我们的工作可以持久。

我希望本书能够为这个目标做出一些贡献。

注释

[1] 书中的一些文章是在我们认识到“人”（man）这一称谓

并没有包括“女性”(woman)这个时代之前写的，这里对丘吉尔(Churchill)的说法作了点修改。在这一点上，我现在的风格已经发生了改变。遗憾的是，由于出版方面的要求，我不能在这方面就全书的主体内容作出修改。

[2] 这场胜利是一扇门，通过这扇门，心理学家的治疗不仅在纽约州，而且在整个美国都变成合法的了。在这场为期三年的战争中，在劳伦斯·弗兰克(Lawrence Frank)、弗雷德里克·阿伦(Frederick Allen)、卡尔·宾格(Carl Binger)、劳伦斯·克比(Lawrence Kubie)以及其他具有远见的精神病医生和市民的帮助下，我们在纽约科学协会上举办了一次关于咨询与治疗的会议。在这次会议上，我们邀请了五类具有帮助作用的专业人员：精神病学家、心理学家、社会工作者、教育家以及政府部门工作人员。通过座谈，我们花了整整一年的时间来研究这五个专业，任何一个专业要准备从事治疗工作，都应该在培训、经验以及其他相关方面满足的要求。然后，我们将这次会议的发现发表在纽约科学协会的年刊上。当其他州的立法机关必须面对将心理治疗局限于医学从业者的相似提案时，首席检察官通常会参考纽约科学协会的年刊。据我所知，从那时开始，他们每一个人都决定支持心理学家。

[3] *The New York Review*, February 3, 1977, p. 13.

第一章 Chapter One

人类的困境是什么

然而，我们不应该蔑视自相矛盾的事物；矛盾是思想家激情的源泉，没有矛盾的思想家就像是没有情感的爱人，他们是毫无价值的平庸之才。

——克尔凯郭尔：《哲学片断》，29 页

偶尔，我会发觉自己拥有一种奇怪的幻想。大致是这样。

一位心理学家——任何心理学家，或者是所有的心理学家——在他漫长的、多产的生命即将结束时，来到了天堂的门口。他被带到了圣彼得（St. Peter）的面前作惯例的说明。圣彼得平静地坐在他的桌子后面，看起来就像是米开朗基罗的摩西，让人心生敬畏。一个穿着白色外衣的天使助手将一个马尼拉文件夹放到了桌子上，圣彼得将其打开，仔细看着，皱着眉头。尽管这位审判官有着让人生畏的面貌，这位心理学家还是抓起了他的公文包，带着值得称赞的勇气走上前去。

但是圣彼得的眉头皱得更紧了。当他那像摩西一样的眼光注视着这位候选人时，他用手指敲着桌子，并咕噜地发出了几声非指示性的“嗯嗯”声。

沉默让人不安。最后，这位心理学家打开了他的公文包并大声喊道，“给！这是我 132 篇论文的复印件。”

圣彼得慢慢地摇了摇头。

这位心理学家又从公文包的更底层翻了东西出来："请让我给你看我所获得的科学成就奖章。"

圣彼得默默地继续注视着这位心理学家的脸，他的眉头依然紧紧地皱着。

最后，圣彼得说话了："优秀的人，我知道你是多么的刻苦。你受到谴责并不是因为你的懒惰，也不是因为非科学的行为。"再次陷入了沉默，他的眉头锁得更紧了。这位心理学家意识到，忏悔在被心理分析家采用之前很久，它在这个门口得到的评价是相当高的。

"嗯，是的，"他很好地表现出了坦诚，承认道，"在做博士论文研究时，我确实对数据动了一点点手脚。"

但是圣彼得并没有打算和解。"不是的，"他说着，从档案中拿起表 1—A，"对这份文件有偏见并不是不道德的。你与其他人一样都是合乎道德的。我也并不是谴责你是一个行为主义者、神秘主义者、机能主义者、存在主义者或者是一个罗杰斯的追随者。这些都仅仅是很小的罪。"

此时，圣彼得用手使劲拍了一下桌子，他的声音像摩西道出十诫时一样："你被指控为过分简单化。

"你花了一生的时间大题小作——这就是你有罪的地方。当人们悲惨的时候，你认为他微不足道。当他是流浪汉，你称他是小人物。当他屈辱地承受痛苦，你将其描述为是犯傻；当他鼓起足够的勇气准备行动，你称其为刺激与反应。人有激情。当你很自负并在班上作演讲时，你称其为'基本需要的满足'；而当你很放松，看着你的秘书时，你又称其为'紧张的释放'。你将人类加以改造以符合你儿童时期的拼装玩具或者是主日学校的格言中的形象——而这两者同样都是可怕的。

“简而言之，我们将你送到地球上的但丁马戏团，待了七十二年，而你却将你的日日夜夜都花在了小把戏上！过分简单化![1]你还要怎么辩护，有罪还是无罪?”

“噢，有罪，尊敬的神仙，”这位心理学家结结巴巴地说，“或者，我更可以说无罪。因为我一直都在设法研究人的行为——难道这不是心理学的目的吗？而你自己在《圣经》中也说人是条虫子，‘在他身上根本没有健康可言’，所以，我所履行的任务不就是你们期望我做的吗?”

圣彼得用前臂将表1—A从桌子上拂了下来，他弯下身子，盯着这位心理学家的脸：“你甚至都没有看到你所研究的人！你不是认为我知道他有时是条虫子吗？但是，那条虫子也会直直地站立起来，将石头一块一块地垒起来，建造了帕特农神庙。那个人在某个夜晚在尼罗河边的沙漠上停了下来，望着星星，感到惊奇。而当星星下沉，他回到他在山坡上的窑洞小屋里，研究他的陶器上所画的朱鹭的腿。他会从火中拽出一根烧焦的棍子，在墙上画一个三角形，他会做数学题。他因此教会自己如何判断星星的轨道，并学会了利用尼罗河的潮涨潮落来种植庄稼。一条虫子能做到这些？而所有的这一切你都忘了，不是吗?”

这位心理学家答道：“尊敬的阁下，我仅仅是设法让人们发表他们自己的意见。”

“噢，你是这么做的，是吗？那么所有那些实验呢?”圣彼得用手指着仍然打开的公文包，“听说你要来，昨晚我们就用天上的缩微胶卷阅读了你的论文。所有那些实验呢？其中的妙语都是由对人们所说的谎言构成的。‘按压这根杠杆，它就会使窗子另一边的那个人感到疼痛。’而你设置好了窗子另一边的那个人来假装扮出痛苦的表情，然后玩这个游戏。‘同学们，哪根绳子更长?’‘噢，短一些的那根是更长的。’‘你，替罪羊一被试先生，你还要愚蠢地反对全班的观点，说长一些的那根绳子是更长的吗?’”

圣彼得叹了口气，平静了一下。“我承认在这件事上我是从来都无法理解你们这些人的。一旦你们得到了博士学位，就认为你们可以永远愚弄其他人。你们都无法那样来愚弄你们的狗——它可以很快地看穿你们的伪装。”

这位心理学家试图辩解：“但是，所有实验对象都是自愿参加实验的……”但是，他的辩护被圣彼得洪亮的声音淹没了：“噢，不要认为我不知道这一点——人类拥有巨大的能力来假装他被愚弄了，并且甚至有能力不让他自己知道他正在假装。但是，对你，我想得过好了——”他用一根长长的瘦骨嶙峋的手指指着这位心理学家。“你认为所有人都可以被愚弄。所有人，却不包括你。你一直都认为，你——愚弄他人的人——永远都不会被愚弄！这可不是个非常一致的理论，不是吗?”

圣彼得叹了口气。心理学家张了张嘴，但是圣彼得挥了挥手：“拜托！不要再训练有素地喋喋不休。我们需要一些新的东西……新的东西。”他坐了回去，陷入了沉思……

也大约就在那个时候，我发现自己也陷入了沉思。这个幻想有许多种结局——就像在某一个特定的时刻你的心境有很多种一样。但是，不管是哪一种结局，也不管我们每一个人在天上的入学考试中进展如何，难道我们不能问问圣彼得，在我们的表达中，他是否得到了一些东西呢?

因此，本书是以一种傲慢的音符开篇的。而且恐怕我必须得警告读者，至少当前这一章将会继续使用这种方式。因为我们在心理学中不是忽视了（如果大部分时间没有被完全压制的话）对人类体验中的根本重要性的考虑吗？我打算引用一些发生在我身上的这类考虑，它们群集在我在这里所谓的“人类的困境”的周围。

什么是人类的困境？让我用其最基本的形式来加以论证；尽管我的论证将会比较简单，但是我希望我不会因为过分简单化而被判有罪。

一天早上，我坐在打字机前，写着本书中即将出现的某一个章节。在我工作的时候，我体验到自己是一个不得不写完这一个章节的人：他给自己设定了最后的期限，他必须准备好在下午两点的时候接待来访的患者，他必须吃一些药来避免似将发生的感冒。我抬眼看了一下钟，并迅速地数了下到目前为止我已经完成的页数。在我写作的时候，我发现有一种令人不舒服的想法逼近：“我的同事某某教授将会不喜欢这个观点；或许我应该把我的观点弄得稍微模糊一点——把它弄得听起来深刻一点并且不那么容易受到攻击？”我勇敢地避开了这样一种不光彩的诱惑；但是我确实支持了对我自己的观点的辩护，然后我让自己不再考虑这些扰人的想法，重新回到了打字机旁。

此刻，处在我刚刚描述过的这样一种状态之中，我将自己看作和当作是一个客体，是一个为了最为有效地完成手头的任务而被控制和指导的人。注意，我的句子是以这样的动词来连接的，如**不得不**、**必须**、**设定**一个最后期限。而我问自己的问题有些不一样：完成这一切最佳的方式是什么？最有效的技术是什么？**时间是永恒的，是日历和时钟设定的**。我将自己当作一个必须“配合它”的人；在那个时刻我很满足我是一个拥有习惯的、行为没有太多偏差的生物；而我的目标是使这种偏差变得更少，更严格地控制我的行为，这样我要写的章节就能最迅速地得以完成。

但是，随着写作的继续进行，我发现自己突然产生了一个有趣的观念。啊，这么多年以来有某样东西一直在我意识的边缘活动——现在就把它找出来是一个多么有诱惑力的前景啊，把它想清楚，我就可以知道它将引导我向何处！我朝窗外看了一会儿，沉思着，然后继续写作，根本就没有意识到时间的流逝。我发现自己在想："太棒了！这个观念澄清了整个论点的意思——我希望在这里把它表达出来，因而我将重新整理这整个章节。"而我体验到了一种令人振奋的感受，认为这将是有价值的——它值得人们去阅读。现在，当我发觉自己在想"某某同事将会不喜欢这一点"时，我会毫不犹豫地回答："如果他不喜欢，那是他自己的事情，是他自己运气不好，我想怎么写就怎么写。"我继续在打字机上写着，好像就过了几分钟一样，突然我发现已经十二点半了，已经超过我原定停止写作时间半个小时了。

在这第二种状态中——对它的描述无疑显露了我自己的偏见——我把自己看作是一个主体，而不是客体。现在我的句子是以这样的动词来连接的，如**想**、**希望**、**感受**，而不是不得不、必须。在第一种状态下，我是时间的客体；在第二种状态下，我是时间的主体。我不再是"时间的奴隶"，时钟与日历都与我完全不相关。**当我选择的时候，时间就在我面前，我可以随意使用**。在第一种状态下，我让自己处于一种宿命论的状态中；而在第二种状态下，重点在于我有回旋的余地，随着我继续向前，我有自由的空间来选择以及塑造我的行为。第一种状态的目标在于有效的行为，我所做的一切的意义对于我的行动来讲在很大程度上是**外在的**。第二种状态的重点在于，体验与对事情的选择具有内在的意义。动词再一次用作例证：在第一种状态下，**不得不、必须、设定**为了一种**外在的价值**而与行为联系在一起，对此我至少是部分地接受了，完成了这个章节。在第二种状态下，**想、希望、感受**这些东西是与内在的**有价值的行为**联系在一起的。

人类的困境就是如此，它源自于人们可以同时将自己体验为主体与客体的能力。对于心理科学、治疗以及令人满足的生活来说，两者都是必需的。

这种困境在心理治疗中随时都可以得到论证。我可以根据诊断的范畴来看待我的患者，把他看作是一个或多或少符合某某模式的有机体。例如，我知道，尿频通常是与我们文化中个体的竞争性模式联系在一起的。这种取向将患者看作是客观的，从一个方面来说，这是完全合理的。但是，在那样的时刻，却无法与患者产生共鸣，无法体验他正在体验到的东西。严格说来，只要我将他看作是一个客体，那么在他说话时我就无法理解他的话语。正如我在本书的后面一个章节将要表述的，即使是为了理解他人的语言，我们也需要某种能够进行主观移情的能力。（因此，要理解我们所憎恨的某个人是非常困难的，几乎是不可能的。）再比如，当我在给一位临界患者做咨询时，我必须考虑他是否需要住院治疗，以及在这样的情况下，怎么做才是最好的方法，等等。但是，在那个时刻，我站在了他之外，我不是在做治疗。如果我要对他进行治疗，我就不能一心想着他的表达是多么奇怪与毫无意义，而是要专注于他的象征里所隐藏的含义。如果他坚持二乘以二等于五，那么我不会去问这预示着他得了哪一种精神病，相反我会去探究他这样坚持对他而言的意义。只有这样，我们才能帮助他最终放弃这样的想法。

我的一位从事心理治疗的同事评论说，就像在一场网球比赛中一样，他在将患者看作是客体——当他考虑模式、动力、现实测试以及患者的行为所涉及的一般原则的其他方面时——与将其看作是主体——当他强调患者的痛苦以及通过患者的眼睛来看待这个世界时——之间徘徊。

在我们的日常生活中也是这样的。如果我设法成为“纯粹的主体”，自由自在的，不管交通灯的限制性要求，也不管我的汽车应该以怎样的速度通过弯道这种操作原则，那么我当然会遭遇不幸——通常情况下不会像伊卡洛斯那样崇高和具有戏剧性。从另一方面来说，如果我打算将自己当作是“纯粹的客体”，完全被决定且可操控，那么我将变得被动、枯竭、冷酷无情，并且与自己的体验没有关系。而我的身体通常会突然给我一击，用让我患上流感或者是心脏病的方式来将我打倒，以便让我记起我不是一个机械的物体。奇怪的是，这两者——成为“完全自由的人”与成为“完全被决定的人”——从我们傲慢地拒绝接受这个困境是我们作为人的命运和潜在的巨大可能性这个方面来说，同样都在扮演上帝的角色。

现在，让我们来明确一下我们的界定——我们不仅仅是描述两种交替出现的行为方式。说我们**同时**是主体和客体也是不完全准确的。关键的要点在于，我们的意识是一个在这两者之间摇摆的过程。实际上，将自我体验为主体与体验为客体之间的这种辩证关系不正好就是意识的构成要素吗？这个摇摆的过程给了我潜能——我可以在它们两者之间进行选择，我可以偏重一方或者另一方。然而，我们在对待其他人——例如，治疗中的一位患者——时可能会发生改变，当我们对待自己时，重要的是这两种反应方式之间的差距。从任何真实的意义上来说，我的自由并不在于我作为“纯粹的主体”而生活的能力，而在于我能够体验这两种模式、能够在这种辩证的关系中生活的能力。[2]

既然有很多作者，包括我自己，已经在其他某个地方力图更为详细地描述过这种能力，那么我在这里将不再深入探讨其无限广泛的含义。我将仅仅补充一点，这种主体与客体之间的裂缝是我们关于时间之体验的基础，它表明了为什么时间对于人类来说是一个如此重要的维度。它是一种对主体与客体之间的距离的体验，是一个我们必须加以考虑并将其填满的创造性空间。我们是通过时间来做到这一点的——我们说："今天"我在这儿，"明天"我将在那儿。同样，也正是在对主体与客体之间的这种辩证关系的体验中，人类的语言、数学以及其他的象征化形式得以诞生与发展。因此，语言与我们的时间体验之间的相互关系是非常有趣的：语言由于我们能够"保持住"时间而变为可能——我们体验到其间的差距，而且必须对它采取一些措施。语言还赋予了我们超越时间的力量——我们说"今天"、"明天"，我们可以计划"下一"周和"下一"年的生活。我们甚至能够在主体的意识之中走出那令人惊奇的最后一步，这个主体能够意识到他同时也是一个客体，能够预期我们自己在将来的死亡——也就是说，"我知道，在将来某个时刻，我将不再存在。"

在十几年前与物理学家维尔纳·海森伯（Werner Heisenberg）的一次谈话中，这个困境无法磨灭地印刻在了我的脑海中。当我们在一次会议中一起坐汽车进行几个小时的旅行时，我抓住了这次机会要求他给我解释一下他的不确定原则。作为一个和蔼可亲的人，他答应了我的要求。在他讨论的过程当中，他强调了他的信念，即我们古典的、遗留下来的认为自然是一个"在那儿"的客体的观点是一种幻觉，主体一直都是规则的一部分，看待自然的人必须包括进去，实验者也要包括进他的实验中，或者说艺术家也要包括进他的图画景象中。他指出，这种主体—客体的两极性就是他和尼尔斯·博尔（Niels Bohr）所称的“互补性原则”。在这一点上，他说了句离题的话：“当然，你们心理学家在你们的学科中一直都知道这一点。”我笑了笑，不想打断他的话。但是我却有一种不舒服的感觉，他刚刚描述的主体与客体之间不可分割的关系，正是我们当代的许多心理学努力设法避免的。[3]

生物学家、哲学家、神学家、艺术家都已经在很多方面表达过我们的困境。即使我现在将要引用的一些语言不是心理学的，但是它们代表了对现象的严谨的系统阐述，心理学必须将这些现象纳入考虑范围，并且通过某种方式与其达成协议。库尔特·戈尔德斯坦（Kurt Goldstein）以其神经生物学研究为基础，将这种现象描述为人超越他不可避免作为其一部分的具体即时情境以及根据抽象的术语进行思考——即，根据“可能的一切”来进行思考的能力。戈尔德斯坦与该领域的许多研究者一起提出，这种能力正是人类在进化等级中区别于动物和无生命的自然之所在。

保罗·蒂利希（Paul Tillich）从一种哲学观点出发，将这种困境描述为是人的“有限的自由”：从人类会遭遇死亡、疾病，会受到智力、知觉、体验以及其他无限的决定性力量的决定这些方面来说，人是有限的。但是与此同时，人拥有与这些力量联系在一起的自由；他能够意识到它们，赋予它们意义，能够选择或偏重于作用于他身上的这种或那种力量。雷因霍尔德·尼布尔（Reinhold Niebuhr）以一种更为神学的观点将这种现象描述为来源于这样一种事实，即人类的体验将“自然”与“精神”联系在一起，而且人类同时在这两种维度上行使其职责。

瑞士生物学家阿道夫·波特曼（Adolph Portmann）将人类描述为是具有“世界开放性”特征的。这就是说，一方面，尽管人类在许多方面受到自然环境的限制，但是另一方面，在与这个环境有关的活动中，他能够行使自由。这里有一个进化的发展：树木等植物在与其环境相关的活动中几乎没有自由，能够移动并且发展了新的感觉的动物，拥有了更大范围的活动能力。但是，虫子依然被局限在虫子的世界里，鹿也依然被限制在其树林的世界里，而在人的身上，出现了一种全新的世界开放性维度。“四肢的自由活动，”波特曼写道，“赋予了人类婴儿比新生的猴子或猿猴多得多的可能性，这提醒我们，我们自己在出生时的状态不是完全无助的，而是以一种显著的自由为特征的。”[4] 正是凭借意识的出现，人类拥有了这种全新的世界开放性维度，拥有了在与客观世界相关的活动中的自由。对于我们在这里的讨论来说尤其重要的是，人类能够对他既是被束缚的又是自由的这一事实进行自我察觉，这种能力赋予了该现象作为一个困境的真正的特征。如果仅仅是要拒绝为身处世界开放性中的自由承担责任的话，我们必须在困境中做出某种决定。

当然，自从史前石器时代的穴居人第一次拿到芦苇和颜料，对抗糟糕的绘画条件、洞穴壁和凹凸的表面试图画出一幅图画来表达他对野牛或驯鹿的主观体验开始，艺术家们就一直生活在这种人类困境之中。尤金·奥尼尔（Eugene O'Neil）将这种困境描述为生物决定论的困境，他称之为力量（Force）或者是命运（Fate），与人类塑造决定论的能力形成鲜明的对比。1925 年，他在一封信中写道：

> 我一直都能敏锐地意识到力量，以及人类在让力量来表达他的观点——而不是像动物那样在其表达中成为一个极小的事件——这样光荣的自我毁灭性斗争中所存在的一个永恒的悲剧。而我可以自豪地确信，这是唯一个值得写写的主题，而且根据理想化的现代价值观和戏院里的象征（这些象征可以在某种程度上使现代的观众认识到他们崇高的本体与舞台上的悲剧人物之间的同一性）来发展一种悲剧性的表达方式，是可能的——或者说是能够做到的。[5]

当然，尤金·奥尼尔以及许多艺术家努力使这种困境茁壮成长是一回事，但是，对这种现象进行心理科学研究是另外一回事。我们粗略地加以描述的困境现在已经成了一种可以理解的、使人感到为难的事物，而且在某些方面可以说是心理学的一个丑闻。在努力地构建经验科学体系的过程中，心理学家们发现自己很快被推进了一个自相矛盾的深谷之中。他越努力地试图使他的数据和研究“纯粹客观化”，他就越会陷入主观性之中（尽管他可能不会承认这一点）。莫里斯·R·科恩（Morris R. Cohen）对这个困境作出过系统阐述：“与物理学家不一样，心理学家……的研究过程和他开展研究的依据属于同一个等级——知觉、学习、思维。”[6]

心理学由于忽视或者试图避免这个困境而遇到的困难，在我正在写这个介绍性的章节时所收到的一封信中可以得到证明。这封信是一个在一所极好的大学的心理学系工作的同事写给我的，他告诉我，说我的名字被选入了美国心理学会的一个成员名单中。我愿意参与他们的研究吗？只需在所附卡片的测评表上打钩就可以了。卡片一端的观点是这样的：

> 我站在育婴室的窗外，看着这些新生儿。当我们这样近距离看的时候，他们看起来多么的不一样！如果一个人能够知道测量的维度，那么他在这里就可以看到一生当中持久不变地表现出来的个体风格的开端。

另一种对立的观点是：

> 我站在育婴室的窗外，看着这些新生儿。当我全神贯注地观察一个新生儿并想象他的“人格”时，我笑了。假设人们能够在育婴室令人信服地测量到个体风格的维度在儿童期、青少年时期、成年早期都保持不变，这样的想法是多么愚蠢！

他们要求我标记我是否完全赞同其中一种观点或者是另一种观点，或者是我的观点位于这两种观点之间的量表的什么位置上。

这样一个量表的唯一的问题在于，这两种观点根本就不是对立的。我的一个刚刚做了父亲的患者讲到，妇产科医师从产房出来，告诉他“你家得了一个大个子的宝宝——他以后将是一个高大的小子”。显然，那位父亲以及我们任何一个客观地看这个宝宝的人都将知道，在那个时刻所得知的并且在某种程度上能够测量的身高、神经特征以及其他元素都将会对这个宝宝一生的风格产生某种影响。但是，同样明显而且合理的是，当这位父亲以及我们任何一个人在主观地鉴定一个婴儿时，都会心事重重地想到他在未知的将来可能会遇到的重大经历（核战争？辐射?），这些经历将会彻底改变他的发展，并且甚至能够撤销最初被给予的身体特点。我怎样标记我同事的量表取决于我那个时候怎样选择我与这些新生儿的关系。如果我穿着工作服，在给一个心理学班级作演讲，那么我将倾向于根据这种“可预测的”观点来思考——而且我会为那些没有意识到这一点的学生感到悲哀，即如果他想要进入一个研究生班级的话，他就应该在靠近这一极的地方打钩。

这份问卷的错误之处不在于细节，而在于它整个的基本假设。这两极并不是对立的，而是我们一直都在思考和体验的两个维度。当时，我被要求做的是将自己从人类体验中抽离出来，然后承担一项任务，这样一个测试所获得的并不是回答者的判断或体验，而是他们所承担的任务。

在这个极端困难而且在某些方面还无法解决的情境中，我们当中那些选择成为心理学家的人会在智力上体验到一种相当大的不安全感，甚至会对我们的科学产生防御，而这并不奇怪。我认为，如果不歪曲我们的素材，即人类，这种不安全感就无法避免。对心理学方法论的极大关注似乎是与这种不安全感联系在一起的，正如我们所希望的——我认为这对我们来说最终肯定会是一个幻觉，就像对物理学家一样——只要我们能找到正确的方法，那么我们将会从人类的困境中解脱出来。因此，例如，一些治疗师提倡不要问那些能使我们最佳地理解实验对象的问题，而应该问那些最能得出符合我们的方法与体系的定量答案的问题。

如果我可以这么说而不会让人听起来觉得很傲慢的话，那么，现在我很肯定地意识到，对于诚实的迫切需要是引导心理学家们寻求定量测量的动机之一，这也是找出我们是否真的能够更好地理解人类、寻求不依赖于我们自己的主观标准的系统阐释的需要。同时我还意识到，在我们这个时代，必须细心地进行研究，这样其研究结果才是可以讲授的，而且其他人的研究也才能建立在它的基础之上。获得真理的强大驱动力使所有心理学家得到提升，同时它也是智力完整性的重要部分。但是，我真的要强烈要求，不要让获得诚实的驱动力蒙蔽了我们的双眼，阻断了我们的视力范围，以至于我们错过了我们最初准备去理解的——生活着的人类。我们必须超越对这种信念的天真想法，即只要我们以某种方式最终获得了“空洞的经验事实”，我们就将安全完美地到达目的。费格尔（Feigl）教授这样提醒我们是对的，他说我们的窘迫境况并不是如此轻易地就能克服的。“我将仅仅提出这一点，”他说，“彻底的经验主义与获得智力安全的愿望有非常大的关系，例如，与将个人的推断限制在它们已经彻底得到证实的领域的愿望有很大的关系……假设恐惧症经常成为实证主义者的一个人格特征。”[7]

为了说明所谓的人类困境引起的一些问题和议题，我希望谈一下（虽然在这里只是很简要地谈）两位心理学家之间的辩论，他们是这个困境之两极的广为人知的代表，B. F. 斯金纳（B. F. Skinner）和卡尔·罗杰斯（Carl Rogers）。[8]从操作性条件作用的研究中，斯金纳教授提出，这个困境——或者用他的话说是“分叉”——可以通过普遍地运用他的行为主义假说和方法而得到避免。“通过辩论说个体有机体仅仅是对其环境作出反应，而不是对关于那个环境的某种内在体验作出反应，将自然分为物质特性与心理特性这种分叉就可以避免。”[9]在其他一些地方，他为对人进行外在控制的必要性和必然性作了辩护，说“内在控制”是不相关的，而且——尽管我不知道他是否考虑了这种陈述的完整含义——“外在控制与内在控制是一回事”[10]。

是的，一个人确实可以通过忽略困境的一个方面，即主观体验来避免这种分叉，然后——既然主观体验不愿意被抹去——就干脆将其包含在“外在控制”之下。或许，至少人们能在论文中或者受控实验室和医院情境中做到这一点。但是，我是否可以问一个幼稚的问题呢？基于我们所看到的，在心理治疗中每时每刻都得到证实的东西，人们确实会对环境的内在体验做出反应，会根据过去的经验来看待他们的环境，会根据他们自己的象征、希望、恐惧来对其作出解释，这些难道不是事实吗？

而且，当斯金纳坚持认为，在教育中“我们可以像制陶工人对待黏土那样来塑造儿童”时，我们的反驳并不是说这是不可能的。在某种程度上，在某些特定的情境中，这么说确实是对的。但是，这个观点难道没有遗漏那些经常萦绕我们心头的重要体验，没有遗漏学习中的关键主观动机，例如，像杰罗姆·布鲁纳（Jerome Bruner）所称的好奇心和罗伯特·怀特（Robert White）所称的竞争欲求吗？每一次我听到有人用制陶工人—黏土来隐喻人类，我都会振作精神反对那阵晴天雷鸣和那过分简单化的攻击，它们通常就像奥林匹斯山的闪电一样猛烈。

当我们阅读斯金纳与陀思妥耶夫斯基（Dostoevsky）之间有趣的辩论（作者死后才出版的，至少对其中一方来说是这样）时，这个让人烦恼的问题也会出现：

> 对人类行为的研究［斯金纳写道］还回应了这种愤世嫉俗的抱怨，即在人的身上有一种简单的“执拗”，这种执拗会一直挫败他想要提高的努力……陀思妥耶夫斯基宣称看到了其中的某种轮廓。“出于完全的忘恩负义，”他抱怨道，也有可能是自夸，“人会对你开一个卑鄙下流的玩笑，仅仅是为了证明人还是人，而不是一架钢琴上的键……而即使你可

以证明一个人仅仅是钢琴上的一个键，他也依然会做一些完全反常的事情——他会制造破坏和混乱——仅仅是为了说服别人同意自己的观点。……如果通过预言这一切都将会发生而将所有这一切都反过来进行分析和加以预防，那么人将会故意变疯去证明他的观点。”

接着，斯金纳继续对这位俄国小说家的断言作出他自己的反应：

对于不适当的控制而言，这是一个可以想象的神经性反应。一些人可能已经表现出来了，还有许多人喜欢陀思妥耶夫斯基的论述是因为他们倾向于要表现出来。但是，说这样的反常是人类有机体想要控制环境的一种基本的反应，完全是胡说。[11]

现在，我们必须首先理清斯金纳教授所用的未经证明而用于辩论的一些词的含义。让我们先来设想一下，陀思妥耶夫斯基既不是“抱怨”也不是“自夸”，而仅仅是试图论述一个他认为很重要的观点。而且，我们不应该受到斯金纳教授行为的误导，他作为一个对手运用了精神病理学诊断，这是我们心理治疗者经常被指责的一个错误，例如，将陀思妥耶夫斯基的论述贴上一个“神经性反应”的标签，以及坚持认为那些“喜欢”他的人（对此，我要坦白地说，这其中包括我）也表现出了“神经性反应”。除此以外，斯金纳教授对陀思妥耶夫斯基的应答是：“完全是胡说。”

但是我们可以回想起，正是陀思妥耶夫斯基在《卡拉马佐夫兄弟》中为我们塑造了非常深刻的人物形象，在《罪与罚》中非常精细地为我们描绘了心理学发展的画面，而且他被公认为是历史上最伟大的人类体验的研究者与描绘者之一。面对这个需要或者允许陀思妥耶夫斯基被草率地说成是“完全是胡说”的困境，在其解决方式中，难道不是某些东西完全错了吗？我们将厌恶这次辩论，如果我们确信这一事实，即在我们当前的心理学方法被放入满是灰尘的档案并且一次又一次地被新的方法所取代之后很久，陀思妥耶夫斯基的著作仍然还在静静地流传，向一代又一代的人展现它们关于人类体验的深刻智慧。

卡尔·罗杰斯在辩论中站在讲台的另一边，他一贯地、坚定地提出，重要的是内在的控制，他坚持以来访者为中心，而不是以环境为中心。罗杰斯一直相信，如果你给患者以正确的人际关系——也就是说，一种以“坦率”、尊重以及对所有情感的接受为特征的人际关系——那么，这个患者就可以相当自然地成长，达到成熟、有责任感以及心理治疗通常会接受的其他目标。罗杰斯一直被描述为具有卢梭的风格，而他自己也很乐意接受这种分类。他以不同的方式一次又一次地陈述他的信念，即人类是“极度理性的”，如果给以合适的机会，人将会理性地选择对自己来说最适合的东西。这一切就构成了困境中另一方的有力论述。

但是我想提出几个问题。我的疑问主要是基于我在罗杰斯最近四年在威斯康星大学开展的针对精神分裂症患者的来访者中心疗法这个项目中作为治疗的十个评判员之一所观察到的东西而提出的。

在听这个治疗的磁带时，我对这一事实印象非常深刻，即尽管这些追随罗杰斯的治疗者非常擅长应对患者的孤独、放弃、遗弃、悲伤等情绪，但是他们实际上从来不会对患者的愤怒做出反应。在磁带上，其他的负面情绪，如攻击、敌意以及真正的冲突（区别于纯粹的误解）等也几乎没有治疗者提起过。我不禁自问，难道这些患者从来都不会感到愤怒吗？诚然，在一个人身上，敌意的情感以及对对抗欲求的表达不可能完全不存在，除非是在几乎完全病态的情况下。而事实是，在这些患者身上，它们并非全无痕迹：在磁带中偶尔还是可以听到某个患者被医院的工作人员或者是治疗者所激怒。但是，治疗者几乎一直都没有看到这一点，而是将这种情感解释为孤独，即使患者用愤怒和亵渎的咒骂来表明他的情感，治疗者还是误解了。

其他评判员也评论了这些治疗者没有看到或者是没有对这些攻击性的、负面的情绪作出反应的失败之处。实际上，罗杰斯和他的合作者们在对所有评判员的临床评价作出总结时，也引导他们自己探寻了这个观点：

> 非常惊人的是，几乎所有评判员都观察到了这一点，即治疗的来访者中心过程由于某种原因避开了患者预期的，同时也是很正常的对于负面的、敌意的或者是攻击性情感的表达。其中的暗示非常明显，以来访者为中心的治疗者由于某种原因似乎很少看到那些负面的、敌意的或攻击性的情感。这是否是因为，这些治疗者不够重视或理解他们自身负面的、敌意的或攻击性的情感，所以他们不能恰当地感知到患者身上的这些情感呢？

因此，我们需要提出这个问题：难道罗杰斯不是对理性，以及他的信念过于强调，即个体只会选择对他来说理性的东西，从而遗漏了人类体验范围中的一大部分，即所有的非理性情感吗？假定咬那只给你食物的手并不是“极度理性的”，但它恰恰就是来访者与患者所做的事情——这也是他们需要治疗的一个原因。而且，这种愤怒、攻击性和敌意通常表达了患者想要获得自主性的非常珍贵的努力，表现了他想要找到某一点的方式，在这个点上，他可以抵抗那些一直以来窒息他生命——通过“和善”，也通过剥削——的权威。

我们的观点是，过分强调人类困境中主观的、自由的一极，忽视了人类同时也是被决定的客体，同样也是一种错误。至少在理论上，罗杰斯可能会部分地赞同这一观点。在一篇最近发表的文章中（写于上面提到的研究之后），他讨论了他所谓的人类体验的“矛盾”：

> 我确信，一部分现代生活将面对这个矛盾，即从一个视角来看，人是一台复杂的机器……而另一方面，从他的存在的另一个维度看，人在主观上是自由的，他的个人选择和责任是为了他自己的生活，他事实上是他自己的建筑师……如果你对此的反应是：“但是这两种观点不可能是同时正确的。”那么我的答案是：“这是一个我们必须学会忍受的深层的矛盾。”[12]

实际上就是这样。但是我们并不能从这篇文章中看出罗杰斯是否意识到这段陈述已经改变了他先前的整个假设，即人是“极度理性的”，如果他有机会，他将会一直选择“正确的”事情。因为如果我们承认了上面的这个矛盾，那么我们就不能再说单纯的“成长”是人类的基本需要，因为成长总是处于永远都无法完全解决的困境的辩证关系之中的。[13]那么，什么是“正确的”事情？如果你从自由和主体性的观点来看是一回事：高更（Gauguin）放弃了他在银行的工作，离开他的家人，去塔希提岛画画——当大半个世纪后他的画成了值钱的金融投资，那么我们就会非常容易忽视他的"自由"在当时看来是多么的不负责任。但是，在一个非高更风格的、想要适应银行家生活、想要得到帮助以成为社会中成功人士的人看来，什么又是"正确的"事情呢？我并不是说只能归结于文化和道德的相关性——那也是一个太过简单的处理人类处境的解决方式。相反，我提出的是，我们已经严重地过分简单化了我们关于自己和同伴的观点，我们必须将人类体验中的困境带进我们的画面之中。

我们可以在这里提出这一点，即以上考虑表明了克尔凯郭尔（Kierkegaard）和尼采（Nietzsche）为什么做出如此多的承诺，来提示一下我们将来的一些讨论。正是你在一个矛盾中献身于一边或另一边这个事实，增加了一种新的"力量"，这种力量以前并不存在，它也不能简单地用一个成长的概念来加以囊括。当这个人选择做出行动时，一种新的元素就已经增加到这个动机模式中去了，直到这个人真的选择做出行动，否则我们无法知道这种力量的范围和方向。

在这个介绍性的章节中，我已将人类困境描述为人把自己看作是客体和主体的能力。我的观点是两者都是必需的——对心理科学，对有效的治疗，对有意义的生活来说都是必需的。我还提出，在这两极之间的辩证过程中存在着人的意识的发展、深化与扩展。两边都存在的错误——关于这一点，我用斯金纳和与先前自相矛盾的罗杰斯作为例子——是认为一个人可以通过选择其中一极来避免这个困境。人类必须学会忍受矛盾，这并不是简单的事情——从他第一次意识到这个事实，即他是一个以后将会死，会为自己的死创造一个词的人起，他就一直生活在这个矛盾或困境之中。疾病、各种各样的限制以及已经指出的我们的生物状态的各个方面，都是这个困境的某些决定方面——人就像田野中的草，它会枯萎。对此的意识，以及根据这种意识而做出的行动，是作为主体的人的本质。但是，我们也必须将这个困境的含义带进我们的心理学理论。在这个困境的两难境地之间，人类已经发展了象征、艺术、语言以及一直在扩展其自身的前提的科学。我认为，勇敢地生活在这个困境之中，是人类创造性的源泉。[14]

我们在接下来的章节中将要讨论的就是这些思考。

注释

[1] 拉丁学者告诉我，*nimis* 意思是“过分的”，而 *simplicandum* 意思是“简单化”。或者用我们现代的行话说就是，过分简单化。

[2] 正是在这个差距之中，与众不同的人类的焦虑产生了——正如克尔凯郭尔所说，这种焦虑是“自由引起的眩晕”。神经症患者试图通过沉湎于不负责任的自由，或者是通过相反的方式，即强迫性地控制每一个细小行为，来避免焦虑。但是，两种方式都不能起作用。健康的人会在这个差距中做出选择。例如，当他开始画一幅图画时，他会释放自己，让他的想象、幻想以及他非理性的冲动都出来活动。而当他为准备一次期终考试而学习时，他就会把自己放入一种受到良好控制的、客观的、外部导向的模式之中。

[3] 一个使人耳目一新的例外是罗伯特·罗森塔尔（Robert Rosenthal）在哈佛所进行的关于心理学中“实验者的偏见”的研究。罗森塔尔征募了三组研究生来参加一个让老鼠跑过一个迷津

的实验。他告诉第一组学生，给他们的老鼠非常聪明；对第二组学生，他没有说任何关于老鼠的情况；而对第三组学生，他说他们的老鼠经过测试特别愚笨。事实上，所有这些老鼠都是“首次用来做实验的”，也就是说，它们具有同样的能力，也缺乏同样的能力。但是，第一组的老鼠在迷津实验中做得更好，而且非常明显，而第三组的老鼠（被假定愚笨的一组）做得更糟，糟糕的水平也非常明显。

罗森塔尔和同事以许多不同的形式重复了这项实验，包括用人类作为实验对象。无疑，实验者的“偏见”或预期确实会影响实验对象的表现，尽管事实上做了一切防范措施以确保不同的实验者给予其实验对象的指示是完全相同的。

那么，实验者的预期是怎样传递给老鼠以及其他实验对象的呢？最有可能的是身体的动作。罗森塔尔现在正努力地通过研究有这类实验的电影来确定是什么导致传递的。我也认为，似乎是语音语调、变声转调以及我们用于交流却不知道它如此重要的无限多样化的潜意识语言起了传递的作用。

［4］Adolph Portmann，*Biologische Fragmente zu einer Lehre vom Menschen*，Basel，1951，p. 30. 我非常感谢恩斯特·夏赫特（Ernst Schachtel）和我进行了一些关于波特曼（Portmann）的有用的讨论以及提供了这个引用。比较：Ernst Schachtel，*Metamorphosis*，Basic Books，New York，1959，p. 71。J·冯·魏克斯库尔（J. von Uexküll）和 V·冯·魏茨泽克（V. von Weizsäcker）等其他德国生物学家用不同的方法得出了与波特曼相似的结论。

［5］写给亚瑟·霍布森·奎恩（Arthur Hobson Quinn）的信，引自 Doris V. Falk，*Eugene O'Neill and the Tragic Ten-*

sion, Rutgers University Press, New Brunswick, N. J., 1958, pp. 25–26。奥尼尔使用了“自我毁灭”这个术语，但是非常明显的是，他同时也说这是最具有建设性的斗争，通过这个斗争，也只有通过这个斗争，个体才能获得个性，才能创造他生活的意义与美。

[6] Morris R. Cohen, *Reason and Nature*, Free Press, Glencoe, Ill., 1953, p. 81. 在后面一个章节中，我们会再次讨论关于这对心理科学所产生的实际影响的问题。

[7] 在美国心理学会年会上的一次演讲。H. Feigl, “The Philosophical Embarrassments of Psychology,” *American Psychologist*, 14: 125–126, 1959.

[8] 我们将在第十四章再次讨论斯金纳与罗杰斯的研究。

[9] *Scientific Monthly*, November 1954.

[10] *Science*, November 1956.

[11] B. F. Skinner, “Freedom and the Control of Man,” *American Scholar*, Winter 1955—1956, Vol. 25, No. 1.

[12] Carl Rogers, “Freedom and Commitment,” paper delivered at San Francisco State College, 1963.

[13] 同样，罗杰斯一直都反对弗洛伊德的抗拒、压抑等概念的丰富含义——这些概念在我看来是非常重要的对人类困境的表达。

[14] “奥尼尔认为……对于活着的人来说，要使两个对立物真正地‘和解’，就要深刻地实践它们，并勇敢地忍受它们”——*Op. cit.*, p. 24。艺术家们似乎一直都凭直觉知道这一点。里尔克（Rainer Maria Rilke）在给一位年轻诗人的信中写道：“不要现在就寻求答案，你是不会得到的，因为你还不能实

践它们。要点在于，去实践一切事物。现在就实践这些问题。然后，也许你会慢慢地、不知不觉地实践到了遥远的某一天，答案找到了。”—— Rainer Maria Rilke，*Letters to a Young Poet*，*translated* by M. D. Herter Norton，W. W. Norton & Co.，New York，1934.

第一部分　我们当代的情势

在某些历史时代，生活的困境会变得更为显著，更难忍受，更难解决。我们的时代，20 世纪中期，就是一个这样的时代。如果读者勉强接受这个论题，那么我们将在接下来的两章提出这些困境的一些表现方式。

第二章 Chapter Two

现代人意义的丧失

人仅仅是一棵芦苇，是自然界中最虚弱无力的芦苇，但是他却又是一棵会思考的芦苇。对于整个宇宙来说，根本没有必要为了歼灭他而全副武装：一缕蒸气、一滴水就足以杀死他。但是尽管这个宇宙想要压垮他，人却比那些杀死他的东西更为高尚，因为他知道他会死，而且他知道宇宙超越于他的优势所在，而对于这一点，宇宙却一无所知。因此，我们所有的尊贵在于我们能够思考。我们必须通过思考提升自己，而不是通过空间和时间，那是我们无法填补的。因此，让我们努力地好好思考——在那里有道德的原则。

——布莱兹·帕斯卡尔：《思想录》

在一个过渡的时期，当旧的价值观变得空洞，传统已不再可行，个体就会体验到要在他的世界中找到自我存在非常困难。更多的人会体验到《推销员之死》中威利·洛曼（Willie Loman）所遇到的“他从来都不知道他自己是谁”这个更为尖锐的问题。存在于人类意识之中的这个基本的困境是所有心理体验的一部分，它存在于所有的历史时期。但是，在彻底的文化变革时期（如性规范和宗教信仰方面的变革），这些特殊的作为基本的人类情境之表现形式的困境就变得更难解决。[1]

一开始，我就提出这个问题：现代西方人将自我体验为一个没有意义的个体，这难道不是他们的主要问题之一吗？现在让我们来集中讨论一下人的自我意象的这个方面，即他对于他能否做出行动的怀疑，以及他半意识地确信即使他能够做出行动也没有什么用。这只是当代人自我写照的一个方面，但是在心理学中，它却是一个非常关键的方面——即自我怀疑，它反映了这种在每时每刻都会涌起的、会压倒性地阻碍他那弱小努力之发展的巨大技术力量。

这是一种关于“认同”问题的文化演变，这个问题是20世纪50年代在诸如埃里克森（Erickson）、威利斯（Wheelis）这些分析家的著作中非常中肯地提出的。当代各种各样的人，尤其是年轻人，当他们前往咨询者或者治疗者那里时，他们的问题会被诊断为一种“认同危机”——这个术语已经变得很陈腐这一事实不应该使我们忽视这个现实，即它可能是非常重要的、正确的。“现在，自我感是缺乏的。青少年的这些问题——‘我是谁?’‘我将去何方?’‘生活的意义是什么?’——没有最终的答案。这些问题也不能被搁置一边，置之不理。这种不确定性持续存在。”[2]艾伦·威利斯（Allen Wheelis）于1958年写道。他继续写到了我们当代文化与健康方面的技术进展：“但是，随着我们寿命的增加，我们有意义的时间却减少了。”

我的论点是，20世纪50年代的认同问题现在已经更为突出地变成了意义感丧失的危机。缺乏认同感而仍然保持这种具有影响的希望是可能的——“我可能不知道我是谁，但是至少我能让他们注意到我。”在我们意义感丧失的当前阶段，这种情感倾向于变为这样的：“即使我知道我是谁，我作为一个个体也产生不了什么影响。”

关于个体意义的丧失，我想引用一个例子，这是对美国人来说表达了某种重要东西的一系列事件。我将会谈到其对手所称的“反抗”，或者是加利福尼亚大学伯克利分校中的学生们所说的“消极抵抗”。不管在这种反抗之下有多么复杂与微妙的因素，各个方面似乎都达成了一致意见，认为这是学生反对“现代工厂大学中学生无个性”的意义深远的、强有力的表现。这种心境在马里奥·萨维奥（Mario Savio）火热的言语中得到了极好的表现，马里奥·萨维奥是哲学系的高年级学生，他领导了集体室内静坐抗议，导致许多人被逮捕：

> 有这样一个时期，当机器［集体化教育的机器］的操作变得如此可憎，使得你从内心感到非常不愉快，因为你不能参与其中……那么你就必须用你的身体去挡住齿轮，挡住车轮，挡住控制杆，挡住所有的仪器，你必须使它停止……

更多证据表明，学生最深层情感的爆发是反对他们在一个巨大体系的车轮中被当作没有个性的嵌齿，这可以在许多学生为反抗的价值给出的原因中看到。在示威运动之后，一些参与其中的人带着相当多的情感跟我说：“现在，校园里的每一个人都跟其他所有人讲话 。”没有比这更清楚的陈述能够表明事实，即处于危险境地的是“没人知道我的名字”、“我毫无意义”这些让人无法忍受的情境。实际上，正如加缪（Camus）以及历史上其他无数的人说过的，也正如我将要在本书后面的章节指出的，成为一个反抗者明确的价值之一是，通过反抗行动，我迫使非个人的权威或者太系统化的体系看到我，认可我，承认我现在的样子，考虑我的力量。我强调最后一个词并不是为了修辞学的原因：我实际上是说，除非我能够产生一些影响，除非我的潜能能够施展并且产生影响，要不然我将不可避免地成为外在力量的被动牺牲品，我将体验到自己没有意义。

既然学生的这种无意义的体验对本书接下来将要阐述的内容来说非常重要，那么让我们来指出一些证据，证明“教育工厂的无个性”根本就不是学生的神经症或主观幻想的一种投射。

> 在伯克利，就像在许多其他的州立大学校园一样，这个“工厂”的意象已经不再是一个玩笑。伯克利的学生总数将近27 500。据该大学的官员说，这个大学的全职教员有1 600人，其中有一些教员正在休假或者从事研究，学生—教员的有效比率大约是 18∶1。
>
> 伯克利教员中最优秀的成员通常非常专注于研究，以至于他们几乎没有时间可以给学生。而那些面对着一场为继续留在伯克利任教而进行的“要么发表文章，要么就走人”的战争的年轻教授，同样也几乎没有时间给学生。教学的重担沉重地落在了助教的身上，这些助教通常是为了学位而工作的、没有工作经验的研究生……
>
> 在许多关于伯克利情形的讽刺中有一个是，很大一部分现状在科尔（Kerr）校长于 1963 年出版的著作《大学的用途》中已经清楚地预见到了。科尔博士是一位工业关系方面的专家，他还是一位在全国享有盛誉的劳动仲裁者，他警告那些“最初发动示威的大学生反抗者”，警告那些“失神的教员”，向他们预先通知了学生们将会遭遇的挫折，即在“一张非个人规则的地毯之下”窒息。在现在读起来像是对伯克利危机的软弱无力的陈述中，这位从 1958 年便担任大学

校长的科尔博士警告说："学生们也想被当作独特的个体来对待。"[3]

同样应该明确的是，当代这种学生反抗者的现象并不是某个特定的坐在校长办公室或是大学理事会的坏人"导致"的。在像下面这样的许多学生的社论中，我们可以看到，学生们自身也看到了这种弊病的非个人根源：

一位伊利诺伊大学的学生专栏作家在伊利诺伊大学校报上发表了一篇文章，号召更多的学生参与到这个关于建造一栋新的建筑物的计划中来，建造这栋建筑物的费用部分是由学生基金出的。"作为关切此事的学生……帮助挽救这个美妙的机体——大学，防止它失去自身的效能，是我们的工作，"他还补充说，"……一栋大楼的失去根本就没法与在这里的认同感的丧失相提并论。"

所发生的一切是我们这个时代无法避免的现象，是集体主义、集中教育、集中交流、集中技术以及其他形成现代人心理与情感的"集中"过程的必然结果。

这一事实表明这些并不是昙花一现的插曲，即尽管所有的大学委员会都听取了学生要求的改革建议，但是一种新的情感冷漠已经出现在了校园之中，科尔博士据此警告说新的反抗将会出现。[4]

在学生深深的不安状态之下更为深层的冲突是什么呢？科尔博士将其阐述为这样一种困境，这种困境的起因是在一个"更多的学生……想要从他们所接受的教育中获得一种个人的或社会的哲学，和，或者更甚于，一种职业的技能”这样的时代，越来越多的教员退缩至他们专门的研究领域。巴纳德大学的校长罗斯玛丽·帕克（Rosemary Park）博士描述了该大学现在所处的“危险时刻”：“学生对教育的不满从来没有像现在这样尖锐，而教员对他们所服务的机构的不感兴趣也从来没有像现在这样明显。”[5]难怪伯克利现在的研究生宣称，恢复大学生活中有意义的传统的唯一方式是，学生们进行“游击战”——一个非常奇怪、矛盾但却重要的阶段——以反对那些仅仅为了满足“公司与政府的操作性需要”而不是“道德的人的需要”而设立的大学[6]。所有这一切的结果是出现一种新的、非常重要的保护人类价值观的战争形式，以反对教育的老练的、机械的摩洛神①，后者有吞没对于我们每一个人、我们的想象以及我们的意识本身来说最为珍贵的东西的危险。事实上，非常有趣的是，在这场战争中，道德的要求与呼吁发自于学生，却不是教员！

现在，回想起这一点是非常重要的：与从边疆居民那个时代起我们这个国家的所有人一样，这些学生被教育成认为，个体是有价值的，他的力量最终是有决定作用的，而且在一个民主社会中，是个体的意见决定了政策。而现在，他们发现自己成了那些大量的像工厂一样运作的过程的一部分，这些过程似乎是在它们自己恶魔般的、非个人力量的控制之下自动运转的。这些“集中的”过程是我们所生活的这个过渡历史时期的一个特征，而我在已经导致的危机与仍然将会发生的反抗周围看不到简单的解决之路。它们是我们这个时代人类意识混乱的症状，它们表达了人类的努力——在这种情况下，尤其是学生——只要有可能就解决困境，而当不可能解决时，就与其妥协。

① Moloch，摩洛神，古代腓尼基人所信奉的火神，以儿童作为献祭品。——译者注

因此，我们所面临的困境由于当代西方文明的文化巨变与历史巨变而变得更为尖锐，这些巨变使得个体的自我意象将不可避免地受到很大的动摇。30 年前，罗伯特（Robert）与海伦·林德（Helen Lynd）在《中等城镇》中写到了个体的这种角色混乱。市民们“陷入了一种冲突模式的混乱状态之中，他们当中没有一个人完全地去谴责，但是也没有一个人明确地表示赞同并逃离这种混乱。或者当群体明确要求一个男人或女人的特定角色时，个体却没有直接的方式去满足这样的文化要求”。林德夫妇将这种现象与 20 世纪 30 年代中等城镇的社会经济巨变联系到了一起，但是我却认为，一种更为强大、更为根本的角色冲突——一种关于所有可行的角色都缺失的体验——30 年后正发生在我们当前的世界中。由于没有正面的神话来引导他们，许多敏感的当代人发现只有机械的榜样从各个方面召唤着他，使他按照它的意象来进行改造。我们所听到的这些抗议是反对现代的斗争的撞击声——痛苦，通常还会绝望，但绝对不会放弃。

当然，个体无意义感的最为显著的象征是一直存在的核战争这个幽灵。据我所能观察到的，纽约市以及整个东部的人们——如果我们考虑到文化滞后与财力的话，那么我们没有理由假定这个国家其他地区的人们的心境有什么不同——都有这个信念，即他们在核战争的这种可能性面前是无能为力的；而这种无能为力会导致混乱、情感淡漠，以及令人痛苦的信念（不管怎样用消遣和疯狂的聚会来掩饰，都会说“我不要紧”）。而这反过来又会导致我现在将要分析的恶性循环。我之所以选择下面这个例子，是因为它非常好地论证了这个困境中的心理动力学。

1961 年秋天，面对着核战争的威胁，在东部放射性尘埃庇护所的周围集聚着一种让人好奇的恐慌。我说“让人好奇”不是因为这种焦虑本身是没有预料到的——它是紧接着柏林危机这个非常真实的威胁而产生的恐慌——而是因为其中所显现出来的一些心理症状。在那几个星期期间，我参与了电台与电视台的一些公开讨论与辩论，得到了这样一种不可思议的印象，即对许多人来说，放射性尘埃庇护所代表了爬回地底下的洞穴中，这种行为出于这样一种信念，即在无助的时候我们只能回到一个新的子宫中，这是我们唯一关心的事情，像婴儿那样地专注于挽救我们的皮肤。可以理解的是，由于对危机中的无能为力感到负担过重，人们倾向于做出这样的行为，即好像他们所能做的只有希望和祈祷好运以转移这次大毁灭一样，而他们自己却像鸵鸟一样，只能躲藏在地底下。不幸的是，政府提议那些负担得起的人——郊区的那些有钱人——建造他们的私人庇护所这样的立场，增加了这种无能为力感。[7]

我记得，在恐慌时期一次电台辩论中，我的一个对手是一位杰出的政治经济学家，他有相当多的政府工作经验，在回答大厅几百个人中的某个人所提出的问题时，他说："你们提出是否会有战争这样的问题，无论如何都不会产生任何的影响。这完全是由聚集在柏林的由少数高级政治领导人组成的委员会决定的。"当然，无论如何，这确实就是人们倾向于认为的。[8]如果他们能够对他们自己行为的无意义感有稍微多一点的确信，那么他们就不会感到困扰从而来参加这样的公开讨论，或者甚至是咯哒一声打开收音机。

我希望提出的观点是，当人们体验到他们作为个体的无意义感时，他们同样也会遭受一种作为人的责任感的削弱。如果你所做的事情无关紧要，而且你每时每刻都处在准备逃跑的边缘，那么你干吗还给自己背上责任的重担呢？地面上这些死人般的伤者是我们无力感的多么鲜明的象征啊！对社会价值观的瓦解，这是一份多么强有力的证词啊：我们在晚上挖洞穴，发誓不让邻居知道位置，这样在危险的时候，就可以带着两三个家人爬到这个洞穴中，在那里获得某种隔离的保护！（无论如何，这种保护在很大程度上是虚幻的，这是了解原子爆炸等引起的不可避免的风暴性大火的物理学家们后来告诉我们的。）或者正如《生活》以及电视上所描绘的那样，买一处已经建造好的水泥庇护所，这种庇护所有通气管道，所有的食物都储藏在墙里面，当地面上有炸弹投下时，家人可以躲在庇护所里，年轻人有可乐和录音机，大人们有轻松读物可以消遣——所有这一切只要 20 000 美元的低廉价格。

但是，最令人惊愕的事情在于，爬回地底下这种保护是以人与人之间的爱与信任的破坏为代价而获得的。我们所有人也都可以形象地回忆起一些牧师以及其他受人尊敬的国民道德的护卫者所给出的令人鼓舞的保证，即在你的邻居和他们的孩子处于危险和恐慌的时刻，如果他们这些不幸的人试图闯进你的庇护所，那么用枪击毙他们是道德的。

因此，在面对核战争时所产生的无能为力感，就发展成焦虑，焦虑又变成了倒退与情感冷漠，倒退与情感冷漠反过来又变成了敌意，而敌意又变成了人与人之间的一种疏离。这就是当我们的意义感遭到破坏时会导致的一种恶性循环。然后我们可以继续向前的唯一方式就是以心理倒退的方式往后退至婴儿期的状态，这是我们在现代子宫—坟墓（womb-tomb）的联合中的一种自我选择的包装，在这种联合中，既然食物是储存在坟墓中的，所以根本不需要什么脐带，就像新石器时代的人在走向死亡之地的路途中会将食物储存在埋葬他的洞穴中一样。

但是，人类从来没有丝毫或者是简单地放弃他的潜能。他内心所产生的焦虑是与他对自己的潜能的确信成正比的。在这里，重要的是强调一下我们已经触及的这个众所周知的关于恐慌的恶性循环——焦虑到情感冷漠到越来越多的敌意，再到人与同伴之间越来越大的疏离，而这种疏离最终会增加个体的无意义感和无助感。在这样的时代，对邻居的怀疑与敌意，以会使常规时期的我们感到恐怖（并因此受到压制）的方式，变为可以接受的和“道德的”。而敌意以及随时准备消灭我们自己的邻居的做法以一种奇怪的、反向的方式——从惯例上讲是“奇怪的”，但是从临床上讲却并非如此——成了释放我们自己的焦虑与无能为力感的出口。在这样焦虑的时刻，一个人作为个体的意义感的倒塌，以及因此而导致的他作为个体做出决定与承担责任的能力之丧失会以一种极端的形式表现出来。

越南战争——正如人们一直所说的，它是“历史上最不必要的战争”——根本就没有驱散先前那些危机所导致的气氛，也没有减轻这种深深的、扰人的无能为力感。这种无能为力感根本就不只局限于那些反对冲突的人，而似乎会在不知不觉中影响并侵袭那些相信战争、发动战争的人。

我想把这个危机当作这一事实的一个例证来加以分析，即我们所有人，不管是支持还是反对战争，都陷入了一个巨变的历史情境之中。在这里，没有明确的对错之分，心理混乱也因此而不可避免，而且——这一事实是最令人感到害怕的——没有一个个人或群体处在一种可以实施其重要权力的位置上。权力呈现出了一种匿名的、自发的、非个人的特征。

我的目的不是政治性的，而是想尽可能清晰地描述一种有关心理无意义感的情境，这样我们就可以回来继续分析那个问题。在参议院外交关系委员会所听到的意见中，同样的问题也一次又一次地提交给了国务卿鲁斯克（Rusk）、国防部长麦克纳马拉（McNamara）以及政府中的其他人员：我们为什么在越南？我们真正的目标是什么？我们在那里的权力是什么？我们实际可以期望完成的是什么？在大量的声明之后（由于电视和报纸这些大众传媒，我们的资料至少是很充足的，而且是在手边随时可以获取的），参议员富布莱特（Fulbright）以及其他参议员（他们绝对不会被认为是愚蠢的或者是对战争有偏见的）仍然报告说这些问题还是没有答复。“富布莱特先生说他最大的困难，”《纽约时报》这样报道说，“在于理解管理部门真正的目标是什么，以及‘我们所寻求的是否可以获得’。”[9] 正如参议员富布莱特不断指出的，也正如政府的代表们没有否认的，这是一场“无尽头的”战争。越来越多的力量被投入，而且在近海使用原子弹这种终极力量的可能性一直都存在着，于是就进入了这样一种情境，在这种情境中，明确地说，我们没有也无法控制这些关键的决定。新闻记者试图让麦克纳马拉说明部队投入的长期计划，却无功而返，他只是诚恳地拒绝陈述实用的即时事实，即国防部门里“到处都是威斯特摩兰将军所提的要求”以外的东西，而那位总统，当被问到相似的问题时，回答说：“在我的办公桌上没有无法实现的要求。”

不被针对这个或那个部长的说教式的诋毁搞混的话，关于这个情境，讽刺的是，那就是他们所能说的所有内容。因为正是由于该情境的结构，他们不能控制长期的计划：中国及其他力量随时都可以改变他们的计划。出于几十年前一种时代错误的心理，在这种情境中体验到了其自身意义感之缺失的明尼阿波利斯市民和丹佛市民可能会认为，至少在华盛顿的其他人正在做着有意义的决定。但是，当我们看向华盛顿时却发现没有一个人在最终的意义上具有重要力量，每一个人，包括总统，都只能在有限的时间范围内，在不确定的变量中做出计划，因为关键的资料是不存在的，而即时情境所给出的实用的答案就是它所能得出的一切。

悲惨的是，这个困境是完全真实的。这个困境是我们过渡性历史时期的本质所导致的一个无法避免的结果，在这样的历史时期，非个人的力量呈现出了非常巨大的含义和意义，而人类的意识、责任与意图却没有维持，而且可能已经不能维持。我并不是发表关于历史厄运的声明，也完全不是暗指我们无法采取任何措施来改善在越南战争中的情境，我想提出的是，情感冷漠与被动性是世界上最糟糕的东西。[10]我的观点是，如果我们的历史情境，以及这种情境对生活在这个时刻的我们这些人所产生的心理影响，得到了认可，那么我们将会得到帮助，将我们的态度从不能实现目标的策略转移到其他至少有机会最终获得建设性结果的策略上。我认为，对于权力问题，我们已经采取了鸵鸟政策，一方面诉诸一种时代错误的19世纪的军事心理，另一方面又诉诸自以为是的和平主义。两者都是过分简单化的——在原子弹非常危险的时代，这两种做法都是过分简单化的。要想获得一种建设性地解决我们的问题的方式，一种扩展的、深化的意识，以及一种注入了可以创造新的方式与东方联系在一起的想象力的责任感，在我看来似乎是必需的。但是，这种可能性是以我们面对非个人的技术力量与人的价值观之间更为深层的困境为基础的。

在这种力量的真空中——也就是说，越来越大的力量（在这个案例中是军事力量）运用到一个个人不能做出最终的、有意义的选择的情境之中——真正的危险在于，我们将会退回到唯一可以获得的答案中，即实用的答案，这种答案是可以通过逻辑得出的，是可以用我们的电脑获得的，是非个人的答案。这个答案是技术提供的，这种技术的无数宏大产物在将我们带入某一情境中起了非常重要的作用，在这个情境中，我们的破坏力量极大地超出了我们做出有意义决定的能力。正如我在下面将要指出的，“谴责”技术是荒谬的——从科学上来讲是无知的——正如从道德上谴责其他国家的“邪恶的”政府领导人是荒谬的一样，这是一种自以为是的做法，会将人们引向错误的观念，即只要其他人愿意做出改变，我们的大问题就会解决，这在心理治疗中是很常见的。

重申一次，我撰写本书的目的不是政治性的，而是想尽我所能地弄清楚一些重要的心理问题是如何产生的。一种诸如前面已经介绍过的导致无能为力感和意义感缺失的情境，可以理解地会导致混乱，接着会导致情感冷漠。而这些反过来又会导致我们已经提到过的心理动力学中的恶性循环，这也是我们将要进一步探究的。[11]

当个体丧失意义感，就会产生情感冷漠，这是意识减少的一种表现形式。这种对意识的放弃——我们的社会将会朝着这个方向发展：人期望用药物来使自己感到舒适，而机器不仅用来满足他所有的需要，还以心理分析机制使他感到幸福，同时也使他有能力去爱——难道不是真正的危险吗？当卡尔·雅斯贝斯（Karl Jaspers）谈论现代人丧失其自我意识的危险时，他的说法并不夸张，我们需要非常认真地考虑他的话。因为这种丧失已经不再仅仅是那些精神分析学家和“病态的存在主义”哲学家们构想出来的一种理论上的可能性了。

我认为，这种意识的减少对于意义感之丧失最为深层的形式来说是非常重要的。其中所暗含的意思是，这可能是历史人的最后一个时代，也就是说，这是最后一个人们知道他们拥有历史的时代。这里所说的并不是一个事实上的历史的最后年代——这并不是关键之所在——而是指这样的最后年代，在这个年代中，我能够有自我意识地作为一个人而存在：我知道自己正站在历史的一个时间点上，能够为这一事实而承担责任，能够用过去的智慧来照亮周围的生活与世界。这样的行为需要一种能够肯定和坚持其自身的自我意识，而这反过来又需要我相信自己的意义。因此，我是否做出行动，以及我行动是否是因为确信它能够产生影响，这点很重要。

我们已经说过，这场戏剧的恶魔并不是技术，而且认为如果我们抛却了技术，我们就可以避免人类的困境这样的想法是荒谬的。从一个非常明显的层面来说，技术只是一套工具，而重要的问题是，使用这些工具是为了什么目的。从一个不太明显的层面来看，确实是技术以条件作用于我们所听到的信息种类的方式塑造着我们关于自我的意象。但是，关于技术的关键性威胁并不在于此二者，而在于我们屈从于把技术当作一种逃避面对我们的焦虑、我们的自我疏离、我们的孤独的方式来使用这种诱惑。当一个人为核战争而感到焦虑时，他可能就会希望有再多一些的导弹，我们就会安全。而当因为孤独感到焦虑时，他可能就会去精神分析学家那里寻求帮助，或者是学习一些新的操作性的调节技术，这样，在这短短的一个小时的时间里，他就能变成一个有能力爱的、幸福的人。但是，被当作一种逃避焦虑之方式的技术最终甚至会使人们更为焦虑、更为孤立、更为自我疏离，因为它不断地剥夺人们的意识，以及他们把自己当作意义中心的个体的自身体验。

最终对技术的自我毁灭性的使用是，用其来填补我们自身减少的意识的空间。而反过来，现代人所面临的最终挑战是，他是否能够扩展、深化他自己的意识以填补技术力量的急速增长所占据的空间。在我看来，这似乎是关系我们生存的问题，而不是某一次特定战争的结果。

不过，有一个特定的困境是我们需要提及的，这个困境由于现代技术而变得更难解决。这就是“组织人”的现象。在我们这个时代——这是集体化的一个必然结果——组织人变得越来越成功。而他的特征就是这样一个事实，即只要他放弃了他的意义，他就拥有了意义。一种奇怪的矛盾存在于纽约市的一些患者身上：有人以放弃他的独创性为代价获得了他在麦迪逊大街的地位。这样的人就变成了一个在组织中工作得很好的人，是一个和谐的“团队中人”，是一个带有保护色的工作者，这样他就不会被当作出头鸟而遭枪打。在这种程度上，你被说成是有意义的，但是这种有意义却恰恰是以放弃你个人的意义为代价而获得的。

这种个人自身意义体验的丧失导致了保罗·蒂利希所说的无意义感焦虑，或者是克尔凯郭尔所说的害怕一无是处的焦虑。我们过去通常把这些东西当作心理学理论来加以讨论，20 年前当我在进行精神分析训练时，我们把它们当作“神经症”患者所表现出来的心理现象而加以讨论。现在，这样一种焦虑已经在我们整个社会盛行了。就是这样一些需要考虑的问题促使我提出了这种观点，即关于我们这个时代的心理困境，已经“没有了藏身之处”。因此，我们最好还是直接地面对它们。这就是我们现在试图去做的。

注释

［1］当然，概括出一个时代预言性的一般原则是很简单的，

其目的通常是弄混并逃避我们即时的日常体验的具体现实。但是，我们不应该允许对这些一般原则的厌倦导致我们对周围正在发生什么变得迟钝，来掩盖我们对历史时期的意义和影响的意识，或者是躲在追溯性的统计学这个舒适的、安全的栅栏之后。随着我们阐述的进行，我将尽可能明确地表达我自己的信念和假设，相信如果读者不混淆我的观点的话，他在这个对话中将能够提出最佳的不同意见并获得他自己的信念。

[2] Allen Wheelis, *The Quest for Identity*, Norton, New York, 1958, pp. 18 and 23.

[3] 摘自一篇社论："Berkeley's Lesson," in the *New England Association Review*, Winter 1965, pp. 14－15，该杂志是新英格兰大学与中学联合会的官方出版物。

[4] 关于"美国大学"的咨询报告，是由民主协会研究中心（Center for the Study of Democratic Institutions）发起的，*New York Times*, May 10, 1966。

[5] 同上。

[6] 同上。

[7] 肯尼迪总统已经意识到，这种提倡建造私人庇护所的做法是一个错误，而且该提议两个月后就被废除了。我并没有关于真的建造了非常多的私人庇护所的印象，部分原因无疑是人们陷入了我们即将要探究的同一个心理恶性循环之中。

[8] 当然，我自己的立场与听众中许多其他人的立场都是完全反对我的对手的。我在这里只想说，读者们将会看到我的对手所提出的观点，恰好就是取决于（根据其最终是正确的还是错误的）我们是否真的做出行动的那些问题中的一个。如果我们已经接受了我的对手的论述，那么我们将会一直处于被动的状态；而

他的论述也由于我们接受了它而成为正确的。另一方面，如果我们拒绝接受它，而是尽我们所能去影响国会、总统以及其他的领导人，这样，一个只有几百人的小群体（刚开始的时候可能会非常小）——当然有成千上万的人们在听广播——就会拥有某种意义。正如我在后面将要指出的，这就是政治自由开始的地方。

[9] *New York Times*, March 4, 1966.

[10] 我让自己不断地关注着关于这些问题的行动，是因为我认为社会的情感冷漠是我们主要的危险所在。我认为，我们对共产主义的中国的不认可就是我们实行鸵鸟政策的一个例子。在我看来，解决我们的问题需要一种扩展的、深化的意识，它必须包括一种全新的认识其他国家，如俄国、中国，和其他种族的方式。

[11] 尽管我们将在本书的后面章节讨论关于这些心理问题的可能答案，但是在这里简单地指出这一点是有澄清作用的，即意识到这个政治问题、确定它然后坦率地面对它，已经成为发展和深化认识以解决这个问题的第一步。在我看来，一种注入了想象力的责任感似乎是最为重要的。其次是一种以人类的目标而不是那些由实用的、技术的力量所给出的目标为基础的政策的形成。第三是一种对设计长期目标的困难和让我们的计算机设计短期目标的简单安逸的严厉拒绝，它们会阻止我们将思维和精力投入长期目标的项目中。我们需要"某种将手段与目标联系起来的均衡感，"《基督教与危机》的编辑写道，"到目前为止所缺乏的是一种着眼于现实的意愿，以及寻求一种比当前这种将和平的修辞与难以对付的政策矛盾地混合在一起更好的方法。"——March 5，1966。

第三章 Chapter Three

无个性世界中的个体认同

当我看到一个人处于焦虑的状态中……我不能说他不是一位里拉（古希腊的一种七弦竖琴）的弹奏者，我只能说一些其他关于他的东西……首先，我会称他为一位陌生人，然后说，这个人不知道他在世界上的哪个地方。

——爱比克泰德：《关于焦虑》

我们已经指出了一些在面对当代社会中巨大的、强有力的集体化倾向时所产生的个体意义之丧失的问题。这种丧失迫使我们每一个人去面对在这个匿名的世界中找到并维持个体认同这场战争，但是这种情境给学生们施加了一种尤其痛苦的负担。我所说的“痛苦”——正如我们每一个人在这样的困境中都会体验到的一样，实际上它是一种常见的共同特征——其实是焦虑。它尤其指的是在面对个体认同的减少或丧失这种威胁时所体验到的焦虑。在本章中，我打算将其与教育的无个性世界联系起来分析这个问题，不过这只是我们西方文明中非常广泛的个体认同问题的一种表现形式。

我是一位临床医生，我一直都喜欢从鞋子夹脚的地方开始，从问题导致伤害的地方开始。首先分析焦虑的本质与起因，然后回到教育与个体认同的问题，我想这是我们所能做的最有成效的了。

首先，让我们提出这个问题：什么是焦虑？如果房间里有个人大喊一声“起火了!”，我马上抬头，我的心跳加速，我的血压上升，这样我的肌肉就可以更为有效地工作，而我的感官变得更为敏锐，这样我就可以更好地感知到火焰并选择一种好的逃生方法。这是正常的焦虑。

但是，如果当我走到门边时，我看到门被锁了，而且我还发现没有其他可以出去的路线——一种“没有出口的”情境——我的情绪状态马上就会变得完全不一样。我的肌肉变得瘫痪，我的感官突然变得模糊，而我的知觉也含混不清。我无法使自己认清形势，我感觉就像是在做噩梦，我体验到了恐慌。这就是神经症焦虑。

第一种焦虑是建设性的，它帮助我们有效地面对具有威胁的情境。而第二种，即神经症焦虑，是具有破坏性的。它包括意识的减少以及意识的受阻，而当它继续发展，它就会导致人格解体和冷淡的情感。焦虑就是失去这种与客观世界联系在一起的自我感。在这个时刻主体性与客体性之间的区别已经模糊不清，这是我们在感到焦虑的时刻变得不能行动、瘫痪的体验的一个方面。焦虑就是失去个人的世界，而既然“自我”与“世界”是一直互相联系在一起的，那么，焦虑同时也就意味着失去个人的自我。

这种非建设性的焦虑在某种程度上就是那些已经失去，或者从来都没有获得过他们自己在世界上的认同性体验的人的状态。我们已经看到，这可以部分地归因于我们这个时代在经济上、政治上、道德上以及科学上的大量巨变。对于许多年轻人来说，没有一种比他们对越南战争的体验更为生动鲜明的“没有出口的”情境了。他们面临着被征集去参加一场谁都不希望的战争，去为了谁都不知道的目的而战的前景，他们身处这样一种情境：谁都不相信这是一场会真正获胜的战争，但是这却是一场我们无法撤退的战争。我们在国际关系目标上的混乱本身导致了这种焦虑麻痹的不确定性。

但是，该问题有比这些社会学危机和政治危机更为深刻的根源。焦虑之所以产生，是因为对一个人将其存在认同为一个自我的价值观产生了威胁。在我上面所提到的例子中，“火”是一种对物质生命价值的威胁。但是，大多数焦虑却来源于一种对个体认同自我的社会的、情感的、道德的价值的威胁。而在这里我们发现，尤其是在年轻一代的身上，一种主要的焦虑来源是，他们无法在他们能够以其为基础并与他们的世界联系在一起的文化中获得可行的价值观。在一个价值观非常彻底地发生改变的时代所不可避免的焦虑，是情感冷漠的一个主要起因，而且正如我在上面已经指出的，这样一种继续加深的焦虑就会倾向于发展成为情感的缺乏以及人格的解体。

焦虑出现的一个领域是性，以及对于配偶的选择。在我们这个时代，性通常被用于获得安全感这个目的：这是克服你自己的情感冷漠与孤立的最为便利的途径。性伴侣的兴奋不仅是紧张情绪的一个释放出口，而且也证明了个人自己的意义，如果一个人能够唤醒另一个人这样的情感，那么他就证明他自己是有活力的。“成为关系相当确定的情侣”（以前一直被称为“不成熟的一夫一妻制”）和许多学生的早婚，经常被用于克服焦虑——“在一起”至少给了他们一种暂时的安全感和意义感。但是，在一起容易变得空虚和令人厌烦，尤其是当它开始得非常早，以至于这些年轻人还没有给他们自己机会来发展他们作为人所感兴趣的能力的时候。性一直是我们在无话可说的时候可以做的事情。因此，成为关系相当确定的情侣倾向于发展成为无意义的男女乱交，身体亲密成了人际关系的替代物。当“人”退出时，“身体”被要求来填补这个裂缝。早婚，作为用性来寻求安全感所导致的另一个结果，同样会倾向于走向不成熟的承诺所带来的让人挫败的空虚感，还有挥之不去的让人厌烦的婚姻生活的可能性。从心理发展的视角来说，这两者都是“减少意识”的方式，在这个时候，这些年轻人应该探究和发展自己了解不同的异性的能力，这样他才有可能最终选择一个能与之拥有一段长久的、有意义的伙伴关系的伴侣。

这种将性用于获得安全感这个目的的做法，将可以理解地倾向于使得性变得越来越非个人化。实际上，这种非个人的元素——一个人必须证明他能够不动感情、不用承诺地进行性行为——正是关注这个问题的研究者与学者们最为关心的。这种非个人化的结果是，助长了没有感受性的感觉、没有亲密性的交配，而且以一种非常奇怪的不正当方式否认对一个偏爱目标的感觉。在人际世界中的自我感觉的丧失，正是我们所说的构成破坏性焦虑的东西。

当我在加利福尼亚大学做关于性与爱的演讲时，学生们告诉我说他们在前一天晚上举办了一场“电脑舞会”。想到这些学生与电脑一起跳舞的情景，我的眼里充满了疑惑。但是他们继续向我保证说，这与我想象的是非常不同的：学生们先填好一张调查表，然后电脑会将每个学生与三个异性配对。在舞会上，他们所有人都走来走去，询问他们的 IBM 卡——这和我们那个落后时代的学生们随着舞会节目走来走去没什么不同。他们告诉我舞会非常成功，因为每一个人都不会感到害羞。

我在校园的时候，加利福尼亚的一个夜总会也创立了电脑计划。某一个夜晚，这台机器显示出了一个身材不是十分匀称的肤色浅黑的女人的卡片。当她站起来走到前面时，这台机器就显示出了与她配对的男人的卡片。但是，他显然认为电脑的自我理想对他来说并不十分理想，于是没有走上前去。而这个可怜的女孩一个人站在那里，如果不是站在祭坛上，起码也是站在舞场的中间。因此，我们认为这个夜总会应该被称为计算拙劣之屋。

我向这些学生提出的问题是：与三个像你这样的人“配对”有那么好吗？大学时期不应该是遇到、认识许多不同类型的异性的时期吗？这样连你自己都不知道你拥有的品位、兴趣和敏感性就会诞生并被引发出来。就算害羞有可能是让人非常痛苦的（当然，神经症的害羞应该要加以克服），而且每一个人无疑都会觉得自己太害羞，但是正常的害羞被完全抹去就非常好吗？害羞不就是新的关系正在产生的边缘吗？而且害羞不是也有其正常的开辟一个新的体验领域的建设性功能吗（诚然，一方面可能是让人痛苦的，但是另一方面却是有滋有味的、令人愉快的）？实际上，正常程度的害羞不正是所有情绪中最为个人化的吗？我认为人们对在无人曾感到害羞的圈子中度过许多个晚上这种快乐将会非常怀疑。我还向学生们提出了这个问题：你们不会对让这个表面覆盖着厚厚的铝的电脑为你抓住所有的机会并为你做出所有的承诺感到特别怀疑吗？

现在，让我们来看一下教育中焦虑产生的更为具体的“原因”，其中最明显的一个是为了能够进入大学而要取得高分的巨大压力，以及在大学中还持续存在的为了能够进入研究生院而要获得高分的压力。父母们不断地唠叨并哄骗学生们获得那些必需的A，而且在这些日子里，甚至初中学生的课外兴趣也是根据它们在空白申请书上所占有的分量来选择的。因此，对这些学生来说，入学第一年通常代表了一种失望和沮丧：难道这就是他投入了一生中整整十二年这么长的时间想要获得的吗？而且，这些学生一旦进入了研究生院就会对教育和生活目标表现出一种直率的玩世不恭，这不是让人觉得很奇怪吗？在一封信中，达特茅斯学院的亚瑟·詹森（Arthur Jensen）院长很有说服力地提出："每一年我都能看到关于进入研究生院的必需条件的压力正在增长。那些在正式的课程中满足于取得B，并因此能够在图书馆鬼混，能够在夜晚出去散步、看星星以及'邀请他的灵魂一起'的家伙——他们是蒂利希所说的具有'存在的勇气'的家伙——似乎其价值观与他的同伴们分歧越来越大以至于成了怪人。"

我现在提出的观点并不仅仅是说，这样的压力导致了焦虑的产生——每一个人在生命中的每一个阶段都必须要面对压力。相反，我是在提出这样的观点，学生们的价值观正不可避免地转向了外在的符号。他通过分数来证实自己，只有根据一个专门量表上的一系列分数，他才能体验到自己的价值。通过外界来证实自己这种转变减少了他的意识，并削弱了他的自我体验。同样，我在这里的观点并不仅仅是说，标准是外在的这一点导致了焦虑（在任何阶段，我们所有人都必须根据许多外在标准而生活），相反，我是说，原因在于标准不是由这个人自己选择的，而是由他人强加到他身上的，在我们这个例子中指的是父母和学校权威。

当然，学生们应对这种焦虑的一种方式是，与一种健康的玩世不恭的想法混在一起，自己选择外在的标准，然后说："好吧，我将按照他们设置的方式来玩这场游戏。"这样他就一方面适应了教育体系，另一方面又充满希望地保持了他自己的灵魂与人性。这样一种态度有其有用性，但是它却是以同时采取一种玩世不恭的态度为代价而获得的，这种玩世不恭的态度必须在这个人以后的价值观发展中加以克服（如果它没有以情感冷漠而告终的话）。

当然，大学和研究生院的准入程序在这里起了非常关键的作用，恐怕有时候是明确地起了破坏性的作用。如果 IBM 机器是准入委员会的主要成员的话，那么大学这种选择那些最符合该机器的学生的倾向就不可避免，而让学生做出改变以符合这台机器的形象，就会不可避免地成为教育中的部分压力。

这就将导致学生焦虑的最为严重的原因摆到了我们面前，即教育过程本身所存在的一些倾向。学习倾向于日益地迷失在外在化的数据获得之后。我们的校园也在这种幻想之下承受痛苦，即智慧是由纯粹的事实积累构成的，学生们非常努力地把皮立翁山叠于奥萨山之上①以获得新的事实。但是考虑到当代的“知识爆炸”——考虑到缩微胶卷、抽象、相互参照、新的研究以及每一天都日益变得符合几何原理的一切——无论学生们跑得多块，他都永远也无法赶上。实际上，他通常会发现自己每天都落后得越来越远。因此，博士学位的申请者必须以超乎想象的速度工作以完成研究，因为他永远都不知道会不会第二天一早他从门边拿起《纽约时报》时发现地球上某个地方的某某博士进行了一项新的发现，而这项研究发现使得他整个研究都变得无效，使他的所有工作付诸流水。

德怀特·麦克唐纳（Dwight MacDonald）尖锐地提出了这个问题：

我们的大众文化——以及许多高级的，或者说是严肃的

① 希腊神话中巨人们妄图升天去进攻天上诸神，把皮立翁山叠于奥萨山之上，借以攀登奥林匹斯山。——译者注

> 文化——被一种对数据的强调以及一种相应的对理论兴趣的缺乏支配着，被一种对事实的坦率的钦佩和一种对想象、感受性以及思辨的不安的轻蔑支配着。我们为技术着迷，为事实这一噩梦所困扰，爱上了信息。我们的通俗小说家必须告诉我们其小说所有的历史和专业背景；我们的报业巨头通过向我们提供当天的日常事实赚了数百万；我们的学者——更确切地说是我们的研究管理者——竖起了数据的金字塔以掩埋一个流产的观念的尸体……[1]

我所提出的观点是，教育对事实堆积的强调这种外表化本身就**削弱了学生的认同体验，它还是焦虑产生的一个主要原因**。在这其中，思维的冒险、大脑伸展的快乐在哪里？事实上，学生主动**探索**的冲动在被动**获得**的强迫性要求中丧失了。正是对获得的这种强调本身助长了学生们不去看他们是怎样与事实联系在一起的。这样一种思考不仅会花太多的时间，而且它还将事实置于一个新的背景之中，使其部分地成了个人的；而且谁还会说（通常是那些把东西分门别类的人会试图说！）这并不是对纯粹的事实有偏见？因此，最好让你的事实与你的情感分离开来，要不然你将会冥想太多，你将会停下来思考，而你的“事实”将会背上主观性的污点。

于是，那些有学习欲望、受到激励的学生就会由于他们的自我背叛而产生焦虑体验。正如我在上面指出的，学生不仅会发现他自己身处一条装配线上，面对着注定早晚会将他击败的令人惊愕的数据数量，甚至更为重要的是，他将倾向于与他所学习的东西的内在含义与意义失去联系。数据与他作为一个人的自我、与他对生命的意识之间的联系丧失了。

当然，学生的创造力、独创性倾向于被否认，因为它们从实用性上来讲并没有用，而想象力倾向于被忽视。但是，正是通过我的想象，我才看到了我的世界，与我的世界联系在一起，才创造了我的世界。而正是通过我的创造力，我才能将自我体验为这种独特的感受性模式，在当前这个时刻，我正体验着与他人、与周围世界的一种独特的关系，通过创造力，我知道自己是一个本体。当然，我们所有人在很多方面都相同，我们大部分人都喜欢牛排的味道，在读到叶芝的诗或者是盯着希腊花瓶上的图画看的时候，我们大部分人也都会体验到一种美学上和精神上的震撼。这些都是我们所共有的。但是重要的是，是我在体验着这种味道，或者是读到诗句、看到希腊图画时的这种快乐。而如果这种“我”的体验丧失了——在我试图记住我的教授所说的关于这首诗的内容这种压力之下丧失了——很快，我也将逐渐地失去我的美学和精神敏感性。因此，教育促成了学生的神经症焦虑，并使其增加。

我最近在一所大学上课时的一次经历可以证明这一点。当我给一个人数较多的班的大学生上课时，给他们放了一段关于一次心理治疗访谈的录音，这些学生能够很容易地听到并说出，这个时候患者很生气，那个时候患者很悲伤，等等。但是当我在一个人数不多的研究生讨论会（参加的学生都经过了专业训练）上放同一段访谈时，令人感到奇怪的是，他们竟然不能听出、分辨出这位患者的情感。这些天真朴实的大学二年级、三年级学生能够听到患者所传达的信息，能够感知到正在发生的事情，而这些知道所有人类反应的动力学和机制的非常有经验的研究生，却回馈给我他们在书本上所学到的内容，给我关于这个或那个动力学的阐述：他们关于人类行为（外在的、无联系的事实）的知识妨碍他们听到、看到磁带中的这个个体。从经验上说，这在事实上使得他的反应不准确。当然，还有竞争的因素也会使他们感到焦虑：一个班上有150人的大学生不用害怕会被挑出来给一个差的成绩，但有一些研究生需要我的推荐才能继续参加下一次研究生活动。但是我们主要的观点还是保持不变：在永久的事实堆积中，学生失去了与他的论题的直接联系，公式和测试机器横在了这位学生与他声称试图要去理解的人类之间。因此，我们的感觉与我们的数据之间的距离变得越来越大。

我认为，在这种教育方法中有一些东西出现了根本性错误。洛克菲勒研究所的勒内·J·杜博斯（René J. Dubos）博士说，他回顾了过去两个世纪所有重要的研究发现——如达尔文、弗洛伊德、爱因斯坦的研究发现——没有一个发现是通过事实的堆积获得的。相反，这些发现是通过这些科学家对关系的意义、事实中所存在的有意义的模式的感知而获得的。

自从人类第一次用两条腿直立行走，然后走到苹果树下，苹果就已经掉到了人们头上。但是，牛顿（Isaac Newton）是第一个感知到这一事件的意义的人。而这需要的仅仅是苹果往牛顿头上的重重一击。我们当代的学生在研究生阶段所进行的研究中，头不知被学术苹果击了多少次，变得头昏眼花，以至于他的敏感性和知觉变得麻木，而他能够感知到正在发生之事情的意义的机会也越来越少。因此，他所能做的只是顺从于计算掉下了多少苹果，并得出一个精密的关于这些苹果掉下来击中他的头的次数的比率的公式。从学生所说的话中，我们可以知道，在这里，在被苹果击伤的头脑里存在着对现代很多研究生教育的让人意气消沉的评论。

不幸的是，这些必然会导致人格解体的过程大多符合我们许多年来一直在教授的内容。我们一直告诉学生，他们只是社会需要与力量的一种反映，因此并不奇怪他们最终会相信这一点。我们一直告诉他们，他们只是一堆条件反射的个体，自由与选择只是幻觉，现在，他们终于相信了。因此，我们不应该对他们将自我体验为人格解体的、固定不动的，并因此体验到焦虑感到奇怪。让我抓紧说一句，我并不是暗指任何特定的心理学或社会学理论都要为我们所面临的历史困境负责。理论与教育形式是我们的文化现状的反映，同时也是其原因，而我们所有人，无论我们所持的是什么样的观点，都应该为我正在讨论的这些问题承担责任。我更想强调，既然学生的焦虑有很大一部分是与已经渗透进教育本身的文化趋势联系在一起的，那么我们要理解学生的焦虑就不需要扯太远了。

当我被邀请当着新英格兰大学和中学的校长以及人事部门官员的面就这个问题作演讲时，我非常失礼地向他们指出，他们描述提供给我的这个题目的方式，就反映了我们文化中的人格解体倾向。他们提议的题目是：学校和大学该做些什么来减少焦虑，并提高学习阶段的创造性。以“减少焦虑”这个短语为例。在本章开头我所提到的“起火”的例子中，我们可以非常明显地看到，给这个个体服一片镇静剂，让他在药物的影响下可以不会感觉到疼痛地被烧伤的做法是非常不具有建设性的。我们所看到的发生在神经症焦虑中的对意识的抹去，正是具有这种通过逃避其原因而使焦虑永远存在的影响，而我认为，我们整个文化中的镇定气氛也有一个相似的因果关系。

就帮助学生而言，我们的目标应该是将焦虑从神经症的形式转变为建设性的形式，即，帮助学生确定他真正害怕的是什么——以及他应该害怕的是什么——从而帮助他采取措施克服这个威胁。我们每一个人在与自身焦虑的关系中，这一条都是适用的。对学生或者对我们每一个人来说，在我们所生活的这个世界上不感到焦虑是不合理的。“焦虑是我们最好的老师。”克尔凯郭尔写道。他接着说：“我想说，学习了解焦虑是一项每个人必须面对的冒险，如果他不想因为不了解焦虑，或者因为被焦虑淹没而走向毁灭的话。因此，正确地学会焦虑的人就学会了最为重要的东西。”

我们还要特别提一下上面题目中的“提高创造性”这个短语。我一直都想说，教育中对创造性的过分强调恰恰就是焦虑产生的一个原因。焦虑是机器导致的，而机器是人类创造的。就我而言，我宁愿看到在我们的校园中培养体验孤独的勇气和创造体验孤独的可能性，培养对冥想的重新发现，发展一种珍视宁静的态度，并为学生们创造沉思和思考的机会，而不是强调永无休止的创造性。不是有大量的证据证明，尤其是随着控制论的即将出现，你、我，还有我们的学生无论如何也不可能跟上机器创造的速度吗？或许，机器本身也将会向我们证明，我们别无选择，只能做人！然后，我们将会意识到——我也相信能够帮助我们的学生意识到——人类能够做一些重要得多的事情：他能够感知意义（significance)，能够发现意义（meanings)。而且因为他有想象，他可以做机器永远都不可能做到的事情，即设计计划，选择目标。

因此，在我看来，帮助这些学生以及我们所有人建设性地面对其焦虑所需要做的主要事情似乎是，重新考虑教育的过程和目的。我认为，过分强调将知识看作力量的培根式学说，以及与之相伴随的——从将我们自己当作可以操控的客体而不是其目标在有意义的生活中不断扩展的人类这个意义上说——对获得超越自然以及超越自我的力量的关注，导致了根据外在标准而得出的自我的有效性——这实际上指的是自我的无效性。这倾向于减少个体的意识，阻碍他的意识，并因此促成我们在上面所看到的非建设性的焦虑。我认为，教育的目标恰恰相反，即应该是意识的扩展与深化。教育可以帮助学生发展敏感性、知觉深度，以及最为重要的，感知他所学习的内容中的重要形式，如果教育能达到这个程度，它同时也能发展学生建设性地应对焦虑的能力。

我们在上面已经看到，非建设性焦虑的出现是由于个体意识的减少。因此，意识的扩展本身就是应对焦虑的根本方式。

我想提出的最后一个观点与价值观的重要性有关。在本章的开头我说过，焦虑就是个体对与其存在一致的价值观受到威胁时所做出的反应。现在，我加上一个推论：一个人只要他的价值观比威胁强大，那么他就能应对焦虑。现在，我们整章中所提出的几个含义就联系到了一起，即在我们这个时代，校园中以及社会中其他地方破坏性焦虑蔓延的根本原因在于我们文化中价值观的解体。正是学生对价值观的内在体验，提供了这样一个核心，围绕着这个核心，他知道他自己是一个人，这个核心还为他提供了某种他可以为之献身的东西。回想我读大学的日子，那个时候，我们找到了可以为之献身的宗教价值观，新的社会主义经济价值观，和平主义价值观，政治价值观以及艺术、性和宗教启蒙事业中的价值观。不幸的是，当代的学生似乎只有两个领域可以在最终的意义上挑战自己：以和平队的形式维持的国际关系，以及种族关系。

我们能够做些什么来使得我们校园中的氛围更能促进价值观的成长呢？当然，我们不能用一种表面的形式将老的价值观照搬过来。但是，我们可以帮助自己，还有我们的学生，重新发现人类过去积累的智慧中所存在的价值观选择的根源。首先，这意味着一种对人文学科的新的鉴赏。当哥伦比亚大学的巴松（Barzun）院长预测说，研究生阶段人文学科的研究将会走向灭亡，是因为研究生做研究的目的已经压倒性地变为了学习如何谋生，而人文学科与我们文化中的其他东西一起被技术化了时，我们必须认真地考虑他所说的话，但是我们也可以尽力地采取措施抵制这种趋势。我认为，一种对于人的评价能力极端重要的新的理解，将会有助于重新发现人文学科不是贫困老太太空闲时的“爱好”，而是价值观选择的血肉，它能够将大量的事实形成文明。

在应对焦虑时，重要的不是教师向学生提供价值观的内容，而是学生们学会评价的行为。注意，我在这里是把“value”当作一个动词来加以强调的。在感到焦虑的时刻，学生们能否利用这种体验并在这种体验中成长，取决于在那个时刻他自己选择价值观的内在能力。

最后要提到的是关于承诺的问题。当这个人可以联系情境，进行评价，然后献身于一项行动、一种生活方式，那么焦虑就可以得到建设性的使用。我发现在美国校园中，过去几十年一直到最近十年，我们都致力于一种无承诺的政策，对所有一切的质疑仅仅是为了质疑。我认为，这种现象已经发生了改变，现在学生们渴望——在他们人格的深层（如果被淹没的话）水平上——一些他们能够产生终极关注，并能够为其献身的生活态度和生活方式。我猜想，我们的学生——同样，通常也可能是在无法表达出来的水平上——已经意识到，通常被假定的适应和生存目标是不够的，亚里士多德这么说是对的：“不是生活，而是美好的生活，才是值得重视的。”或许，我们正朝着这样一个时代前进（我相信我的希望并不是一个幻觉），在那个时代，老师、艺术家以及各类知识分子将不用为自己的表态而道歉——在那个时代，像苏格拉底一样，我们将可以勇敢地提出质疑，因为我们可以更勇敢地相信。

注释

[1] Dwight Macdonald, *Against the American Grain*, Random House, New York, 1962, p. 393.

第二部分　焦虑的根源

既然焦虑是个体对这些困境的内在体验的常见的共同特征，那么我们将在这里寻找一种关于焦虑的历史视角。我们将会探究一个人的焦虑、他的意识程度以及他的价值观之间让人好奇的三角关系。

第四章 Chapter Four

现代焦虑理论的历史根源

冒险会导致焦虑，但是不冒险就会失去一个人的自我。而冒险在其最高的意义上恰恰就是意识到一个人的自我。

——克尔凯郭尔

据说在美国，我们认为，历史开始于上一次董事会得出议案的那几分钟。或者更具体地说，在心理学中，历史开始于我们上一次实验的结果。

正如我在后面将要指出的，这种反历史的态度是完全可以理解的，它出自于我们的边疆背景：每一个边疆居民事实上确实必须从零开始。但是，社会科学似乎尤其缺乏一种关于历史如何塑造和形成它们的动态的观念，似乎尤其被这种未分析的假设拦腰截断，即它们像全副武装的雅典娜一样从某个19世纪的宙斯的前额跳出来。而且尤其是心理学，由于缺乏一种关于历史的动态的、有机的观念，已经枯竭了。因为如果我们不能体验到这一事实，即我们所研究的人，以及我们自己的方法，还有我们的自我，都是几千年来的艺术、语言、探索、反映以及形成人类意识的其他方面的产物，那么我们将切断自己与根脉的联系。切断历史就是切断了我们与人性之间的主要干线。

历史的观点应该可以帮助我们看到一些文化力量与事件是怎

样形成和塑造引起当代的心理冲突的态度和行为模式的。历史的视角还可以帮助我们免于这种一直存在的绝对化，一种与事实上我们生活在特定文化发展的某一个既定时刻这个事实相联系的理论或方法的危险——尤其是存在于社会科学中的危险。最后，历史的视角可以帮助我们看到人类问题的共同根源以及共同的人类目标。

但是，我们在本章中的任务不仅仅是收集历史事实。相反，我们会试图理解历史是一个动态的过程，它在我们每一个人的无意识假设中得到了具体化，并起作用，就像在我们整个文化的无意识推测中起作用一样。正像从儿童的遗传体验上“以小看大”，我们的文化通过历史形成的模式也塑造、条件化了我们作为社会成员的每一个人。走进心理治疗者办公室或诊所的患者，他的身上和性格结构中体现了文化中一直占据支配地位的历史模式和影响。例如，当一位患者努力地通过归结于这个或那个从理智方面来讲还说得过去的“原因”以合理化他的焦虑时，或者当他拒绝承认焦虑的产生可能有他所给出的合乎逻辑的“原因”之外的根源时，那么我们就不能仅仅根据个体的行为异常来看待他的行为方式。他的行为方式就像是我们现代这个历史时期中一个得到良好训练的孩子——从 17 世纪的笛卡尔时期一直到我们现在的 20 世纪，这样一个时期预先假定了理性与情感之间的两分法。

因此，个体的焦虑以及他应对焦虑的方式受到这一事实的制约，即他站在了文化发展的某一个既定的点上。同样，不同的焦虑理论，不管是 17 世纪的斯宾诺莎（Spinoza）提出的，19 世纪的克尔凯郭尔提出的，还是 20 世纪的弗洛伊德提出的理论，只有将每一种理论看作是在文化历史发展的那个特定阶段为人们的焦虑体验而设计的，才可以理解。尽管 19 世纪的狄尔泰（Dilthey）

已经预见到了，但是这种历史的取向还是在很大程度上已经从心理分析研究中被删去。但是20世纪我们历史形势的迫切要求——就是我们已经讨论过的困境——迫使我们意识到，性格结构中一个非常重要的方面在我们的研究中被忽视了。现在，心理问题中文化维度的核心重要性已经得到了各个方面的承认，在我们理解人类心理问题的努力中，历史维度很可能是下一个将会盛行起来的领域。

在这里，我们将用几页纸的篇幅简要地关注一下哲学家们对焦虑理论所作的贡献，因为他们明确地表达并系统地阐述了他们所处历史时期的意义。同样的分析也可以用于一个历史时期的经济、宗教或艺术方面。而且由于一个特定时期文化的相对统一性，我相信，这些从许多不同的方面所进行的分析可以获得大致相似的结论。我还要说明一下，我不是把这些哲学的阐述当作原因或是结果，而是把它们当作一个时期整个文化发展的一种表现形式。那些其阐述在他们自己那个世纪以及后来的世纪都非常重要的特定的哲学家，正是那些成功地看穿并明确地表达了他们文化的主要意义和发展方向的人。从这个意义上说，一个世纪中智力方面的领导者所作的系统阐述，就以无意识假设的形式成了随后世纪中大部分人所通用的了。

中世纪（我们现代这个时期就是从其中诞生的），从一种常规的意义上说，是一个集体主义社会。每一个市民，不管是奴隶、牧师还是骑士，都知道自己在教会和封建制度等级中的位置，而所有的情绪都在社区和宗教的仪式中得到了释放。公认的生活价值观以及获得这些价值观的方法都是明确的。“所有的情绪都需要一个严格的关于常规体制的系统，因为要是没有的话，激情和残忍就会严重地破坏生活。”[1]我们将会看到，奇怪的是，我们今天所面临的问题却大致相反。

于是，随着文艺复兴和基督教改革运动发生了一种根本性的改变，出现了一种对个人力量的新的、充满热情的信念，同时还出现了一种对物理本质的新的、具体的、经验主义的关注。作为它所导致的明显的心理结果之一，这些变化增强了个体的信心，认为这些问题可以通过他自己的勇气，通过他自己的学习与旅行获得的知识，通过遵循他自己对宗教和伦理问题的良心的指导而得以克服。例如，笛卡尔在年轻的时候就曾出发去旅行，这多少有点像我们现在从事一项博士研究项目所做的事情。数学成为对知识和个体理性之新的信仰的工具，阿拉伯数学已经从穆罕默德的信徒们那里借用了过来，并于13世纪经由西班牙被介绍到了西欧。于是，这种对物理本质的理解与控制就成了西方人最主要的、充满热情的关注之事。笛卡尔的心身两分法及其推论，即身体以及身体的本质可以通过数学的、机械的定律来加以理解，极大地促进了这项事业。

在文艺复兴后期，也就是在16世纪，有一些学者提出了现代的初期观点，尽管不幸的是我们很少研究他们与现代心理发展的联系。其中一个是布鲁诺（Giordano Bruno，后来被宗教裁判所钉在火刑柱上烧死了），他认为宇宙是同心圆，而自我是一切的中心，这一观点为现代主义提供了最初的哲学取向。还有一个是雅各布·伯麦（Jakob Boehme），他是一位德国的神秘主义者和新教思想的先驱，他用惊人的洞见写到了焦虑与个体的创造性努力之间的关系。还有一个是帕拉塞尔苏斯（Paracelsus），他是文艺复兴时期的一位医生，强调在获得健康的过程中患者自己的意愿与决定的影响。在蒂利希看来，正是由于帕拉塞尔苏斯，现代文化中的医生才开始承担起牧师在中世纪精神中所扮演的角色。

这场开始于文艺复兴的文化革命的指导性智力原则，即对个体的理性能力的信念，推翻了封建主义和绝对主义，并最终导致了资产阶级具有至高无上的地位。这就是蒂利希所说的对“自主理性”的信心，以及卡西尔（Cassirer）所说的“数学理性”，因为数学被看作是理性的主要工具。与中世纪集体主义不同，在15、16世纪强调的是，每一个人都是一个理性的个体，他可以在他的智力、经济、宗教以及情感生活中获得自主性。在文艺复兴之后的17世纪，这种必然发生的对个体理性的强调得到了笛卡尔、斯宾诺莎、莱布尼茨（Leibniz）以及其他人的哲学阐述。这个世纪强大的、具有创新精神的思想家群体还包括洛克（Locke）、伽利略（Galileo）和牛顿，他们创造了直到现代的大部分时间里都处于支配地位的观点。

“现代哲学之父”笛卡尔在这个方面尤其能够引起人们的兴趣，他在著名的原理“我思故我在”中使得个体理性成了自我的心理认同的基础。传说，一天早上，笛卡尔爬进了他自己的炉子，决心为他的哲学想出一个基本的概念，到傍晚出来时，他就提出了上面这条原理。这个传说是个体孤立的一个生动形象的象征，个体孤立是从17世纪流传至今的理性主义的一个方面。通过与20世纪的概念相比——即自我开始在社会背景中意识到其同一性。例如，当儿童看到自己与其他家人的关系以及与其他家人的区别时，他就发现了这是一个自我——我们可以从笛卡尔的论点，即思维功能是认同的基础中看到个体主义的含义。

笛卡尔在思维过程一个方面的心理与另一个方面的身体之间作了明显的区分。正如他所提出的，思维具有意图，而身体和自然具有外延。这种两分法在后来的世纪中一直折磨着我们，而且成了焦虑问题的焦点所在。不过，在当时，笛卡尔两分法的主要结果是其推论，即身体，像物理本质的所有方面一样，是可以通过机械的、数学的定律来加以理解和控制的。这就为在现代人们越来越多地专注于容易受到数学的、机械的处理方法的影响，并越来越多地抑制非机械的以及所谓的“非理性的”体验这种现象铺平了道路。这种对非机械的一切事物的抑制与文艺复兴之后新的工业主义的需要一起出现，两者可以互为原因或结果。因为在工业主义工作日的世界里，那些可以进行计算和测量的东西具有实际的效用，而那些非理性的东西却不能。

现在，这种对身体和物理本质在数学方面是可以控制的这一点的信心，确实具有深远的消除焦虑的效果。这为克服物理本质中真实存在的威胁，以及人类满足其物质需要的能力的巨大扩展这一前景提供了希望。这两种前景后来在物理科学和工业主义的巨大进步中完全得到了合理化。而且，还为人们打开了一条通道，使其从非理性恐惧中解脱出来，驱散对恶魔、巫师以及其他不可思议的形式的大量恐惧，而这些在中世纪的最后两个世纪以及在文艺复兴这个时期是弥漫性焦虑的焦点所在。正如蒂利希教授所表述的，笛卡尔的信徒凭借他们认为灵魂不能影响身体的假设“使这个世界从着魔的状态中解脱出来”。与此相关的一个例子就是从文艺复兴时期到18世纪早期一直发生的巫术迫害事件通过笛卡尔信徒的系统阐述已经得到了克服。

斯宾诺莎在17世纪走出了最后一步：他试图通过数学理性来使得人的情感变为可控制的。因此，他向我们呈现了一种以几何学的形式出现的伦理学。我们不会花很多力气去尝试总结斯宾诺莎敏锐的心理学洞见，尽管我们可能会注意到他几乎一字不差地预见到了一些后来的精神分析概念和与心身相关的概念。相反，我们将只考虑他的信念，即恐惧可以通过正确地使用理性而得以克服。他认为，恐惧从本质上说是一个主观的问题："我看到所有我所恐惧的东西以及害怕我的一切在本质上并没有好坏之分，只是心理受到它们的影响而已。"[2]他坚持认为，恐惧与希望一直是连在一起的："恐惧不能离开希望，而希望也不能没有恐惧。"[3]这两种情感都是感到怀疑的人（例如，还没有学会正确使用理性的人）的特征。他写道，恐惧"来源于心理的一种软弱，因此并不属于理性的运动……因此［他总结说］我们越努力地生活在理性的指导之下，我们就能越少依赖于希望，并能越多地释放自己，使自己免于感到恐惧，并尽可能地战胜命运，最终根据理性的特定指导来引导我们的行动"[4]。斯宾诺莎对于如何克服恐惧的指导与当时普遍的对理性的强调是一致的：情感不需要受到压制，而是要使它服从于理性。他坚持认为，一种情感只有用另一种相反的、更强烈的情感才能克服是正确的，但是这只有通过注意"我们思维与意象的排序……才能得以实现。为了将恐惧搁置在一边，我们必须以相同的方式来考虑勇气，也就是说，我们必须思考和想象生活中常见的危险，思考用何种方式可以使它们得到最大的避免和克服"[5]。

斯宾诺莎关于恐惧的论述中"特定"这个词跃到了我们眼前，如果我们根据理性的特定指导来引导我们自己，那么我们就有可能消除怀疑、希望和恐惧。显然，如果我们像斯宾诺莎在他那个世纪能够相信的那样，认为这样的智力的、情感的确定性是可以获得的——例如，如果你可以像确定一个几何命题那样来确定一个伦理问题——那么，巨大的心理安全感就会出现。这样一种信念看起来似乎非常吸引人，但是对20世纪忧心忡忡的老百姓来说却是几乎无法获得的。因此，要理解斯宾诺莎的信心，我们必须回想一下，他生活的17世纪的文化氛围与后来的克尔凯郭尔、卡夫卡（Kafka）和弗洛伊德所生活的19、20世纪的文化氛围是完全不同的。

斯宾诺莎之所以可以拥有这样一种信心，还有一个原因是，其思维广泛的、深远的伦理学和宗教基础使他没有受到当时17世纪理性主义两分法的困扰。但是，斯宾诺莎谈到的是恐惧，而不是焦虑。他的分析仅仅触及了焦虑问题的门槛。他在将希望与恐惧并列到一起时也不时地提到了焦虑，但是，他并没有跨过这道门槛。他似乎已经能够应对那些恐惧水平上的问题，因此焦虑的主要问题并未能闯进他的思维。我们可以总结说，鉴于他所生活的文化情境，斯宾诺莎对理性的信心使他得到了满意的结果。

但是，17世纪另一个发出不同声音的是帕斯卡尔（Blaise Pascal）。尽管他在数学和科学天赋方面与他同时代的智力领袖一样，但是帕斯卡尔在这些方面是例外的，他并没有像当时普遍存在的那样对个体理性充满信心，而且他直接体验到了焦虑问题。他认为人性（包括其所有的种类和矛盾）不可以通过数学理性来加以理解，而且理性的确定在任何意义上都不可能像对几何学和物理学的确定那样出现在人类情感这个领域中。他对当时普遍存在的对理性的信心提出了质疑，因为它没有充分地考虑到情感的力量。他的经典句子“心拥有各种理性，而理性却不知道它们的存在”，是一种对两个世纪以后弗洛伊德和精神分析所面临的问题的绝妙表达。帕斯卡尔对理性表现出一种极大的尊重，事实上他认为理性是道德的基础，但是他指出，个体身上的理性在真实的实践中是顺从于每一种感觉的，而理性非常频繁地用于对空虚、特殊兴趣和不公平的合理化。

帕斯卡尔直接关注着焦虑，不仅是他自己所体验到的焦虑，而且还有他认为他在同伴们身上所观察到的焦虑。他引用“人们在永无休止的不安中度过一生”[6]和人们不停地努力通过消遣来逃避“他们自己的想法”这一事实作为证据，将焦虑与人的不稳定的、相倚的情境联系在一起。实际上，帕斯卡尔了解大量的人类困境。这就是为什么通常他的话听起来在说服力方面非常现代，而且他可以非常直接地谈到我们的情形的原因所在。

我们已经提出，就像17世纪的智力领袖所阐释的那样，对理性的信心是为了驱散焦虑。那么这种解释就为这一论点提供了某种支持，即帕斯卡尔没有像其他人一样对理性表示出信心——事实上，他也并没有真正地吸收文艺复兴时期对个体表现出的信心——他同时也应该无法逃避焦虑。

尽管帕斯卡尔进行了反驳，但是对个体理性的信心还是取得了最后的胜利，并成了17、18世纪一个主要的、统一的概念。现在，我们历史探究中的问题就成了这些思想家是怎样战胜这种理性的个体主义本质中所内在的心理孤立的倾向的。如果笛卡尔作为他那个时代的代言人，在他作为一个被关在炉子里的个体能够思考这一事实中找到了他的个体认同，那么他是怎样与他的邻居进行联系的呢？他是怎样逃避孤立以及随之发生的焦虑等情感的呢？如果莱布尼茨使他的基本概念——单子成了一个与其他单子没有联系的离散的现实，那么他以及他为之代言的那个时代是怎样能够逃避一种根本的个体分离的情感的呢？事实上，孤立的情感在文艺复兴时期出现的个体主义中非常普遍。如果想要获得心理上的一致，并且驱散这种一直存在的焦虑的威胁，那么这个问题就必须解决。

17世纪的思维通过对预先设立的和谐的信念为这个问题提供了一个明确的答案。在其经济的形式中，该信念就是，如果每一个人都追求他自身的经济目的，竞争性地争取他自己的经济利益，那么他的努力同时也将促进他的社会群体的利益。这就是经济学中著名的自由主义概念。从心理学层面说，人们认为，对个体理性的自由追求将会自发地导致该个体的结论与其同伴的结论之间出现一种和谐，因此，也会带来一种个体与社会之间的和谐。从哲学层面来说，莱布尼茨在他的这个断言中非常明确地提出，每一个单子与其他单子以及宇宙现实之间存在一种预先设立的和谐。因此，从理论上说，勇敢地追求个体理性的人不需要感觉到孤立，从而也无需感觉到焦虑。这个理论是对 17 和 18 世纪文化状态的一种合理的反映，例如，在资本主义的扩张阶段，自由主义的个体在经济方面所作的努力确实极大地提高了每一个人满足其物质需要的能力。伴随着对个体理性及其一致推论的信念，在科学中，在知识的传播以及个体政治权利基础的扩大方面出现了惊人的、深远的进步。

考虑到斯宾诺莎、莱布尼茨及其他人生活于其中并受其教导的文化环境，他们对个体理性的信心似乎确实使他们获得了满意。因为那是一个这样的时代——与古希腊的第五个世纪大致相似——当时，文化正朝着使其基本象征达到统一的方向发展。因此，市民们在他们的社会中，尤其是在宗教和教育中，发现了更多的心理支持。

但是，在 19 世纪中期和后半个世纪，一种不断增长的不统一开始出现，然后在 20 世纪变得明显，也变得广泛得多。[7]这种不统一与将数学理性和机械定律用于物理本质而取得的巨大进步是连在一起的。物理科学所取得的深远成就以及使自然成为人类奴仆的前景，与工业主义所取得的巨大进步及其满足人类物质需要的前景一起，为对通过机械定律来理解和控制自然的努力所充满的巨大信心提供了充分的支持。到 19 世纪，早期对与生活的所有方面都联系在一起的个体理性的信心，已经变成了一种对技术的强调，而理性也越来越专门用于技术问题。

因此，在19世纪，这种对自主理性的信念及对自动和谐的信心，开始瓦解了。那个时期的预言思想家——例如，克尔凯郭尔、尼采以及马克思（Marx）——看到了这一切的发生，并描述了后来导致广泛焦虑产生的当代文化中的这些分裂。马克思指出，尽管个体在经济方面所作的努力在工业主义的扩张阶段增加了社会的福利，但是在现在的垄断资本主义阶段它却服务于一个相反的目的，并且在事实上导致了人的异化和非人化。尼采警告说科学会成为一个“工厂”，而且他害怕会出现虚无主义的结果。卡西尔把这个19世纪的特征刻画为“自主科学”的时期。一个统一的原则不存在了。“每一位个体思想家向我们提供了他自己所描绘的关于人性的画面”是卡西尔对19世纪的评论，而尽管每一幅画面都以经验事实为基础，但每一个“理论都成了一张经验事实在其之上伸展以符合一种预想的模式的普罗克拉斯提斯的床①”[8]。卡西尔认为，这种观念的对立构成了一种严重的“对我们整体意义上的伦理生活和文化生活的威胁”[9]。

19世纪文化中这种不断增加的不统一和区隔化，可以从心理学方面清晰地看到。它存在于将人看作由不同的“官能”——例

---

① 在雅典国家奠基者的传说中，从墨加拉到雅典途中有个非常残暴的强盗，叫达玛斯尔斯，绰号普罗克拉斯提斯（Procrustes）。希腊语procrustes的意思是“拉长者”、“暴虐者”。据公元前1世纪古希腊历史学家狄奥多所编《历史丛书》记述：普罗克拉斯提斯开设黑店，拦截过路行人。他特意设置了两张铁床，一长一短，强迫旅客躺在铁床上。身矮者睡长床，强拉其躯体使之与床齐；身高者睡短床，他用利斧把旅客伸出来的腿脚截短。由于他这种特殊的残暴方式，人们称他为“铁床匪”。后来，希腊著名英雄提修斯在前往雅典寻父途中遇上了他，击败了这个拦路大盗。提修斯以其人之道还治其人之身，强令身体魁梧的普罗克拉斯提斯躺在短床上，一刀砍掉“铁床匪”伸出床外的下半肢，除了这一祸害。由此，在英语中遗留下来a Procrustean bed这个成语，亦作the Procrustes' bed或the bed of Procrustes。这个成语与汉语成语“削足适履”、“截趾穿鞋”颇有相通之处；也类似俗语“穿小鞋”、“强求一律”的说法。——译者注

如，理性、情感以及意志力——构成这种倾向之中。就像一位成功的商人或个人主义者一样，我们19世纪的人被期望根据实际的理性来作出决定，然后用他坚强的意志力来执行这些决定。因此，我们可以看到，19世纪的市民们试图用与在掌握物理本质时非常有效的、在工业世界中非常成功的相同的方法来解决他个人的心理问题。17世纪的心身两分法现在却具有了理性与情感彻底分离的形式，其中，意志努力（意志）被推崇为决定的动因——而这通常会导致一种对情感的否定。17世纪对情感的理性控制的信念，现在却成了压抑情感的习惯。

这种文化和心理的不统一导致了在20世纪很多人身上出现了内在的不统一和创伤，并因此导致了焦虑的产生。它还尤其为克尔凯郭尔和弗洛伊德设置了这个双重的焦虑问题：怎样克服理性与情感的两分法？孤立的个体怎样才能获得与其同伴的一致性？

因此，克尔凯郭尔和弗洛伊德，像尼采和叔本华（Schopenhauer）一样，试图以不同的方式来重新发现被压抑的动力、无意识以及人类行为的所谓的“非理性的”根源，然后将这些与人类理性的机能联合到一起。只有在19世纪人格区隔化这个背景之下，弗洛伊德关于无意识的发现，以及他为了帮助个体获得一个新的统一体而设计的技术，才能够得以理解。同样，在这个历史背景之下，我们才可以理解弗洛伊德对当时学院派心理学和学院派医学的责难——这两门学科都专注于研究根据数学理性主义的传统方法可以孤立、列表以及测量的行为的要素。这些责难并不仅仅是弗洛伊德个人的偏见或愠怒的表达，相反，它表现了一个实际的问题，即迫切地需要克服理性与情感之间的这种两分法。

既然弗洛伊德的研究本身不能恰当地归入一种关于历史根源的研究，那么现在就让我们来看一下19世纪中期那位使人震惊的天才——索伦·克尔凯郭尔。在美国，克尔凯郭尔直到最近20年才得到认可，但是在欧洲，50年来，他一直被认为是历史上最伟大的心理学家之一。

克尔凯郭尔的小册子《焦虑的概念》首次出版于1844年。[10]我们只要比较一下克尔凯郭尔与斯宾诺莎，就可以看到19世纪的文化氛围与17世纪是多么的不同。斯宾诺莎与克尔凯郭尔的思想都有广泛的伦理学和宗教基础，而且他们两人都有非凡的心理学洞见与直觉方面的天赋。但是，尽管斯宾诺莎在论述恐惧时以几何学证据的形式寻求理性的确定，取得了相当大的成功，但克尔凯郭尔在他那个时代却写道："在同样的程度上，证据的完美度增加了，确定却似乎减少了。"他"观察了当代这一代人，将肯定不会否认其间所存在的不一致，而这一代人之所以产生焦虑和不安的原因在于，真理在一个方向上在程度、数量以及部分地在抽象清晰度方面，都提高了，但是确定却在持续地下降"[11]。他认为，确定是只有那些能够思考、感觉并作为一个心理的和伦理的统一体的个体才可以获得的完善的内在特质。

克尔凯郭尔断然反对传统理性，认为那是假的。他强烈地提出，黑格尔将抽象思维等同于现实的体系，是一种欺骗人们回避人类情境的现实的方式。他呼吁："离开思辨，离开'那个体系'，回到现实中来！"[12]他坚持认为，思维不能与情感和意志分开，"真理只为那些自己在行动中创造了真理的特定个体而存在"[13]。这就是说，只有一个有情感的、能够做出行动的，而且还能思维的有机体这样一个完整的个体，才能够接近现实并体验到现实。因此，以一种在某些方面与谢林（Schelling）、尼采，甚至是社会学方面的费尔巴哈（Feuerbach）、马克思相似的方法，克尔凯郭尔试图通过将人们的注意力转移到作为主体性和客体性之基础的即时体验的现实上，以克服理性与情感之间的两分法。

尤其是在论述焦虑问题时，克尔凯郭尔指出，只要我们成为自由的个体，而且同时获得了与我们同伴的一致性，那么我们就能避免神经症焦虑。在他看来，个体的自由与没有限制与异议的自由是完全不同的（后者从文艺复兴时期起一直是一个占支配地位的概念），而与我们现代资产阶级商业和工业程序的典型参与者所拥有的空虚的、机械的、虚假的自由之间的差异更大。

在克尔凯郭尔看来，自由是自我意识和作为一个自我负责任地作出行动的能力的一种扩展。它是一种不断提高的、面对我们在个体发展中以及在深化与我们同伴之间关系时的各种可能性的能力，以及实现这些可能性的能力。正如在成长中儿童的身上非常容易看到的，这种可能性的实现就是一种不断进入新领域的冒险。因此，克尔凯郭尔坚持认为，自由总是包含着潜在的焦虑。正如他非常简练地提出的，焦虑就是“自由的头昏眼花”。我们应该强调一下，克尔凯郭尔认为这种焦虑是“正常的”，而不是“神经症的”。他的概念是奥托·兰克（Otto Rank）后来将其描述为个别化所内在的焦虑的概念，和库尔特·戈尔德斯坦将其描述为个体应对成长和体验中不可避免的冲击时所产生的正常焦虑的概念的先驱。理解人类焦虑的一个关键要素是，人类发展可能性的范围比动物的要大得多得多。[14]克尔凯郭尔坚持认为，个体的潜在自由越大（或者我们可以从另一个侧面来表达，个体所拥有的创造的可能性越多），他的潜在焦虑就会越大。

但是，人的一个独特的特征是，他具有意识到他自己的可能性的能力。这将把克尔凯郭尔引到他那个重要的概念，即冲突与焦虑之间的关系。他认为，在非常年幼的儿童身上，这种焦虑是“模糊不清的”、“缺乏考虑的”，这个儿童意识不到他自己与其环境之间的分离。但是，随着这个儿童自我意识的发展——在一些圈子中，这指的是自我与超我机能的发展，尽管我感觉这样描述不太确切——有意识的选择就会出现。这个儿童开始意识到，他的目标和欲望可能卷入与父母的冲突，而且会遭到他们的反对。只有以面对一个人反对或赞成其环境的立场中内在的焦虑为代价，个体化（成为一个自我）才能获得。自我意识使得自我引导的个体发展成为可能。这种自我意识是成长中个体的责任感、内在冲突和内疚感的基础。

我们不再花篇幅深入探究克尔凯郭尔关于冲突、创造力和内疚的敏锐的、富有成效（尽管难懂，而且很可能引起争论）的论述。只要说他认为内在冲突和内疚感一直是创造力的伴随物这一点就够了。只要个体能够面对他的创造性危机，并且能够为了自我的进一步扩展而解决这些危机，那么这些就不会被称为神经症的，它们也不会导致神经症焦虑。例如，个体发展中每一个创造的可能性都会涉及对过去的某种抹杀，涉及对过去形式和模式的某种破坏；向前发展会引起与其同伴和他自己先前模式的隔离这个无法逃避的幽灵；每一个人都受到停留在熟悉的、安全的地方的诱惑，而不是去冒险。尽管会出现冲突、内疚、隔离和焦虑，但是一个人只有通过向前发展才能获得个性。如果一个人不向前发展，其结果最终是神经症焦虑。

在克尔凯郭尔看来，神经症焦虑是紧缩（retrenchment）的结果，它之所以发生是因为个体害怕自由。这种紧缩指的是阻挡体验或意识的自由领域。这里，我们有一种早期的关于后来被弗洛伊德称为“压抑”以及被沙利文（Sullivan）称为“分裂”的过程的论述。像这两位后来的人类研究者一样，克尔凯郭尔认为，当我们试图避免面对一种“真实的”恐惧或者是一种涉及“正常焦虑”的体验时，我们所做的就是一种对意识和体验的阻挡，之后的一个结果就是神经症焦虑。克尔凯郭尔给予神经症的恰当术语是封闭（shut-upness）。这种封闭的人不是把自己封闭起来，而是把自我，还有他人都关在外面。这种人格的特征是出现各种形式的僵化、不自由、空虚和乏味。

克尔凯郭尔写道，尽管“自由不断地在传送”，但这种封闭的人却缺乏交流。因此，扩展与深化自我的同心圆同时也包括拓展一个人与其同伴之间有意义关系的圈子。他认为，神经症焦虑的两个根源——自我内部的不统一以及缺少与同伴的一致性——是由同样的过程来加以克服的，克服了一个，另一个同时也就得到了克服。但是，除非个体有勇气来面对和战胜危险的隔离体验和焦虑，而从一个个体在获得个性的过程中要实现各种可能性就无法逃避它们这个意义来说它们都是“正常的”，否则这两者都无法实现。因此，我们可以理解克尔凯郭尔将焦虑看作是一位老师，事实上，他坚持认为，焦虑是一位比现实更好的老师，因为我们可以暂时性地逃避现实，而焦虑却是一位一直存在于我们内部的教育者。

在本章中——如果可以允许我以这样一种学术姿态来提供一个概要的话——我简要地追溯了我们历史探究中的两个问题：理性与情感的两分法以及个人与其团体的隔离。我已经指出，这些问题在过去和现在对于现代的焦虑问题来说都是非常根本的。我已经指出这些问题是怎样得到应对的，以及在从文艺复兴时期起一直到现代的大部分时间里，内在的焦虑是怎样在一个相当大的程度上被这种信念的各种形式所驱散的，这种信念是，如果个体精神饱满地追求他自己的经济利益和他自己的理性，那么他与同伴以及形而上学世界之间的和谐就会自动出现。我也描述了这种信念的效用在19世纪是怎样丧失的，这时个体的理性成了唯理智的压抑，而自由主义的经济使个体非人化与机械化合理化了。

在作总结时，我只能提出这些问题是怎样与20世纪的焦虑问题联系在一起的。首先，我想提出一个假设，也就是，关于价值观的预先假设，即假设无意识在一个社会中得到普遍的认可，个体就可以在这些预先假设的基础上应对威胁。于是，他对这些威胁的反应是恐惧，而不是焦虑。但是，当一个社会中的预先假设本身就遭遇了威胁，那么个体在遇到具体的威胁时就没有基础可依来调整自己。既然在这样的时期社会的内部堡垒本身处于一种混乱和创伤性改变的状态之中，那么个体就没有坚实的基础可以依据以应对他所面对的具体威胁。对个体来说，结果就是会出现严重的定向障碍、心理混乱，从而会出现慢性或急性的恐慌与焦虑。这不就是我们20世纪的文化所处的状态吗？换句话说，这就是我的信念，即我在本章中已经指出的，我们的历史文化的预先假设的解体与20世纪焦虑的广泛流行有着密切的联系，而且它与我们在这个时代必须面对的人类困境的特定困难也是有联系的。

在这样一个时期，当社会不再为个体提供恰当的心理与伦理定向，个体就会被迫（通常是绝望地）审视自己的内心深处以发现一个新的定向和整合基础。正是这种需要唤起了精神分析和这种新的动力心理学。实际上，自弗洛伊德起，帮助个体在他自己内部发现一个新的统一体，就是心理学所做的最伟大的贡献。对现代人要在他自己内部寻找意义需要的满足，也唤起了存在主义的发展。

但是，关于另一个更宽泛的问题——构建心理与伦理共同体的新形式，这样个体在创造性的工作和爱中就可以有意义地与他的同伴们联系在一起——我们的任务才刚刚开始。我认为，面对这种挑战并因此克服焦虑的一个主要根源，需要心理学家、精神病理学家，还有社会科学、宗教、哲学以及艺术等所有领域的工作者的共同工作。我已经说过，在一种文化的价值观具有统一性和说服力的时期，市民有方法来面对和应对他的焦虑。而在价值观不统一的时期，个体感觉自己没有依靠，会倾向于逃避和压抑自己的正常焦虑。因此他也就为自己产生神经症焦虑打下了基础。因此，价值观与焦虑是非常紧密地互相联系在一起的。这就是我们马上要谈到的问题。

注释

[1] Johan Huizinga，*The Waning of the Middle Ages*，New York，1924，p. 40.

[2] "Treatise on the Correction of the Understanding," in *Spinoza's Ethics*，Everyman edition，London，1910，p. 227.

[3] "Origin and Nature of the Emotions," *ibid.*，p. 131.

[4] "The Strength of the Emotions," *ibid.*，p. 175.

[5] "Power of the Intellect," *ibid.*，p. 208.

[6] *Pascal's Thoughts*，translated by Craig，Carter，New York，1825，p. 110.

[7] 在我的著作《焦虑的意义》(1950) 中，我已经对此进行了详细的描述。

[8] Cassirer，Ernst，*An Essay on Man*，Yale University Press，New Haven，1944，p. 21.

[9] *Ibid.*，p. 22.

[10] 由沃尔特·劳里（Walter Lowrie）译成英文，并以《焦虑的概念》为题出版，普林斯顿，1944。

[11] *Ibid.*，p. 124.

[12] Lowrie, Walter, *A Short Life of Kierkegaard*, Princeton, 1944, p. 116.

[13] *Concept of Dread*, p. 123.

[14] 比较：前面第一章已经谈及的生物学家波特曼关于人类有关他的世界的行动自由的描述——人的“世界开放性”。

第五章 Chapter Five

焦虑与价值观

没有人能够不作任何评价地活着。评价就是创造。听，你们是创造的个体！没有评价，存在的核心就是空洞的。听，你们是创造的个体！

——尼采

人类焦虑的独特性来源于这一事实，即人是一种会进行评价的动物，是一种会根据象征和意义来解释他的生活与世界，并将这些与他作为一个自我的存在等同起来的存在。这就是我们在本章将要探究的问题。正如尼采所说："人类应该被命名为'评价者'。"正是对这些价值观的威胁，导致了焦虑的产生。事实上，我将焦虑定义为个体在等同于其存在的价值观受到威胁时做出的反应，这种价值观对于个体作为一个自我的存在来说是非常重要的。这种威胁可能是针对物质生活本身的，如死亡，或者是针对心理生活的，如自由的丧失。或者，也可能是这个个体将他作为一个自我的存在等同于某种价值观：爱国精神、对某个特定个体的爱、在同伴当中的威望、对科学真理或宗教信仰的热爱。

从这位不懂世故的汤姆的话中，我们可以看到关于这一点的典型的、生动的论证，汤姆是沃尔夫（Wolf ）和沃尔夫（Wolff)[1]在纽约医院所进行的关于焦虑和胃功能的意义重大的研究中为时几个月的研究对象。看过这篇报告的读者将会回想起，汤姆和他的妻子有一个晚上整夜都睡不着，他们担心汤姆是否能保住在医院实验室的工作，担心他们是否又要回到靠政府救济的生活。第二天早上，针对汤姆焦虑的胃仪器指数是所有那些研究中所见到的最高的。对医生们来说，意义最重大的一点是汤姆所说的话：“如果我不能养活我的家人，那我就马上跳下甲板死了算了。”因此，作为汤姆巨大焦虑之基础的威胁并不是物质剥夺的威胁——他和他的家人将不得不继续靠救济生活——而是一种汤姆（像我们社会中的许多男人一样）看得比他的生命还要重要的地位：对实现作为一个中产阶级家庭的养家者角色的能力的威胁。这种地位的丧失等同于不能作为一个个体而存在。

在性这个领域，我们也可以看到相似的例子。当然，性满足本质上是一种价值观。但是在心理治疗中经常可以听到有人指出，身体满足本身仅仅是问题的一小部分，因为当一个人在性方面被一个伴侣否定而没有被另一个伴侣否定时，就会卷入冲突和焦虑之中。显然，其他元素——威望、温柔、个人的理解——给予了与一个伴侣的性体验一种价值，而没有给予与另一个伴侣的性体验。顺便提一句，这样说是很公平的：个体越不成熟，这种简单的生理满足本身所具有的价值就越大，而是谁提供了这种满足的差别就越小；而个体越成熟，越分化，诸如温柔、与另一个人的人际关系等其他因素就越能决定性体验的价值。

死亡是引起焦虑的最为明显的威胁，因此除非一个人相信长生不老（这在我们的文化中并不常见），不然死亡就代表了一个人作为一个自我之存在的最终消失。但是，我们很快就觉察到了一个非常奇怪的事实：有一些人宁可死也不会放弃一些其他的价值。对于生活在欧洲专制之下的人们来说，心理和精神自由的剥夺通常是比死亡更大的威胁。“给我自由，不然就让我死”并不是只会出现在戏剧中，或者是作为一种神经症态度的证据。实际上，正如我们在后面将要观察到的，我们有理由相信，这可能代表了人类特有行为的最为成熟的形式。事实上，尼采、雅斯贝斯(Jaspers) 以及其他一些造诣更深的存在主义者已经指出，物质生活本身并不能让人们充分地感到满足和有意义，直到人们能够有意识地选择另一种他看得比生命本身更为珍贵的价值观，才可以充分地感到满足和有意义。

这些对其造成威胁就会导致焦虑的价值观的起源是什么？显然，婴儿最初的价值观是他从其母亲或其他的养育者那里获得的照顾、营养和爱，对这些东西的威胁（实际上，是一种对婴儿存在的威胁）会引起深深的焦虑。但是，随着慢慢地成熟，这些价值观就会发生改变。例如，它们会变为想要获得母亲赞同的欲望，然后是父母或同伴眼中的“成功”，然后到后来，就变成了用文化术语来说的地位，最终到了成熟的成人阶段，价值观就可能变为对自由、一种宗教信仰或科学真理的热爱。我并不是说这个就是正确的成熟标尺，我只是想粗略地论证，成熟包括最初等同于一个人之存在的价值观（对其威胁会导致焦虑）的一个持续的转化过程，而且在正常人的身上，这些价值观呈现出一种不断象征化的特征。

认为这些后来的价值观仅仅是保存母亲的照顾和爱这种最初的价值观的延伸，或者认为所有价值观仅仅是对第一需要之满足的不同形式，是错误的。各种能力会不断地出现在成长中的个体身上，这给了他一个新的格式塔，以突变进化的模式，这个不断成熟的个体不断地从原来的能力中发展出新的能力、新的象征，价值观就呈现出了一种新的形式。诚然，一个个体的焦虑越是神经症的，他就越有可能年复一年地试图满足与他早期所拥有的同样的价值观，正如我们在非常多的临床案例中所了解到的，他仍然一次又一次地、强迫性地寻求母亲的爱和照顾。但是，这一个体越健康，他作为一个成人的价值观就越少地被理解成他先前需要与本能的总和。

人类身上最为重要的能力是自我关联（self-relatedness）。它开始于出生几个月后的某个时刻，而且很可能在两岁的小孩身上就得到了相当好的发展。从那以后，爱与照顾的价值观就呈现出了一个新的特点：它们不再仅仅是某种获得的东西，而是这个具有某种程度自我意识的小孩对其作出反应的东西。现在，他可能会接受母亲的照顾，违抗它，为了各种形式的需要或者其他的什么而利用它。一位患者在一次会诊时报告说，他在很小的时候就学会了把手按在墙上然后把他坐的高脚椅子推倒，这样他的父母就会抓住椅子。这里所涉及的价值观并不是自我保护，也就是说，免于摔到地板上（他把他的父母训练得非常好，以至于这种偶然性从来没有出现过），相反，这里他所得到的价值观是在他迫使他的父母如坐针毡，随时准备跳起来帮助他的权利中所得到的满足感与安全感。

当我们观察到，一个成熟的个体——这是一位具有某种程度的自主性的成人——具有了在爱和接受爱时所必需的某种选择、某种有意识的肯定、某种有自我意识的参与（如果这种爱的体验要想获得充分的满意感的话），那么，我们就能看到这种爱的价值观又是怎样发展出了一种新的特征。于是，这种价值观就在于能够付出，同时也能够获得。如果他为他的同伴付出爱的机会受到威胁的话，那么这样一个成熟的个体很可能会体验到非常强烈的焦虑。

因此，在理解价值观的来源时——正如我们已经看到的，对它的威胁会导致焦虑——我们必须避免两个错误。第一个是把价值观与早期对爱和照顾的需要相联系的错误。第二个错误是认为事情只不过就是那样的，并忽视这一事实，即在每一个真正新的发展阶段，个体身上所出现的特质使得价值观受到了威胁。

现在，让我们来看一下这种人类所特有的自我关联的能力，这种能力对于理解人类的焦虑来说是至关重要的。站到他自己之外，知道自己既是体验的主体同时也是体验的客体，把自己看作是一个在物体世界中行动的实体，这是人的能力。[2] 正如我们在前面说过的，戈尔德斯坦及其他人以各种各样的方式描述过这种将人类与自然界的其他部分区别开来的独特特性。在他早期的研究中，霍巴特·莫勒（Hobart Mowrer）追随着科尔兹布斯基（Korzybski），称其为人类的时间固定特性："将过去带到现在，让其成为有机体在其中作出行为（进行行动和做出反应）的整个因果关系的一部分的能力，是'心理'的本质，同样也是'人格'的本质。"霍华德·里德尔（Howard Liddell）告诉我们说，他的绵羊能够让时间保持大约10分钟，他的狗能保持大约半个小时，但是人类能够保持时间一直到遥远的将来——他能够为几十年后或几个世纪以后做计划，而且我们应该补充一点，他能够为将来而担忧，在预期他自己最终的死亡时会感到焦虑。这使得我们成了一种能够"回首过去、遥望未来，所渴望的，却是虚无"的历史哺乳动物。通过理解过去，我们能够塑造未来，并能够在某种较小的程度上影响未来。正如劳伦斯·克比（Lawrence Kubie）已经指出的，神经症的根源在于，对这些作为每一个婴儿发展的早期就开始的有意识和无意识过程之间两分法之结果的象征机能的歪曲。

因此，沙利文提出，阿道夫·梅耶（Adolf Meyer）坚持认为人类是在一个组织的等级中活动的，而且应该将生理机能看作是从属于整合机能的，尤其是从属于人类把符号当作工具来使用的能力。[3]这里，对于理解焦虑来说重要的是，人类——符号的使用者根据符号来解释他的体验，并把这些符号当作价值观，对它的威胁就会导致深切焦虑的产生。因此，对焦虑的理解绝不能与伦理符号分离开来，后者是人类正常环境的一个方面。通过像他人看待他那样来看待自己以及移情性地站在同伴或一个陌生人的位置上来想象自己这种独特的社会能力，个体能够根据长期的价值观来引导他自己的决定，这些长期的价值观是伦理观的基础，因此也是道德焦虑的基础。

我偶尔在典型的体验意义上使用“符号”和“价值观”。它们是最真实关系和满足的“浓缩”，因此是对一种符号价值的威吓，比如甚至只是一面旗子或汤姆的身份，都能具有极大的焦虑唤醒力量。

我们在前一章中看到，一个个体的价值观与他的焦虑受到这一事实的限制，即他生活在一种文化历史发展过程的一个特定的时刻、一种既定的文化之中。这绝不仅仅是因为这个人碰巧在其他人周围成长，因此反映了他们的观点，而是因为在一个人与其他人以及他们的期望之间的关系这个背景中解释他的价值观是人性的本质。认为自己必须成为一个自立的中产阶级男人的汤姆，用在西方社会自文艺复兴起一直占据支配地位的价值观来证实自己。正如弗洛姆（Fromm）、卡丁纳（Kardiner）以及其他人在很久以前就清楚表明的，从那时起占支配地位的价值观就成了根据工作和经济方面来衡量成功的竞争性威望。如果你获得了这些，那么你就会感到自己是一个个体，你的焦虑就会减少；而如果你没有获得这些，那么你就会遭受强烈的焦虑，而且你就会失去自我感。

然而，过去的20年中出现了一种奇怪的事实：这种居支配地位的竞争性价值观显然被推翻了。大卫·里斯曼（David Riesman）在《孤独的人群》里告诉我们说，年轻人已经很少再有竞争性成功的目标了，他们不想在学业上拿第一，而甘居中游位置。你瞧，这种占支配地位的价值观于是就成了不是超过他人，而是与其他人保持一样——也就是说，从众。于是，个体就通过适合群体来证实自己，而使你受到焦虑折磨的是变得与众不同、突显出来。这一发展已经成了最近几十年某些特定问题的一部分：反理智主义、对政治可疑分子的调查、对具有独创性和创造性个体的猜疑以及通过涂上一层保护色来避免焦虑这种一般倾向。

现在，让我们来看一下这种被称为孤独的焦虑的特定形式。弗洛伊德、兰克以及其他人都曾提出，所有焦虑从本质上说可能都是分离焦虑。因此，孤独——对分离的觉察——很可能会成为最让人感到痛苦的焦虑之有意识的、即时的形式。从众以及根据他周围的人群来反射信号这种“雷达类型”个体的顺应等文化价值观，是与我们当代孤独的普遍流行联系在一起的，关于这一点，沙利文和弗罗姆-赖克曼（Fromm-Reichmann）都曾启发性地写过。对于从众的那些人来说，孤独是一种常见的体验，一方面他们因为孤独而被迫从众，另一方面，通过变得与其他人一样来证实自我的这种做法减少了他们的自我感和个体认同体验。这个过程导致了内在的空虚，因此也就导致了更大的孤独。

我们是否可以说，在从竞争到从众这种转变中，自文艺复兴起一直占支配地位的价值观已经发生了改变，因此焦虑起源的轨迹也已经发生了改变？是的，部分来讲是这样的。当然，在我们的文化中焦虑之所以如此盛行的最明确的原因之一在于这一事实，即我们生活在这样一个时代，在这个时代，几乎所有的社会价值观都处在根本的变革之中，在这个时代，一个世界即将灭亡而新的世界还没有诞生。

但是，难道就没有作为这两者——从文艺复兴到最近一直占据支配地位的竞争性成功这种价值观以及现在显然处于其对立面的从众这种价值观——之基础的一种更为特定的解释吗？难道这两者不都是起源于同一个原因，即现代西方人与自然之关系的破坏吗？自文艺复兴起，西方人一直被想要获得超越自然的力量这个目标冲昏了头脑。他将17、18世纪宽泛的理性概念转换成了19、20世纪的技术理性，而且他还一直献身于对自然的探究。自从笛卡尔在17世纪提出了主观体验与客观世界的两分法，西方人就试图逐渐地将自然看作是与他完全分离的，而且他还认为通过使自然完全客观化和非个人化，他就可以最佳地研究自然、“战胜”自然。

17世纪的帕斯卡尔就已经感觉到了这种观念所导致的深切的孤独与隔离，他说：“当我考虑到，我简短的一生被吞没在我生前后世的永恒里，我所填补的或者甚至是看到的小小的空间被吞没在我所不知道的以及不知道我的无限浩瀚的空间里，我就感到害怕，并纳闷为什么在这儿看到自己而不是在那儿，因为没有理由为什么我应该在这儿而不是在那儿，现在而不是那时。”

因为几个世纪以来现代人在通过超越自然的力量来证实自己方面非常成功，所以这种情境所内在的孤独和隔离只在我们的20世纪变得非常盛行。尤其是随着原子弹的出现，敏感的科学家和门外汉都开始体验到成了这个宇宙的陌生人这种孤独感，而且这使得许多像帕斯卡尔这样的西方人感到害怕。因此，我们当代的孤独与焦虑比与自然界的异化更为深切。

但是，人性呢，它不也是自然的一部分吗？答案是，在测量和利用无生命的自然方面非常成功的方法，在19世纪也被用于人性。我们把自己看作是可以掂量、测量和分析的客体。于是，我们无可避免地把自己和无生命的自然一样看作是非个人的。人性成了可以借助力量去超越、去操控、去利用的东西——就像我们在山里开采煤矿和把钢铁捶打成汽车的零件一样。

所以，现代人投入了一场与自己的未经宣战的战争。19世纪维多利亚时期的“战胜自我”到20世纪成了“操纵自我”。我们在第一章描述过的主体与客体联系在一起的人类困境，违反常理地成了主体“我”（I）对自我的其他部分，即非个人的客体“它”（It）的利用。这就设置了一个恶性循环——其结果之一就是心理诊所的泛滥。只要它保持在困境的这种恶化形式之内（这只能通过主体的变小，也就是说，意识的减少实现），那么这种恶性循环就能减轻。但是，唉！只是更多地运用于试图治愈的同一种疾病，我们无法期望康复的最终来到。

一些迹象表明，社会中出现了一些旨在恢复一种与自然的固有关系的运动。现代物理学就是一次这样的运动。正如维尔纳·海森伯（Werner Heisenberg）所说，现代物理学的本质在于，那种认为可以将自然放“在那儿”完全与人分离地进行研究的哥白尼式的观点已经不再能站得住脚，我们不能脱离人的主观介入来理解自然，反之亦然。[4]西方新出现的对东方思想的兴趣从其健康的方面来讲也指向了相同的方向。东方思想从来没有遭受过像我们这样的主体与客体、作为人的我与“在那儿”的世界之间的根本分裂，因此，也就避免了西方所特有的与自然的分离，以及随之发生的孤独。[5]除了在现代西方人的历史“捆绑”中来看待他，把他看作是几个世纪的主体与客体之根本分裂以及随之发生的与自然之间遭到破坏的关系的后嗣，否则我们无论如何也不能理解现代西方人的焦虑。

既然焦虑是一种个体在等同于其存在的价值观受到威胁时所做出的反应，那么没有人可能逃开焦虑，因为没有哪一种价值观是无懈可击的。而且，价值观一直都处于变化和重组的过程之中。在一个价值观转型的时期，唯一可以显然地逃避焦虑的方法——虽然是一种自我挫败的方法——是把个人的价值观固定化为教条。而教条，不管是宗教的还是科学的，都可以带来暂时的安全感，但它是以放弃学习新的东西和新的成长机会为代价的。教条会导致神经症焦虑。

现在，我们必须区别一下焦虑的神经症形式和正常形式，因为如果没有一个关于正常焦虑的概念，我们就无法辨别出神经症形式的焦虑。正常的焦虑指的是与威胁成正比的、不引起压抑的，并且能够在意识的水平上建设性地去面对的（或者如果客观的情境发生了改变，就能够得以缓解的）焦虑。而另一方面，神经症的焦虑，指的是一种与威胁不成比例的、引起压抑以及内心冲突的其他形式，并且受到活动或意识的各种受阻形式的操控的反应。很多电影告诉我们的与“登峰造极时体验到的孤独”和“长跑者体验到的孤独”联系在一起的这种焦虑，可以在正常的焦虑中看到。为了逃避孤独而从众的焦虑，是这种最初正常的焦虑的神经症变式。

实际上，当一个个体在他的成长中出现真实的危机以及他的价值观受到威胁而不能应对正常的焦虑时，那么神经症焦虑就出现了。神经症焦虑是先前没有解决的正常焦虑的最终结果。

在个体发展的每一个阶段都会出现的个别化步骤中，正常的焦虑是非常明显的。幼儿学习走路然后离开围栏所提供的安全感；他离开家去上学；在青少年时期他向外发展，想要接近异性；后来他又离开家自己谋生，结婚；到最后，在临终之时，他必须最终与他的即时价值观分开。我并不是说这些事件都是必须发生的真实的危机，尽管它们一直都是潜在的危机，相反，我是想指出，所有的成长都包含引起焦虑的对过去价值观的放弃，个体会将它们转变成更为宽泛的价值观。成长及其正常焦虑包含着为了更为广泛的目标（在这个连续的过程中死亡是最后的一步）而对即时安全感的放弃。因此，保罗·蒂利希在他的著作《存在的勇气》中很有说服力地主张，正常焦虑与人的"有限性"是同义的。尽管不知道什么时候，但是每一个人都知道自己将会死，他是通过自我意识来预期他的死亡的。实际上，面对有限性和死亡所带来的这种正常的焦虑，可能是每一个个体在死亡将他打倒之前尽量地利用每一个月、每一年的最为有效的诱因。

价值观的转变以及应对与此相关的焦虑，是创造力的一个方面。人是评价者，正是在评价这个行为当中，人们塑造着他的世界，使他自己更适应他的环境，也使他的环境更适合他自己。价值观转变与创造力的相互关系表明了为什么自普罗米修斯的神话以来人们一直认为创造力不可避免地与焦虑联系在一起。

在这个讨论中，我想要强调对治疗而言的三个含义。

第一，治疗的目标不是让患者免于焦虑；相反，治疗的目标是帮助患者摆脱神经症焦虑，这样他就可以建设性地应对正常焦虑。实际上，他能够达到前者的唯一方法就是做到后者。我们已经看到，正常焦虑是成长与创造力不可分割的一个部分，随着个体可以成功地面对正常焦虑的体验，自我就会变得更为整合、更为强大。因此，克尔凯郭尔说出了下面这段著名的话："我想说，学习了解焦虑是一项每个人必须面对的冒险，如果他不想因为不了解焦虑，或者因为被焦虑淹没而走向毁灭的话。因此，正确地学会焦虑的人就学会了最为重要的东西。”

第二，我们的讨论暗含了使用药物来缓解焦虑等严重的问题。（我排除了这样的情况，即如果焦虑没有得到缓解，它本身就会导致更为严重的崩溃，或者需要去进行心理治疗才有可能得到缓解。）通常使用药物的有害结果是非常明显的，因为抹掉焦虑从原则上说就是抹掉了成长的机会，即价值观转变的可能性，而焦虑正是它的对应面。同样，神经症焦虑是这个事实的一个症状，即一些先前的危机没有得到解决，而去除了症状却没有帮助个体了解他深层的冲突，就等于是剥夺了他的测向器以及他理解自我与新的成长的动机。

第三，本章还暗含了这一点，即在一个个体的价值观体系的合理性与他的焦虑之间存在着一种反比的关系。也就是说，你的价值观越坚定、越灵活，你将越能建设性地应对焦虑。但是，你越是被焦虑压倒，你的价值观在力量上就越是会变弱。因此，从长远的观点来看，帮助患者获得合理的价值观，是他的治疗过程的一个必需部分。我不是说治疗者可以把现成的价值观移交给患者；我也不是说可以通过让患者简单地接受治疗者的价值观而使他不用承担责任地找出他自己的价值观；我们的论点也不是让治疗者在缓慢地、稳定地揭示患者冲突根源的技术过程中解除帮助患者的责任。实际上，在大多数情况下，这必须在患者能够获得他自己的持久价值观之前完成。

成熟价值观的标准遵循着我们在前面已经讨论过的人类的独特特征：成熟的价值观指的是那些在时间上超越了即时情境并且将过去和未来都囊括其中的价值观。成熟的价值观还超越了即时的小派系，朝着共同体的利益向外扩展，从理想上将整个人类都包括进来。罗宾森·杰弗斯（Robinson Jeffers）戏剧[6]中年轻的俄瑞斯忒斯在做出了决定性的自主性行为之后，宣称“我已经爱上了外面的世界”。

一个人的价值观越成熟，他的价值观在表面上看来是否让他满意对他来说越不要紧。满意感与安全感在于持有这种价值观。对于真正的科学家、宗教人士或艺术家来说，安全感与信心来源于为追求真理与美而献身而不是找到它们这样一种意识。

注释

[1] Stewart Wolf, and H. G. Wolff, *Human Gastric Function*, Oxford University Press, New York, 1943.

[2] 在第一章当我们将其与人类的困境以及波特曼的研究联系在一起时，已经讨论过人的这种辩证的能力。

[3] 我认为，在焦虑及其他领域以人类为对象进行实验研究时，界定我们要研究的那个特定个体的背景是非常重要的，也就是说，问一下他给了这个情境什么样的象征意义，以及他在实验中这个特定的时刻的价值观是什么。或者，如果实验者正在从具有自我意识的人类身上分离出一个特定的反应，也应该使其变得明显并加以界定。因为神经生理学数据以及其他种类的数据的真实意义，只有在具有自我意识的个体，也就是说，能够进行评价的个体这个背景中来看待时，才能得以理解。

[4] 比较：参考第一章关于海森伯的内容。

[5] 当然，我在这里不是指对东方思想的一时的、狂热的兴趣，也不是指西方人一拥而上，想用东方的思维方式来逃避我们自己的焦虑与异化这些现实。

[6] Robinson Jeffers, *The Tower Beyond Tragedy*, New York, 1925.

第三部分　心理治疗

心理治疗不仅是帮助那些存在之困境对其而言已经变得非常严重与困难的人的艺术和科学，它还是用于理解这些困境以及怎样应对这些困境的资料的非常好的来源——实际上，在很多方面是我们最为丰富的来源。既然心理治疗中的存在取向已经成了最为恳切地、直接地处理这些人类的困境以及坚持要面对这些困境的取向——有时候，多了些鲁莽，少了些优雅，那么，我们在这里将专门地论述一下这种治疗取向。

第六章 Chapter Six

心理治疗的背景

麦克白：你难道不能照顾一颗生病的心灵吗?
从记忆中拔出一种根深蒂固的悲痛，
抹去写在大脑中的那些苦恼，
用某种甜甜的健忘药
净化塞满了危险东西的胸怀。
还有什么会重压在心上呢?
医　生：有病人在那里
必须照顾好他自己……

——莎士比亚：《麦克白》

在开头，我想说清楚我的观点与所谓的存在心理学与精神病学的关系。我是在精神分析新弗洛伊德主义的人际关系流派之下接受训练的，但是我一生都相信，我们必须把人自身的本质理解成我们的科学和心理治疗艺术的基础。我们文化中存在主义的发展，不管是在文学、艺术、哲学还是科学中，都正是把对人的这种理解的追求作为它们存在的理由。因此，在听说欧洲当代的存在精神病学之前很久，我就非常重视这些发展。但是，从欧洲的狂热崇拜这个意义上说，我并不是一个存在主义者。我认为，在美国，我们必须发展对我们自身的体验而言是本土的取向，而且我们必须在我们自己的历史情境中发现所需要的东西——在我看来，这样一种态度从本质上说才是唯一“存在的”取向。

在欧洲，精神病学和心理学中现象学与存在主义的发展已经盛行了几十年。不管我们是否喜欢这些术语，一些导致该种发展的问题确实非常重要，需要我们直接去面对。我认为在这次运动中有几个重点具有非常重要的价值，而且在精神病学与心理学将来的发展中它们的价值很可能会越来越大。现在让我们看一下三个这样的重点。

第一个是出现了一种新的看待患者现实的方法，被称为现象学。[1]现象学方法特定的当代形式是埃德蒙德·胡塞尔（Edmund Husserl）在欧洲大陆提出来的。从本质上看以及用最简单的术语来讲，它指的是研究既定的现象的努力。现象主义者反对西方文化中尤其是盎格鲁—撒克逊国家中单纯根据其原因来解释事情的倾向。当我在给心理学家和精神病学家上课时，我引用了一个神经症行为或精神病行为，然后问他们这意味着什么，这些学生给出的答案几乎与该体验意味着什么没有任何关系，而与这个患者为什么这么做有关系。他们常用的短语：“他这么做是因为……”“这个的起源是……”例如，如果我问：“什么是羞怯?”十个答案有九个都与羞怯形成的原因有关，而没有谈到任何关于什么是羞怯的内容。我们倾向于假定，如果我们有一个因果关系的解释，或者如果我们描述事情是怎样发展的，那么我们描述的就是事情本身。这是错误的。现象主义者坚持认为，我们必须截断西方人认为的我们只有知道其原因才能了解事情的倾向，相反，我们要找出并描述作为一个在其“既定”中所呈现给我们的现象的事情——体验。也就是说，我们首先必须知道我们在谈论的是什么。这并不是不考虑因果关系和发生发展，而是说我们首先要知道是什么的问题，否则为什么的问题就没有意义。

作为一个治疗者，我发现我和我的学生都陷入了没完没了的试图找出（例如患者之羞怯）因果模式的限制之中。但是如果我们问："通过脸红他是想说什么？在其即时的既定（immediate givenness）中的体验是什么？"我们会发现自己不仅摆脱了这种恶性循环，而且通常能够突然地提供一种关于什么是羞怯的阐释。现象学方法不仅给数据增添了丰富性与鲜活性，而且使得先前作为一种陌生语言的行为模式可以进入。

存在心理治疗取向中的第二个重点在于这样一个原则，即所有的用于理解人的方式，所有心理治疗的方法都是以某些前提为基础的，而且每一种方法都必须不断地分析这些前提。从现在已经相当有名的一个对应交锋中可以很明确地得出这一点，我打算从《西格蒙德·弗洛伊德——友谊回忆录》[2]这本小册子中引用一部分。这是一位最主要的存在主义精神病学家路德维希·宾斯旺格（Ludwig Binswanger）与他最亲密的好朋友弗洛伊德之间的一个交锋。顺便提一下，宾斯旺格是唯一与弗洛伊德一直保持亲密友谊的人，尽管他们在理论上迥然不同。

在弗洛伊德八十岁生日的庆典上，维也纳医学心理学协会（Vienna Society of Medical Psychology）邀请宾斯旺格做一次演讲。他提交了一篇经典的论文（直到最近才被翻译成英文[3]），在其中，他坚持认为，弗洛伊德是自亚里士多德以来在提高对作为自然一个部分的人的理解方面做出贡献最大的人。但是，他接着指出，弗洛伊德研究的是自然人，也就是自然的人，是德国人称其为周围世界、环境、驱力与本能的自然世界的人。弗洛伊德只是作为副现象地研究了人际世界中的人，也就是在人际关系中作为同胞的人（根据沙利文的术语），弗洛伊德也没有恰当地研究与自身联系在一起的自我，即自我世界。因此，宾斯旺格继续说，艺术、宗教、爱（作为完整意义上的爱）、创造力以及人类在其中超越了简单的自然世界环境的其他人类活动，在弗洛伊德的精神分析中都没有得到恰当的研究。

由于年老体弱，弗洛伊德并没有参加这次会议。（弗洛伊德写信给这位朋友说："美国风格的庆典实在是太多了！"）但是一阅读完这篇发言稿，他就写了一封信给宾斯旺格，在信中，他表达了他的感激之情，并补充说："自然地，尽管你并没有劝服我。"然后弗洛伊德说："很可能我们之间的差别只有在几个世纪以后才能被消除。"于是宾斯旺格在他的小册子里指出："正如从弗洛伊德的最后一句话中可以看出来的，弗洛伊德将我们之间的差别看作是可以通过经验调查而加以克服的东西，而不是作为所有经验研究之基础的超验概念的东西。"[4]

尽管**超验的**这一词对于美国心理学家来说是一面红旗是事实，但我还是希望宾斯旺格的观点是清晰的。他的意思是说概念是先于研究的，"超验"在于你的概念已经决定你将允许自己在研究中看到哪种类型的数据。弗洛伊德坚持认为，这种关于人的自然科学观点及其经济模型已经"过滤"和"选择"了"经验研究"的数据以适合那个前提。这根本就不是一个研究粗劣的问题，而是人类观察的一个简单的特征——你看到的是你的显微镜或望远镜聚焦吸收的东西。因此，宾斯旺格的意思是，他与弗洛伊德之间真正的区别，与对人性的假设与前提，以及怎么样来研究人类有关。而且他也指出，弗洛伊德认为所有研究都以前提为基础这个事实是不可能的。

我认为，在接下来的几十年中，我们文化中心理学与精神分析取向之间关键性的战争将会发生在关于人的意象这个战场上——也就是说，关于作为经验研究之基础的人的概念。宾斯旺格所攻击的错误在这个于美国非常盛行的假设中得到了最为明确的论证，即无论如何，科学研究是一种没有前提的东西！这就好像是一个人认为他能够站到他自己的皮肤之外，立于某种阿基米德的论点之上，从那里，他可以俯瞰所有的体验；就好像我们拥有了一种上帝般的视角，这种视角本身不需要依赖于我们所作出的关于人性的假设，或者我们所研究的所有东西的本性的假设；或者好像我们可以天真地忽视这个事实，即我们自己的体验每时每刻都在塑造着我们的工具，我们正是凭借它来研究其他体验。

弗洛伊德从小就生活在现代西方弥漫着这种考虑和这种错误的时代。心理治疗或经验研究中的每一种取向都不可避免地有其假设和前提。每一种科学取向都受到历史的限制，就像无论何种形式的宗教或艺术的取向一样。[5]而只有分析了我们以其为基础的前提，我们才能够进行客观的研究。

在我看来，这种源自于没有意识到这一点的错误似乎非常鲜明地表现在当前许多精神分析概念充满矛盾的形式之中。以自我这个概念为例。在传统的精神分析中，它是人格中的组织原则，通过这个原则，人格不同方面的某种联合在意识中得以实现。但是后来，坚持弗洛伊德传统的精神分析学家一直指出，在同一个个体身上存在着许多不同的自我。例如，他们指出，存在着“自我的观察部分”，还有“压抑部分”，“现实自我”，“快乐自我”，如此等等。[6]在纽约，我的一些高智商的同事谈到了在同一个个体身上存在着“多个自我”。而且他们所指的是正常的人，而不是神经症的个体。但是，如此众多的不同的自我是怎样变成一条统一的原则的呢？一开始，弗洛伊德就将自我描述为处于一个非常困难的、虚弱的位置，它一方面受到本我的打击，另一方面受到超我的打击，同时还受到世界的需要这个方面的打击。当代这种用一层又一层的新衣服将可怜的自我装饰起来的做法，并没有改变这个概念最初的内在前提。这些前提是从弗洛伊德以“一种将心理生活还原为推动力量与抵制力量之间的相互作用的动力学概念”为基础来描述人格的自然科学、经济模型中借用过来的。当自我被迫去承担组织的功能，去成为一个君王们的多重群体（所有的君王都相对比较虚弱，都试图坐在同样的宝座上，并且都同样地试图不要从宝座上掉下来）时，它就会受到限制。[7]

这幅多重自我的画面从术语上来看难道不是一种矛盾吗？于是，自我的这个含义，即，统一的原则，消失了。现在，错误不在于临床的观察，而在于这个先验的概念本身。正是在这个概念中，统一的可能性遭到了破坏。

所有这些都证明了，我们必须在一个更深的水平上提出我们的问题，即“这个个体自己在哪一个点上意识到他就是这些不同的自我这个事实？”在哪个点上我能够意识到我就是这个具有这些不同的倾向——情绪、快乐、现实等等的人？现在在这个点上，你可以提出这个问题：“我怎样才可以意识到这个事实：我是这样一个存在，即这些不同的自我是其表现形式？”你是在一个本体论的水平上提出这个问题的，这一点是我们现在要回过头来讨论的。

我认为，直到我们能够在这个水平上提出这个问题，我们才能够在我们的精神分析发展或研究中具有某种一致性，因为作为该研究的单个成分之基础的正是这个问题。在研究行为的不同成分中，这个问题一直都是：你作出了什么假设，并据此选择这些成分进行研究？而且你打算采用什么形式将它们联合到一起？你必须假定在这些成分之间存在着某种形式的联系，而且你必须以某种方式将它们联合到一起。正是在这个点上，需要对所假定的潜在概念进行探究。实际上，我的观点是非常积极的，因为你进行选择的原则，以及可能很有希望将你的观察联合到一起的形式，就是你对这个问题所做的创造性贡献。任何人都可以做这项研究（如果我可以这么说的话），如果他细心、聪明、尽责的话，但是最初的贡献在于为该问题看到一个新的形式。我们不能期望数学和方法学来承担这个重担。我坚持认为，对于我们每一个人来说，我们都无法逃避在我自己的前提中尽可能地承认与澄清这些原则与形式的必要性。

存在心理治疗取向的第三个重点直接来源于前两个，并且依照"本体论"这个引起争论的术语来判断。我们在上文中说到"本体论问题"时已经提到了这一点。"本体论"这个词来源于希腊语*onto-*（存在）和 *logos-*（科学），它指的就是关于存在的科学或研究。到目前为止，我所说的所有关于作为我们的研究与对心理治疗的理解之基础的现象学与前提的内容，将我们推向了这个问题。在这里，我只想介绍一下术语，到后面再回过头来探讨这个问题。

现在，让我们继续看一下关于这些原则的一个更为具体的含义。首先，让我们提出这个问题：我们在心理治疗中研究的基本单元是什么？当你开始考虑这个问题时，你会发现这是一种非常奇怪的情境，即某个人走进了一位治疗者的办公室，在一个只有四面墙的陌生世界里，他坐在一张椅子上，期待着他可以获得帮助。在这样的情境中，我们怎样来描述研究的单元？我们是否可以将其描述为一个患者与一个问题——因考试不及格而被迫从大学退学、没有能力去爱或者结婚，等等的问题？将一位患者界定为是一个问题是一种旧时的方法——像我的内科患者所说，"七楼的胆囊”仍然是某些医院的行话——而且还轻视患者以及这种情境。相反，我们是否可以说有这样一个患者，他是歇斯底里、强迫症、精神病或神经症患者，具有某某症状？这是我们现在常见的鉴别方式，但是我认为这也是不完全的，因此也是不恰当的。它表明我们没有将他看作是一个个体，而是一套关于他的诊断范畴，它会非常容易地变为偏光镜，我们的知觉经过其筛选而有所偏漏。

或者，我们是否可以说这里有一个人，他出现了一个问题，然后来到了治疗者这里，因为他想要获得康复？这种说法离真实的情境要近一些。但是，不幸的是，这却恰恰是我们所不知道的东西，我们不能确定这个个体是否想要获得康复。实际上，我们可以确定，获得康复正是他自己都感到矛盾的，他来到治疗者这里，是因为他需要保持生病的状态，直到他存在的其他方面发生改变。他是带着冲突来的，而且他的动机很可能是非常混乱的。

因此，什么是我们研究的单元？我认为，我们一开头可以这样说：在一个既定的空间，一个既定的世界中，我们有两个人。我在这里所用的“世界”这个词，与这个词的经典意义是一样的，指的是一个有意义关系的结构。这两个人，即患者与治疗者，有不同的动机存在。我们不知道这位患者的动机，但是，他到了这里，因此就涉及了某个有意义的行为。

不管我承不承认，正是在这个点上，我作为治疗者，必须做出一些本体论的假设。（而且，我认为，如果这位治疗者能够承认并且坦率地向自己澄清这样的假设，那么对于相关的所有人来说都将健康得多。）我的患者坐在椅子上。实际上，我对他一无所知。但是，我可以假定，他像所有活着的有机体一样，试图保存某个中心，而且假定，他在这里，在我办公室的椅子上，正是处在这么做的过程之中。因此，第一个本体特征是，所有人都潜在地以他们的自我为中心，不管这个中心在冲突之中遭到了多大的歪曲。[8]同时，我假定，这个人（像所有有机体一样）具有这种自我肯定的特征，也就是说，保存他的中心的需要。这些就是我所提出的人之所以为人的本体论特征。在这里，保罗·蒂利希(1952)的存在的勇气这个概念具有根本的重要性。树的中心——正如任何人在看到一棵长得很好的树时可以说出来的，在平衡性和统一性方面，它不可思议地得到了发展——是自动地给予的。但是，人类的中心取决于他肯定它的勇气——虽然勇气通常是以高度神经症的方式来肯定它的。蒂利希坚持认为，如果我们没有勇气，那我们就会丧失我们的存在。人是自然界中非常特殊的生物，他的存在取决于他自己的勇气，而如果他因为病理学的程度或者非常不利的外在环境，从而不能够肯定他自己的存在，那么他就会逐渐地丧失它。

关于这位来到我办公室的患者，我们还需要注意另外一件事情，即，即时地存在着一种关系。即使是在预期的时候，当我或者这位患者在想到这次会面时，就存在着一种关系——这表明，在我能够观察到他是看着我还是不看我，是非常急切地倾听还是根本就不听之前，我们之间就存在着关系。这位患者像所有的存在一样，他具有从他自己的中心走出来以加入到其他存在中去的需要和可能性。现在，他正在和与这位治疗者分享的可能性作斗争。这种走出来总是包含着冒险。

在这里以及下一章，我将用一种与我们社会中通常给予它们的完全不同的意义呈现疾病与健康，尤其是神经症。从我已经提过的本体论取向，我们看到，疾病恰恰就是个体用来保存他的存在的方法。我们不能用常见的过分简单化的方法来假定，这位患者自动地想要获得康复，相反，我们必须假定，直到他的存在以及他与世界的关系中的其他条件发生了改变，他才允许他自己放弃他的神经症，去获得康复。神经症是一种适应性活动，其中存在着个体在战胜其问题的过程中必须以这种或那种方式转变到建设性目标的创造性潜能。奥托·兰克说，神经症患者是“愿望没有实现的大师”，而且在神经症当中存在着各种潜能，我们在心理治疗中希望能诱发这些潜能，然后改变它们的方向。

关于这位坐在治疗者面前的患者，我们观察到的[9]另一件事情是，他是在一个觉察的水平上与治疗者分享的，而这就是我所提出的本体论的第四个特征。现在，我把觉察用作一个除了人类以外所有生命形式所共享的特征。如果你举起一根棍子，猫就会跳起来跑掉，它肯定是觉察到了对它的中心的肉体威胁。生物学家冯·于克斯屈尔（von Uexküll）已经描述过不同的有机体是怎样拥有不同的计划的，他称其为他们世界的“行动计划”和“知觉计划”。树与植物相对地受到它们的特定世界的限制，动物拥有程度大一点的关于其世界的自由，而人类是所有有机体中拥有自由程度最大的。这个范围随着觉察的范围，也就是说，随着世界的可能性的范围而变大。

但是，觉察原则本身是不够的。因此，我们看到了人类觉察的独特形式，即自我意识。很长时间以来我一直认为，在我们心理学研究中用“觉察”这个词来代替“意识”的倾向是非常鲁莽的。确实，觉察更容易符合常规的科学框架，它更能够被分解成不同的成分，更经得起在具体的情境中、用动物和人类的机械模型来对其进行研究和做实验。而另一方面，意识在研究中难处理得多，因为它的特征在于这一事实，即如果我们将它分解成不同的成分，那么我们就丧失了我们所要研究的东西。“觉察”这个词的词根来自于盎格鲁—撒克逊的这个词 *gewaer*，而这个词又来源于 *waer*，*waer* 这个词在这整个语族中指的是关于外在威胁的知识——也就是说，关于危险、敌人的知识，需要防御性策略的知识。“觉察”（aware）这个词的同源词有“警惕的”（wary）、“谨防”（beware）。在霍华德·里德尔关于所谓的动物神经症的研究中，他所使用的觉察这个词属于正确的范畴（事实上，他就是这么做的）。他把觉察称作是它们的警觉。例如，他描述道，海豹在它们的自然栖息地每十秒钟就会把头抬起来察看一次地平面，以确保没有爱斯基摩猎人带着弓箭偷偷摸摸地攻击它们。里德尔将动物身上这种原始的、简单的警觉等同于人类在感到焦虑时所表现出来的东西。

而另一个方面，意识（consciousness）来源于拉丁语中的这个动词 *conscire*，它指的是在内心所感受到的知识，也就是说，去认识。从关于意识的这一事实，即我是拥有一个世界的存在这个意义上说，不仅要去认识其他人，而且要认识自我。只要触碰一下，我就可以觉察到这张我趴在上面写东西的桌子。但是，意识指的却是这一事实，即我能够觉察到我就是那个拥有这张桌子的存在。意识是与我作为存在的自我概念联系在一起的，当他在与那些他努力地想在纸上清楚地表达出来的观念作斗争时，这个存在在使用着这个桌子。意识是一个绝对不能丢弃的术语。它是本体论主要的特征，这个特征使得自我在其存在中成为一个自我，即，我能够觉察到我是拥有一个世界的存在这样的体验。我们是在库尔特·戈尔德斯坦（1939）关于人类能够超越即时情境、使用抽象和一般概念、用语言和符号来进行交流的能力，以及在这些能力的基础之上以这种或那种形式审视和实现与自我、与同伴、与个人的世界相联系的更大范围的可能性（范围更大是与动物和无生命的自然相比较而言的）的描述这个意义上来使用这个术语的。在这个意义上，人类自由有其本体论基础，因而必须在所有的心理治疗中都加以假定。

我认为，只有在意识的概念这个基础之上，我们才能理解无意识的体验。我们必须假定，患者是作为一个潜在的统一体而前来的，无论我们多么清楚地看到各种神经症状已经阻隔了他，并因此对他产生了一种强迫性的影响。我并没有说这个统一体必须是一个完善的统一体——正如我在谈到“适应的统一体”时所指出的，它也可以是一个受限的统一体。但是，这些出现在我们面前的分裂的、分离的外部症状，正是他努力地保存他的统一体的表现。为了保存这种统一体，他不得不阻隔并拒绝实现某些获得知识和作出行动的潜能。

现在“无意识”就包括了个体不能允许自己去实现的体验。理解无意识现象时所出现的问题有：“这一个体是怎样抵制或接受他意识到自己以及他的世界的各种可能性的?”“他怎么可能把某些他在另一个层面上知道，甚至知道他知道的东西拒之门外呢?”在精神分析中，不断地使患者感到吃惊，甚至有时候使分析者感到吃惊的事情是，当一个完全受到压抑的被埋藏的记忆或体验迸发，出现在意识中时，这位患者通常会报告说他突然会有一种好像一直都知道这个记忆或体验的奇怪体验。在觉察的层面上，这根本就没有任何意义：他一直都不能觉察到这个记忆或体验。但是在另一个层面上，他一直都知道，它存在于他不得不将它压抑这个事实当中。因此，我们给自己设定的问题就不应该仅仅是，或者甚至不应该主要是关于哪个特定的创伤阻隔了体验这样的机械问题。相反，问题应该是，在这个不能让他自己充分地体验到“我是我，我是这个具有构成这个存在、这个我的所有潜能与可能性的存在”的个体身上，发生了什么事情。

注意一下，我并不是说我们应该忽视假定导致压抑的最初的创伤。我是说它在本质上不能说明压抑之所以坚持的原因，它也不是他仍然压抑这种体验的主要原因。

现在，我想通过参考俄狄浦斯神话与情结来探究意识的出现与意义的问题。正如我们所有人都知道的，俄狄浦斯情境在弗洛伊德的研究中被看作是根本性的，而且实际上，它也以这种或那种形式出现在所有其他的治疗流派中。在弗洛伊德的系统阐述中，它指的是在一个儿童与父母中不同性别的一方之间性爱的吸引。因此，这个儿童就会体验到内疚，并且害怕父母当中的另一方（因为他是其情敌），尤其是在男孩的案例中，他们会害怕阉割。弗洛姆将成长中儿童的俄狄浦斯冲突看作是与父母权威的斗争。阿德勒将其看作是一种权力斗争。

现在，弗洛伊德在他关于俄狄浦斯的描述中假定了一幅人类体验的悲剧性画面。婴儿是有吃同类的肉的习性的，他受到原始的本能需要的驱使。弗洛伊德关于婴儿的观点与圣·奥古斯丁（St. Augustine）的观点相似，他说：“儿童的天真包括了四肢的虚弱。”在我看来，弗洛伊德的悲剧性观点，即在俄狄浦斯情境中，存在之间有一种真正的冲突，他们在某种水平上互相摧毁着对方，与在美国普遍的乐观主义的、过分简单化的观点相比，更接近关于俄狄浦斯情境的真理。我们的观点是卢梭式的——即如果他是我们自己的婴儿，那么他就不是一个吃同类的人，而是一个天使，或者如果他是我们的来访者的小孩，那么他就是一个潜在的天使。只要那些母亲以及其他的文化典型能够用更多的关爱来养育他，满足他的需要并且用正确的方法来训练他，那么他就潜在地是一个天使。因此，就像我们的思维中所呈现的那样，在俄狄浦斯情境中，其悲剧性的方面基本上被忽略了。但是，这种悲剧的特质却正是弗洛伊德一开始偶然发现俄狄浦斯神话的原因所在。我认为，当精神分析穿越大西洋时，弗洛伊德理论所存在的对悲剧性的强调是最先被扔出船外的东西，这是一个相当大的损失。

我想提出另一种取向。这种取向将俄狄浦斯情境理解成是在个体内部、在他与他的世界以及其他所涉及人类的关系中、在自我意识的出现与发展的过程中的悲剧性冲突。如果你回顾一下索福克勒斯（Sophocles）的俄狄浦斯戏剧，或者是在其漫长的文化历史所呈现给我们的其他形式中，你将会发现，它不是一部关于性冲突或者是关于杀死父亲的冲突的戏剧。所有这些都是很早以前做的事情了，都过去了。在索福克勒斯的戏剧中，俄狄浦斯娶了他的母亲，他是一个很好的国王，而且在底比斯过着快乐、舒适的生活。

在这部戏剧中，唯一的问题是：俄狄浦斯会意识到他自己做了什么吗？悲剧性问题是看到了关于自己的现实与事实的问题。我们可以回想一下，这部戏剧以底比斯的咒语开始。为了解除这个咒语，俄狄浦斯（底比斯当时的国王）必须找出是谁杀死了拉伊俄斯（先前的国王）。俄狄浦斯喊来了提瑞西阿斯，一位盲人先知。在这部戏剧中，提瑞西阿斯是与精神分析者的角色联系在一起的，他不能看到外面的东西，象征性地与能够获得更大的敏感性的内在能力联系在一起。因此，历史上就出现了“盲人预言家”这个象征。从一种心理学和精神的意义上说，盲人，不会受到他们所看不见的外在事物的影响而分心，他们在这种象征形式的思维中发展出一种更大的对事实的敏感性。我相信这一点将会继续下去，并运用到心理学家和精神病学家身上，而不需要我们真的从生理上变成盲人。

俄狄浦斯问有罪的提瑞西阿斯。提瑞西阿斯回答说：

> 我不会给我自己带来懊悔
> 也不会给你带来懊悔。你为什么要追究这些事情呢？

俄狄浦斯坚持，不管结果是什么，他都必须知道是谁杀了拉伊俄斯。然后，一步一步地，在戏剧中我们看到了一段关于一个人，即俄狄浦斯的斗争的惊人描述——最终是一次悲剧性的斗争——他竭力地想要发现关于他自己的事实。首先他知道了关于他的客观处境的事实、他父亲的死亡，然后发现了转向内在的事实、关于他自己的事实。很快他感觉到，围绕着他自己的出生有一个谜，而且约卡斯塔（Jocasta，他的母亲，他娶了她，但是却不知道他们之间的关系）无论如何都与他出生的谜有关系。（我们可以回想一下，拉伊俄斯曾经把他带出去，并丢弃在山坡上，因为有大智者预言，说他——俄狄浦斯，将会杀死他的父亲。）

在戏剧的“分析”过程中，约卡斯塔突然觉察到，俄狄浦斯是她的儿子。接着，她也意识到了他将要面对的可怕信息，并尽力地想劝阻他。她喊道：

> ……但是为什么男人应该这么可怕，
> 命运就是他的情人，而预知
> 却无一确定？最好轻松地看待生活，
> 作为一个男人可以做到。因为这种与母亲的结合，
> 是无所畏惧的；因为在这之前的许多男人
> 都曾做过许多这样的梦；但是他没有因为这样的梦

而做了什么，这样的他过着最为舒适的生活。

在这里，让我插一句，我们精神分析、精神病学以及心理学中与患者的关系时常都具有约卡斯塔这段话的本质。她所真正要说的是："调整一下吧。不要把梦当作现实。许多人'在这之前都做过许多这样的梦'，但是绝对不要让这样的事情扰乱你。"

但是，俄狄浦斯不会停留在这个点上，他的梦就是他的存在。实际上，他说："无论是什么，我都必须有勇气来面对真相。"

于是约卡斯塔喊了起来：

别去找了！我很厌倦，够了……
可怜的人，你想要知道的可能是你永远都不能知道的！

但是，俄狄浦斯回答说：

我不听——我们什么都不要知道，
要爆发的就爆发吧，我不会犹豫……

他总结说："我必须知道我是谁，我来自哪里。"在戏剧接近尾声时，他找到了那位老牧羊人，他曾经在山坡上发现了还是一个婴儿的俄狄浦斯，并使他活了下来。当这位老牧羊人被要求回答俄狄浦斯的问题时，他呻吟道："噢，我现在很害怕说！"而俄狄浦斯回答说："我要听。但是我必须要听——一点都不能少。"

然后，他就真的知道了这个悲剧的真相，即他就是那个杀死了自己的父亲，并娶了自己母亲的人。因此，他挖出了自己的眼睛，这个用来看与辨别的器官。最后，他放逐了自己。我认为，放逐这个主题非常重要：他还是一个婴儿时就被放逐了——这是整个悲剧的开端。现在，他放逐了他自己。这一点之所以意义重大，还因为当代人对于被排斥的恐惧。这个放逐的悲剧，这个人与他的同伴隔离的悲剧，与20世纪中期我们当代人的主要心理问题非常接近。

这部戏剧是一部关于看到自己的现实，并面对自己是什么以及自己的根源是什么的悲剧，是一部关于一个人在有意识的自知中知道并面对他自己的命运的悲剧。我们观察到，整部戏剧自始至终所用的动词有知道（knowing）、听到（hearing）、发现（discovering）、看到（seeing）。

让我用我的一个患者所做的一个梦来对此加以论证。这个梦很长，因此只能以截短的形式呈现（尽管我希望能够表述得非常明确）。这是一位聪明的、敏感的30岁女性所做的一个梦，她在她的职业活动和性角色（她曾结过婚，又离婚了，她有非常多的性体验，但是她却从来没有体验过高潮）中都受到了很大的阻碍。她的父母是相当富有的知识分子，从她出生到三岁，他们大部分时间都把这个小女孩遗弃在家，自己跑去欧洲了。她遭受了非常强烈的隔离、焦虑以及敌意这些情感的折磨，在很小的时候，她就学会了为了被他人接受而扮演一些角色。她描述了一种非常明显的、显著的与她父亲的俄狄浦斯式联系，她的父亲现在已经去世了，曾经是一个非常有天赋的、软弱的人，她还一直习惯性地强烈敌视她的母亲。

像一部戏剧一样，这个梦也渐进地发生在三个场景中。在第一个场景中，她在一个牙科医生的办公室遇到了她的前夫，他从欧洲回来，已经结婚了。他前面的两颗牙齿不见了。他将她介绍给他的新妻子还有两个孩子。她意识到，她不可能成为他那种类型的妻子，于是接受并肯定了他现在过着很快乐的婚姻生活这个事实。在梦的第二个场景中，她面对着一些女性站着，感觉自己在扮演着一个男性的角色；然后她又面对着一些男性，扮演着女性的角色。在梦中她自言自语："我一直都试图与众不同。"她将梦中的第三个场景与这些话联系在一起："我与另一个人在一起，与这个男人在一起，我才可能是我自己，那里再也没有其他角色了。我可以成为我的女性自我。这是一种巨大的体验。然后，我发现我自己在往下看一条小溪，而且我体验到了一种巨大的焦虑。我有种感觉，我将不得不跳到这条河里自杀。"

她的内心与这个梦的联系相当明显。第一部分表明她现在能够接受她丈夫的婚姻了，她说，前面两颗不见了的牙齿，指的是她曾经阉割他这个事实（她确实曾经这么做过）。幸运的是，这两颗不见了的牙齿可以补起来。（我认为，牙医的办公室——顺便提一下，这是一个准确无误的对比，不常出现在患者身上——就是她丈夫前去咨询的精神分析学家的办公室。）在梦的第二个部分，她看到自己试着这些角色看是否合适，就好像在对我说："这就是我一生中一直在做的事情。"第三个场景与成为自我这个非常重要的体验相关，带着巨大的宽慰，摆脱了所涉及的那些角色。所有这些就是她在梦中看到的。但是她不能理解的是那种可怕的焦虑，那种她将不得不跳下一条河流自杀的感觉。当我们试图理解这个梦时，我们需要记住，这是一个非常具有建设性的梦，是她在心理治疗中一个根本性的里程碑。它事实上在一些方面预示了一种突破，例如，在她拥有性高潮的能力方面。

那么，到底为什么会出现这种焦虑呢？有人可能会说，她放弃了她的防御，放弃了她从儿童早期开始一直赖以生存的角色，即对她而言一直都具有绝对重要性的角色。还有人可能会说，在例如承认她曾经阉割她丈夫这件事情中，她看穿了关于她自己的合理化与幻觉。但是，在这个梦中还有其他一些事情发生在一个更为根本的水平上。它是一种对命运本身的悲剧性的承认——我从弗洛伊德那里借用了命运这个词，而且现在我是在俄狄浦斯戏剧这个意义上使用这个词的。当一个人能够在他的自我意识中觉察到他是一个有意识的、有责任的存在这样的个体时，就会出现显著的焦虑，这是一种潜在的悲剧性焦虑。我认为，这么说是很公平的，很多（如果不是大部分的话）治疗者在这个点上将倾向于使患者消除疑虑。患者的焦虑显然是关于成为自我的，而这种倾向就可以说："是的，你已经不得不摆脱所有这些角色以及这些你一直用来获得安全感的方法，但是，现在你能够成为你自己了，而且你不再需要为此而感到焦虑。"

相反，我认为，她需要为此而感到焦虑，俄狄浦斯戏剧中所表现出来的悲剧性焦虑恰恰就是成熟的建设性方面。在心理学与精神病学的存在主义取向中，自杀的象征、面对死亡的能力被放到了一个中心的位置。尽管这些事情是生活的一个悲剧性方面，但是它们不是对生活的否定。面对死亡的能力是成长的一个先决条件，是具有自我意识的一个先决条件。在这里，我把性高潮也看作是一个心理学象征。这是一种为了获得更广泛的体验而放弃自我、放弃当前的安全感的体验。性高潮通常作为一种局部的死亡与重生而象征性地出现，并不是偶然，而且这也不应该使我们感到奇怪，即在这个梦之后，这种"放弃自我"、"让自己冒险"的能力应该可以使她体验到性高潮（作为其表现形式之一）。

如果我们更加深入地审视这个梦，我们就会看到其中所包括的一个迷人的神话。尽管梦里第三个场景中的那个人是我自己这一点非常明显（哈德逊河从我纽约办公室的窗外流过），但是与仅仅在和我的关系这个背景中所能描述的相比，还有某些深刻得多的事情。第二个神话是关于掉到水中、被淹没然后重生的神话，这是一个在不同的宗教、不同的文化中都流传的神话——即，洗礼。被淹没是为了重生——这是关于体验真相的积极的综合方面的神话。这个综合的方面也出现在俄狄浦斯的神话中：幸运的是，索福克勒斯写了一部续集《俄狄浦斯在科罗诺斯》，在这部戏剧中，那位老国王反省了他发狂的一生中发生在他身上的所有悲剧性事件。通过这么做，俄狄浦斯体验到了与自我的重新和谐，这种新的统一发生在意识的悲剧性体验之后。

一些读者可能会对“意识的悲剧性体验”这个短语感到不高兴，宁可降低这个短语的音调。我选择使用重音词语，即使它们有会使人产生误解的内涵。如果我们想要从心理学方面探究意识的这个悲剧性方面的含义，那么这个不难描述。第一，它当然包括承认我们所做的事情：“如果我是俄狄浦斯的话，我就会承认我杀死了我的父亲”，也就是说，承认我们对我们可能真正所爱的人的破坏性态度和行为。第二，它意味着承认我们当前这些愤恨与破坏的动机。第三，它意味着戳穿我们对自己的高尚的文饰。在这个点上，我们就达到了一个存在的水平，因为戳穿这些文饰不仅意味着要为“我昨天所做的事情”承担责任，而且意味着要为“我明天的所作所为、感觉和思维”负责。这种态度暗含着另一个推论，即孤独。在我觉察到我就是这个存在、就是这个做出行为的个体、就是那个杀死了父亲或者阉割了她的丈夫的人这个点上，我就站在了一个其他任何人都不会提供支持的点上。无论这个环境是多么的情有可原，这就是我的愤恨、我的破坏，而且在这个点上，人是在一种孤独的状态中与他自己联系在一起的。我是那个唯一能够承担责任的个体。

这种悲剧性的意识还暗含着——而且这是最难的一点——人们要承认这个事实，即他永远都不可能完全地去爱那个他为之倾心的人，总会留有一些破坏性的元素。弗洛伊德在这里所强调的要点具有非常大的重要性。同样的，我们永远都不可能完全知道我们现在所做的决定是否真的是正确的决定，不过，不管怎样，我们还是要做出这个决定。这种风险是自我意识所固有的。我认为，它包含放弃儿童时期的无限权力，象征性地说，我们不再是上帝。但是，我们必须像我们是上帝那样来行动，我们必须像我们的决定是正确的那样来行动。这就是向未来的延伸，它使我们所有的生活成为一种冒险，使所有的体验变得不稳定。

沿着这条线下来，我认为，我们将会发现意识的最为深刻的意义。尽管我们可以无止尽地进行讨论，但是我只是简要地指出这一点。这就是为什么意识的发展与精神病之间存在一种如此密切关系的原因所在。在治疗中，当人们经历了意识的这些突然进化的层级，他们通常就会害怕变成精神病患者。他们将成为自我解释为等同于变为精神病患者。

我想用一些关于治疗目标的实用性评论来结尾。我已经论述的内容暗含了这一点，即焦虑和内疚绝对不完全是负面的现象。它暗指我们一些关于心理健康的普遍假设——例如，心理健康包含不会感到焦虑——是不确切的。关于焦虑与内疚，我们的目标不应该是消除它们（即使我们想要这么做，好像也不能做到），而是帮助人们、我们的患者还有我们自己，来建设性地面对焦虑与内疚。据说，有时候在精神分析的某些点上，一个人必须将焦虑投射到患者的身上，否则，他会在这种温暖的关系中永远感到很舒适。但是，我认为，如果我们一开始就已经冲淡了焦虑，那么我们就只能投射它。我认为，我们的错误在很大程度上在于一种消除焦虑、冲淡焦虑的倾向，而且对于内疚的情感，同样也是如此。而我认为，治疗的功能应该是给人们提供一个背景，在这个背景中，他们能够建设性地面对和体验焦虑与内疚——这个背景是一个与治疗者联系在一起的自身存在的人类世界，一个真实的世界。

如果我区分一下神经症焦虑与正常的焦虑，那么可能就会澄清这些问题。神经症焦虑相对于一个情境中的威胁而言是不恰当的焦虑。它包括向潜意识的压抑。它以症状形成的形式表现出来。它对有机体具有破坏性，而不是建设性的影响。尽管内疚情感这一领域更有争议性，但是我认为同样的标准也适用于内疚这种情感。在很大程度上与我所描述的一样，“正常的”焦虑现在已经为大多数心理学家和精神病学家所接受，但是在正常内疚与神经症内疚情感之间还是有一条“三八线”的。总体而言，我的同事们都不喜欢正常的内疚情感这个概念。

与神经症内疚相比，正常的内疚是一种于情境而言恰当的内疚。那位我引用过她的梦的妇女确实阉割了她的丈夫，也确实伤害了他（当然，他也伤害了她）。在梦中，她已经接受了正常的内疚。第二，并没有出现向潜意识的压抑。这是一个有益于健康的转变——她对她丈夫长时间的内疚仅仅是被压抑在这个想法之下：“噢，他活该，看看他都对我做了什么。”第三，有意识的或正常的内疚并不包括症状形成。例如，它并不包括伪善的症状。被压抑的内疚在非常多的情况下会表现出来，坚持认为某人缺少谦卑、缺乏对其他人开放的能力等。正常的焦虑与承认一个人只能部分地知道真相联系在一起，正常的内疚包括承认一个人所说的话总是部分地歪曲真相。我们只能部分地了解对方，这就是正常的内疚。它帮助我们尽最大的可能互相呈现我们的想法，它还在我们交流的时候给了我们一种谦卑，这使得我们更为敏感、相互更为开放。第四，正常的内疚具有一种建设性的影响。

为了澄清我们关于这一主题的讨论（这个主题最有可能被混淆），我需要说一下，我关于内疚的立场与霍巴特·莫勒是迥然不同的。莫勒早期的观点确实做出了真正的贡献，即现代人之所以“不健康”，不仅是因为从弗洛伊德的意义上说压抑了“本我”，而且还因为对“超我”的压抑。实际上，在我们的文化中，人们压抑他们的良心这个事实是真实且重要的。但是，莫勒的治疗因此而成了一种将超我带回患者的生活中。这就构成了一种新的独裁主义。因为治疗者强化社会的习俗，将其作为内疚情感问题的一种“解决”方式，从长远的观点来看，会使患者在关于他自己以及他的内疚情感之下的冲突方面变得更不具有自主性、更不负责任。在成长中个体的自我意识发展之后，这些冲突就绝不是个体对社会的简单问题，而是具有最大重要性的象征意义。（精神病态者是构成这个观点的一个例外的临床实体。）如果治疗者的主要取向是对社会习俗的强化，那么我认为他是为下一步患者身上出现神经症内疚奠定了基础。[10]

让我们也来澄清一下羞怯与内疚之间的关系。羞怯与内疚之间的关系有点像恐惧与焦虑之间的关系。如果说恐惧是对威胁所做出反应的特定的具体化形式，那么它在本质上就可以作为一个单元而加以研究，加以实验，它能够在觉察的水平上加以描述，并具体化。当特定的外在原因被移除，恐惧就会消失。但是，焦虑是个体体验威胁、体验他不稳定情境之能力的一般的、潜在的共同特征。因此，焦虑必定是总称的术语，而恐惧只能理解成焦虑的一种具体化形式。这种情形不是与羞怯和内疚类似吗？羞怯可以与一个特定的事件联系起来加以理解，比如说，如果我属于强迫性纠错的类型，而且我发错了一个单词的音，那么我就可能会脸红。但是，我们无法理解我的这种脸红，除非我们能够将其与我某种潜层人格联系起来，于是在这样一种情况下，这将会成为一个内疚的问题，而且很可能是一个神经症内疚的问题。在这种阐述中，内疚是一个总称的术语，而羞怯是内疚的具体形式，它可以具体化，并附着于一个特定的社交事件。

我认为，正常的焦虑必须用存在主义的取向来加以论述，这就意味着我们必须考虑体验的所有方面。正常内疚的一个方面在于我与同伴的关系。这是一种我没有开放地与他们生活在一起的状态，马丁·布伯（Martin Buber）曾在这个领域做出了重要的贡献。这就是说，正常的焦虑从概念上讲依赖于一个人是不是一个有同伴的人，是否开放、谦卑、有爱心——如果我们要从那个意义上来使用这个术语的话。正常焦虑的另一个方面是我们与自我的关系中所固有的：我们违背或者实践自己潜能的程度，就是忠实于自我的需要、权力和敏感性。正常的内疚可能出现在体验的所有方面。如果我可以给这个问题作出一个最终阐述的话，那么我会这样来表达我的观点：违背某样对我们的存在而言非常重要的东西还是实践它、实现它，当我们处于这样一个问题的过程当中，我们就陷入了一种焦虑的状态；而当我们觉察到我们已经违背了某样对我们的存在而言非常重要的东西，那么我们就陷入了内疚的状态。神经症内疚——就像神经症焦虑一样——仅仅是没有面对的、受到压抑的正常内疚的最终结果。我们能对这些问题的神经症方面非常确定，因为神经症从本质和定义来看，都是体验的一个截面，但是我们对积极的方面却不能如此的确定。我们所能说的是，一个个体必须开放或者自由地去做所涉及的一切事情，从存在主义的观点看，内疚就必定会实践。

最后，让我来谈一下治疗关系中的会心。能够在与另一个正在遭受巨大的焦虑或内疚，或者是关于即将来临的悲剧性体验的个体的一种真正的关系中坐下来，对我们所有人而言都是表现出了最大的人性。这就是我为什么强调“会心”的重要性，并且使用这个词而不是“关系”这个词的原因所在。我认为关系这个词太过于从心理学的角度来进行分析。会心就是指真正发生的事情，相对于一种关系而言，它所包含的东西要多得多。在这种会心中，我必须能够在某种程度上体验到患者正在体验的东西。我作为治疗者的工作就是对他的世界保持开放。他带着他的世界一起来，而我们要在那里待 50 分钟。学会这么做可能是非常费力的，体验其他人的焦虑可能是极度痛苦的。当一个人别无选择只能实践自己的世界时，体验自己的焦虑就已经够痛苦了。从实际上说，这就是为什么自我治疗如此重要的原因所在。我自己的精神分析当然会帮助我接受患者的焦虑与内疚，而不是试图将这种痛苦搁置在一边，或者是掩盖那些悲剧性的可能性。此外，治疗中的会心要求我们自己必须成为世界之最广泛意义上的人类。这就将我们带到了这样一个点上，我们不再仅仅从心理学的角度、以任何分离的方式来对他进行探讨，而是必须将自我“抛进”治疗的会心之中。这样它就可以帮助我们意识到我们也经历了相似的体验，而且尽管我们现在可能没有陷入其中，但是我们知道它们的含义。这就是人类之崇高与痛苦的一部分，而且我认为，这就是为什么阅读索福克勒斯及其他古代悲剧作家的作品对我们心理治疗者来说具有巨大帮助的原因。

我们在治疗中主要关注的是人类的潜能。治疗的目标就是帮助患者实现他的潜能。实现过程中所获得的欢乐变得比释放能量的快乐更为重要——尽管后者在其自身的背景中显然也有其快乐的方面。治疗的目标不是焦虑的消失，而是从神经症焦虑向正常焦虑的转变，以及承受和使用正常焦虑的能力的发展。患者在治疗之后应该比以前能够承受更大的焦虑，但是这是一种有意识的焦虑，而且他将能够建设性地使用它。治疗的目标也不是内疚情感的消失，而是神经症内疚向正常内疚的转化，以及创造性地使用这种正常内疚的能力的发展。

在这里，我已经提出了一些观点，我意识到这些观点还不是很成熟。不过，对于我让它们悬在那里这个事实，我也不感到内疚。我是有意这么做的。我希望这些观点（而不是呈现简明的答案）像面包中的酵母发酵一样，慢慢地打开其他人的存在心理体验。

注释

[1] 我一直犹豫是否使用“新的”这个词，因为在威廉·詹姆斯以及一些当代心理学家，如罗伯特·麦克劳德（Robert McLeod）、高登·奥尔波特（Gordon Allport）及其他人的研究中呈现过现象学。但是，这里绝不是利用它在心理学与心理治疗中所拥有的重要性与价值。高登·奥尔波特（1955）在莱布尼茨传统与洛克传统之间作了区分。在前者占据统治地位的国家中，现象学成了主要的方法；而在后者处支配地位的国家，如英国、美国，主要的方法却是行为主义的和注重实操的。

[2] Ludwig Binswanger，*Sigmund Freud*：*Reminiscences of a Friendship*，New York，1957.

[3] Ludwig Binswanger，*Being-in-the-World*，translated with an introduction by Jacob Needleman，Basic Books，New York，1963.

[4] Binswanger，*Sigmund Freud*，p. 99.

［5］这一点的含义特别是在心理学中很可能被忽视了。比较：第十四章。

［6］Karl Menninger，*Theory of Psychoanalytic Technique*，New York，1958.

［7］这就是我在其他地方指出自我的概念对于理解人类的意志和决定而言不恰当的原因。比较：我的《爱与意志》，诺顿，纽约（将出版）。我们应该补充一点，弗洛伊德在他的实际治疗与他自己的个人生活中采取了一种不同的观点，不过他在这两方面的行动都依据这一信念，即人类确实具有某种统一性和意志的个人自由。他的一生似乎一直都是在他基于决定论的心理机械模型，和他对生活的存在体验（在这种体验中，我们看到了一个拥有不寻常的坚强意志的个体）这个困境中生活着、思考着。

［8］读者将会注意到，我所作出的是关于有机体在一出生就拥有中心的假设——而不是在后来“自我阶段发展”的某个时候，神经症与精神病——中心的崩溃——是疾病这个事实就已经预先假定了关于中心的假设。

［9］我发现自己在提到关于真的在那里的个体的本体论原则时，使用的是“注意”、“观察”这些词。这些就是我所假定的关于人类有机体作为有机体的原则，是我在我所研究的个体身上具体地观察到的原则。

［10］一场关于莫勒治疗的独裁主义方面的讨论，参见整一期的 *Pastoral Psychology* of Oct. 1965，Vol. 16，No. 157。尤其是参见这一期中的这篇文章：“Psychoanalysts，Mowrer and the Existentialists，” by Donald F. Krill。

第七章 Chapter Seven

心理治疗的现象学取向

太频繁地向人们展示他与畜生是同等的，而没有向他们展示其伟大之处，这是很危险的。太频繁地向他们展示其伟大之处而不向他们展示其卑贱，同样也是很危险的。然而，让他对这两者一无所知却更为危险。但是，同时向他们展示这两者是非常可取的。

——布莱兹·帕斯卡尔：《思想录》

我认为，没有哪一种具体的技术可以被归入“存在的”范畴。我所使用的这个术语“存在的”指的是一种关于人类的态度，以及一套关于人类的预先假定。因此，在这一章中，我将吸收广泛的心理治疗内容，不管是弗洛伊德的、荣格的、沙利文的，还是其他任何流派的。

在一开始，我们就必须承认，我们还没有在现象学与心理治疗之间建造一座完整的桥梁。这座桥的开端已经存在了，斯特劳斯（Straus）以及其他像明可夫斯基（Minkowski）、宾斯旺格这样的现象学精神病学家的非常重要的研究已经存在了，我认为他们的研究在将来的心理治疗中将会越来越重要。还有像比腾代克（Buytendijk）这样的心理学家，以及像梅洛-庞蒂（Merleau-Ponty）这样已经为心理学做出了非常重要贡献的现象学哲学家。

但是，正如宾斯旺格自己最先说的，现象学与心理治疗之间的关系在当前还只是间接的。一方面是纯粹现象学，另一方面是心理学和精神病学，二者之间还需要好几个步骤，这是我们的存在问题所赋予的，而不是因为我们缺乏阐述的能力。当然，我不否认现象学与不同治疗类型之间存在许多相互联系。但是，我认为我们当前整体的任务是建构。人们在纽约的东河上建造一座桥，一头从布鲁克林出发，一头从曼哈顿出发；我们也处于这样一个建造的过程当中，一头从现象学出发，另一头从心理学出发，以求得会合。在这一章中，我想做的是探究这个建造过程中的一些问题，也就是说心理治疗与现象学之关系中的一些问题。

同样，让-保罗·萨特（Jean-Paul Sartre）在他的著作《存在与虚无》的“存在精神分析”这一章中写道，我们仍未准备好阐述一种存在精神分析，得出这个结论多少有些讽刺的意味。关于存在精神分析，甚至是现象学精神分析这两者，我认为他是正确的。顺便提一下，萨特在他的著作中非常重视弗洛伊德、精神分析以及其中所存在的一些问题——这是一种值得我们向其他哲学家推荐的态度，这一点是非常有意义的。

在理解现象学与心理治疗之间的关系时，首先要考虑的问题是，我们要直接面对西格蒙德·弗洛伊德的研究。如果我们试图绕过弗洛伊德，那么我们将会犯一种压制的罪。因为弗洛伊德在治疗中所想、所写以及所做的内容（不管我们是否完全赞同），已经渗透进了我们的整个文化、我们的文学、艺术以及西方人自我解释的几乎所有的其他方面。显然，弗洛伊德对心理学和精神病学的影响超过了20世纪的其他任何人。除非我们直接地、有意识地、坚定地面对他，否则的话，我们关于治疗的讨论将会一直悬在真空中。

而且，我们不能仅仅通过陈述我们对弗洛伊德的不赞同而将他排除在外。25 年前的一个夏天，我在缅因州的一个岛上完成一篇关于心理治疗的论文。我在那里结交的一个朋友——一位我经常跟他一起去游泳、钓鱼的年轻天主教神父，有一天碰巧来我的房间，看到我的书架上有一些弗洛伊德写的书。他马上用 12 句简洁的话语向我解释了为什么弗洛伊德是错误的。因为这发生在新教和天主教神学院开设心理治疗之前，所以我想知道他是否了解这位来自维也纳的大师。所以我问他是否曾阅读过弗洛伊德所写的书。"噢，当然，"他回答说，"我们神学院的每一个人都被要求阅读关于他的一本书。"我认为这是非常开明的，所以我问他书名是什么。他说，书名是《反驳弗洛伊德》(*Freud Refuted*)。

当我阅读这些著作，尤其是那些特殊流派的著作时，我总是会想起这件事：我阅读了大量反驳弗洛伊德的文章和书籍，但是我发现他们没有直接、严肃地面对弗洛伊德本人。

我认为，关于弗洛伊德的问题必须从两个方面结合起来看。首先，我们需要评价和询问一下这些巨大变化的意义，这些变化在很多方面就相当于十足的革命，也就是说，弗洛伊德对西方人关于自我的意象产生了很大的影响。其次，我们需要面对这一事实，即人们有意识地寻求并为之努力的意象——这种意象在很多方面与他的神话都是矛盾的——是不恰当的，必须代之以一种对人性的理解，这种理解对于人作为人的存在而言是恰当的。[1]我认为，我们需要完成的一项任务是对弗洛伊德以及他对西方文化所产生的影响的意义进行一种现象学的分析。在这里，我只能提供一些我个人的评论，即我如何看待这种对人的意象的影响的意义。

首先，弗洛伊德大大地扩展了人类意识的领域。他关于所谓的"无意识"(或者，我更愿意称其为"体验的无意识潜能")的详尽阐述与解释的意义在于，这是一种与维多利亚时期的理性主义和唯意志论的彻底决裂。我将会在后面论述“无意识”的问题。在这里，我只想强调一下，他揭开了人类行为和动机在其中受到比维多利亚时期的理性主义中所包括的那些大得多的、更为深远与有意义的力量所影响、塑造和驱使——而且在神经症案例中，还会受其决定——的巨大领域。他的贡献在于扩大了人类人格的范围，将深层的东西包括了进来，如非理性的、所谓压抑的、不被接受的动机，本能的力量，身体的动机，焦虑，恐惧以及体验中被遗忘的方面，如此等等。

他对“愿望”与“动机”的洞察，以及他对维多利亚时期意志力量的自欺性的揭露，也摧毁了这种过分简单化的道德主义，而我们大多数人在孩提时代吸收的就是这种道德主义。我记得，当我还是一个小孩子在中西部接受教育时，在新年或者任何一个星期日，在教堂，我可以通过被某种一时的兴致打动时所下定的决心来完全决定我自己的命运。这种惊人的骄傲自大真的就相当于我在扮演着上帝的角色。从那时起，我就已经知道了，上帝是以神秘得多的方式来行事的——从宗教方面来说——而且，我自己以及其他人的命运——从心理学方面来讲，相比我们在自由化的、过分开明的西方被引导去相信的——来自于人类内心和心理更为深层的水平。这种对意志力量的维多利亚式的信念真的是满腔热情，致力于操控自然，用铁腕统治自然（就像在工业主义和资本主义中一样），用同样的铁腕统治个体自身的身体，以及用相似的方式来操控个人的自我（这一点不仅在新教的伦理中很明显，而且在我们现在的其他宗教体系中也很明显，尤其是在麦迪逊大街的非宗教伦理中，它们不会由于罪恶感而软化，也不会由于怜悯的原则而变得人性化）。

现在，我们需要削弱这种基于这样一个道德主义意志力量概念之上的对自我的操控。我相信，这是弗洛伊德的伟大贡献之一，通过阐述我们在某个既定的时刻可能意识不到的无限多的愿望、驱力以及其他动机，他使这种意志力量和道德主义成为不可能。从弗洛伊德那个时代起，道德问题一直都没有丢失，而是被置于一个更深刻的水平之上，而那些关于内疚和责任心的问题必须在这个更为深刻的水平上去面对。理解正确的话，弗洛伊德在西方文化中所制造的地震（彻底地撼动了现代西方人的自我写照）暗含了一种可以非常自由的谦卑。

我将会在后面指出我认为弗洛伊德的不恰当性是怎样促成现代西方人个人责任心的削弱的。但是在这里，让我说一下，弗洛伊德的心理决定论中存在着一些我们通常会忽视的奇怪含义，这些含义指出了心理自由的方向。在我的患者身上，我注意到了这样一个奇怪的事实，即他们对我所给出的解释的反应通常不是主要集中于这个解释是否正确，而是更集中于我作出解释这个行为的自由的含义。在我的解释中，患者似乎听到了这样的话："你的问题有比你所意识到的更为深层的根源，你可以站在这个问题的外面，然后处理它。"这使我们想起斯宾诺莎的话："自由是对决定论的承认。"

从这些简短的关于如何可能以及应该采取一种通向弗洛伊德的现象学取向的陈述出发，让我们进一步探索现象学与心理治疗之间的关系。

我们心理治疗者指望现象学给我们提供一条道路来理解人的根本的性质。我们所需要的是具有某种程度普遍性的关于人的规范。不管我们什么时候遇到一个患者，我们都可以预先假定这个问题的某种答案："是什么使得这个存在成了一个人的存在？"我们无法从对疾病的研究中得到这种关于人性的理解，因为很多种类的疾病本身只能通过患者对他自己的人性的歪曲的认识，只能通过他努力实现人性的某些方面所遇到的阻碍，才能理解。

我已经说过对人的“理解”。我也可以说“关于人性的知识”、“概念”或者是“人的意象”。但是，“知识”听起来太静态，“概念”听起来太智力化，而“意象”太艺术。这些术语都不完全恰当。我选择了理解这个术语，从词源学上看是指“站在……之下”，也就是说，一个我们可以在其中与我们的患者进行会心与工作的基本背景。

我将论述心理治疗中三个主要的问题，这些问题论述并例证了这种理解人的根本性质的需要。对每一个问题，我希望能够展示：第一，我们由于缺乏这种理解而陷入的困境；第二，我所理解的现象学是怎样充满希望地为我们提供所需要的规范的；第三，神经症是如何歪曲这些规范的；第四，从我们的心理治疗那里得出的一些含义。

第一，确定健康、疾病以及神经症的问题。在这些领域，我们已经陷入了从疾病和神经症来推断我们正常的、健康的人的意象这个奇怪的处境。那些没有被压垮的人是不会前来寻求帮助的，而我们也倾向于不去感知那种不符合我们的技术的问题。既然我们仅仅根据患者从此不再能适应我们的社会来确定神经症（以及精神病的许多形式），既然我们根据我们的技术来理解疾病，那么我们最终得出的关于人的观点就注定是对我们文化与技术的反映。这不可避免地会导致一种**逐渐空洞**的关于人的观点。当所谓的神经症被治愈时，健康就成了它所遗留下来的一个真空。从精神病的层面上来说，当一个人能够避开约束，并支持他自己，那么我们称其为真空健康。

这种关于健康的空洞观点（其中只有一些关于“成长”、“力比多满足”等含糊的生物学假设）与我们今天的倦怠、毫无激情、情感与精神空虚这种普遍倾向有很大的关系。这种关于健康的空洞观点通常以使存在变得更为令人厌烦为代价，将精神病学、心理学以及其他科学形式拉到了使生命变得越来越有可能和越来越长这一边。从这样一种观点，我们就能够理解为什么我们的患者通常会很奇怪地表现出缺少激情来获得健康，因为他们怀疑神经症比健康更为有趣，而健康可能是通向情感淡漠的高贵的道路，而这种怀疑可能并不是非常不理性的。

这种关于健康的负面的、逐渐空洞的观点——我认为在经典的精神分析以及其他学科中都已经暗含了这一点——将不可避免地导致人们在一种坦率的关于健康的社会—盲从者的定义上摇摆不定。这样，健康的规范就从文化的要求中得出来了。这是像霍妮（Horney）以及我的人际关系学派这样的“文化”学派的歪曲，有时候是真正的错误：他们危险地盘旋在顺从的边缘，下一步就是“组织人”了。我不是说弗洛伊德、霍妮或者沙利文想要这么做。我是说，一个关于人的本质的恰当概念的缺乏，已经使得健康的定义不可避免地变得空洞，并且陷入了真空的漩涡，里面充斥着像“顺应”、“适应”、“使某人的自我与社会的现实保持一致”等这样的冒名顶替者。我认为，这种趋势随着最近心理治疗中“操作性条件作用”形式的出现而以激进的方式增长，这些“操作性条件作用”形式是基于一种坦率的对人的理论的需要的完全否认，这种理论超出了治疗者的假设，即对于所有可能的人来说，他自己以及他的社会所选择的任何目标都是最佳的。

关于我们的健康概念，现象学能如何帮助我们呢？当一个患者走进我的咨询室，坐在我对面的椅子上，我该对他作出什么样的假设呢？我将提供一些对我有用的原则[2]，这些原则我已经涉及过，但是我在这里要进一步地展开讨论。我假定，这个人像所有的存在一样，是以他自己为中心的，对这种中心的攻击，就是对他的存在的攻击。他出现在我办公室这里，是因为这种中心瓦解了，或者是受到不稳定的威胁。因此，神经症不应该被看作是对某个特定理论的偏离，这个理论描述了一个人应该成为什么样子，而恰恰应该把它看作是个体用来保存他自己的中心、他自己的存在的方法。他所表现出来的症状是他缩小他的世界范围以保护他的中心免于受到威胁的方式，这是一种阻挡他的环境的一些方面的方式，这样对于环境中所剩余下来的东西来说，他就可能是恰当的。现在，我们就可以看到为什么说将神经症定义为"顺应失败"是不恰当的了。神经症恰恰就是一种顺应，而顺应的失败也恰恰就是其问题所在。通过一种必要的顺应，中心才能够得以保存，这是一种为了使一些小的存在可以得到保存而接受非存在的方式。神经症，或者是各种类型的疾病，只是这种保存中心的需要发生了歪曲。

现在是指出中心这个概念与胡塞尔的现象学之间的关系的时候了。我很幸运地与我的同事，社会研究新学院（New School for Social Research）的多伦·凯恩斯（Dorian Cairns）教授讨论了这些问题，他是胡塞尔《笛卡尔式的沉思》的翻译者。凯恩斯教授指出，我关于中心的原则与胡塞尔对整合的强调很相似。胡塞尔认为，人身上，以及心理本身，生来就存在着朝向一致性的"驱力"，也就是，想要获得体验的增加以及这种体验的整合的需要。因此，生命不仅仅是一系列随意的、杂乱的事件和观察，而是拥有形式和潜在的意义。心理活动是延伸的。

我想要引用的关于心理治疗需要现象学帮助的第二个问题是咨询室里的两个人，即患者与治疗者之间的关系。根据弗洛伊德自己的评价以及我们后来许多人的评价，移情这个概念以及对移情的描述是他的伟大贡献之一。这种现象，即患者将他先前或现在与父亲、母亲、爱人、小孩的关系带进咨询室中，继续将我们感知为那些人，并以同样的方式来建立他与我们之间的世界，对于治疗来说具有巨大的影响。像弗洛伊德的其他概念一样，移情也大大地扩展了人格的领域与影响，我们生活在他人之中，他人也生活在我们之中。注意一下弗洛伊德的观点，他认为在交媾的每一个动作中都存在有四个人——个人的自我、他的爱人，还要加上他的双亲。一直以来，我个人对这个观点都持有一种矛盾的态度，认为正如我所做的一样，做爱至少应该具有某种私密性。但是更深的含义是，人际网络的相互交织是不可避免的，我们的祖先，就像哈姆雷特的父亲一样，总会带着幽灵般的挑战和诅咒出现在舞台的边缘。弗洛伊德对人们互相之间如此密切地联系在一起的强调，又一次刺穿了许多现代人关于爱和人际关系的幻觉。

但是如果我们仅仅接受移情这个概念，也就是说，没有一个基于人性本身之上的关系规范，那么它就会给我们带来无穷无尽的困难。首先，正如托马斯·萨斯（Thomas Szasz）所认为的，移情对于治疗者来说可能是一种方便的、有用的防御，治疗者可以躲藏在它之后，以保护自己免遭直接的会心所带来的焦虑。其次，移情的概念能够削弱治疗中整体体验和现实感的基础，咨询室中的两个人成了“影子”，而且世界上所有的其他人也成了影子。这会侵蚀患者的责任感，还会使治疗在很大程度上失去患者改变所需的动力。

我们所缺乏的就是一个会心的概念，也只有在会心中，移情才有其真正的意义。移情应该被理解为对会心的歪曲。既然在精神分析中人与人的会心没有规范，而且你—我关系也没有恰当的地位，那么爱的关系就必定会过分简单化，就会被冲淡。弗洛伊德在非常大的程度上深化了我们对爱欲表现其自身的各种强有力的、无处不在的形式的理解。但是性本能（而不是像弗洛伊德所天真地希望的那样回到其自身中）此时摇摆在成为一个需要排解的不合理的化学过程，与成为一种对于在某个晚上不想看电视时的男女来说相对不太重要的消遣之间。

同样，对无私之爱（无私的爱的形式，关注其他人的幸福）本身，我们也没有规范。我们不能将无私之爱理解为派生的，也不能认为它是你在分析完剥削性的、食人的倾向时所剩下的。无私之爱不是性本能的一种升华，相反在持久的温柔与对他人的长期关注方面，它是对性本能的一种超越。而且，正是这种超越，给了性本能本身更丰富、更持久的意义。

存在的取向帮助我们提出这个问题：一个存在如何可能与另一个存在相联系？共在（Mitsein）成为可能，两个人能够交流，能够将对方理解为存在，能够真正地关注他人的幸福与实现，并能够体验到某种真正的信任，在这里人类的本质是什么？这些问题的答案将会告诉我们，什么样的移情是一种歪曲。

现在，当我在关系之中与我的患者坐在一起时，我继续假定的原则是，这个存在像所有存在着的存在一样，有着从他自己的中心伸展出来，参与到他人当中的需要和可能性。在这个人迈出尝试性的，并且常常是延迟的一步，给我打电话预约之前，他就已经在想象中参与到了与我的某种关系之中。他坐在我的等候室里，紧张地抽着烟，现在，他看着我，带着交织在一起的怀疑与希望，他努力地想放开，在内心与那种想要退缩到某个栅栏之后并将我阻止在外的由来已久的倾向作斗争。这种斗争是可以理解的，因为参与总会涉及风险：如果他，或者是任何一个有机体走出去太远，他就会失去他的中心，他的同一性。但是如果他非常害怕失去他自己那冲突着的中心——这个冲突着的中心至少使得他体验中某种部分的整合及意义成为可能——以至于他完全拒绝走出去，而且僵化地阻止自己，使自己生活在狭窄的、缩小的世界空间中，那么他的成长与发展就会受阻。这就是弗洛伊德那个时代常见的神经症模式，也是弗洛伊德在谈到压抑与抑制时所指的含义。抑制是存在与世界的关系，这个存在具有走出去的可能性，但他却非常害怕而不敢这么做，而且，他害怕将会失去太多，当然这与这种情况的事实完全对应。[3]

但是在我们这个崇尚顺从与外部导向的时代，最盛行的神经症模式呈现出相反的形式，即，走出去太远，在对他人的参与和认同中，分散自己的自我，直到自己的存在完全消失。这不再是移情的问题，而是组织人的心理文化现象。在我看来，让我们这个时代的男性或女性最为害怕的不再是阉割，而是排斥，这也是原因之一。我看到一个接一个的患者（尤其是那些来自麦迪逊大街的患者）选择被阉割，也就是说，选择放弃他自己的权力，为的是不被排斥。真正的威胁是，不被他人所接受，被抛出于群体之外，只剩下孤独的一个人。在这种过度的参与中，个人自己的一致性变得不一致，因为它是符合其他某个人的。一个人自己的意义变得毫无意义，因为它是从其他某个人的意义那里借来的。

现在我们来更为具体地谈一下会心的概念，我所说的会心指的是这一事实，即在治疗的时间里，在两个人之间，存在着一种完整的关系，这种关系包含许多不同的层面。一种层面是真实的人的层面：我很高兴看到我的患者（日子不同情况也不同，主要取决于我在头一天晚上睡眠的时间）。我们的见面减少了生理上的孤独，这种孤独是所有人类都具有的。另一个层面是朋友的层面：我们相信——因为我们已经见过许多次——对方对倾听和理解有某种真正的关注。还有一个层面是尊重或无私之爱的层面，即我认为人际世界中所固有的超越自我去关注他人幸福的能力。另一个层面坦白地说是爱欲的。几年前我与克拉拉·汤普森（Clara Thompson）一起做督导时，她曾对我说了让我至今都经常思考的话，她说如果治疗关系中有一个人感觉到了积极的爱欲吸引，那么另外那个人也会有这种感觉。治疗者需要坦诚地面对他自己的爱欲情感，否则，他会（至少在幻想中）将他对患者的需要付诸行动。但是更为重要的是，除非这位治疗者接受将爱欲视为沟通的一种方式，否则的话，他不会去倾听他应该从患者那里听到的东西，而且他将会失去治疗中改变所需要的最具动力性的资源之一。

现在，这个完整的会心在我看来似乎通常具有两种乐器发生共鸣的特性，这个完整的会心可能是我们理解患者最为有用的媒介，也是我们帮助他接受改变的可能性的最有效的工具。如果你弹拨小提琴的一根琴弦，房间中另一把小提琴上相应的琴弦将会用它们自己相应的韵律产生共鸣。当然，这是一个类比：人类身上所发生的事情包括这种现象，但要复杂得多。

人类的会心在某种程度上总是引起欢乐的，同时也是引起焦虑的。我认为，这些效应都源自于这一事实，即与另一个人之间真正的会心总是会动摇我们自我世界的关系：我们被打开了，我们当前舒适的、暂时性的安全感在被提出质疑以前，突然成了试验性的了——我们是让自己冒险抓住这次机会，通过这种新的关系而使自己更为丰富（即使是一个早就认识的朋友或爱人，在这个特定时刻，关系仍然是新的），还是打起精神，匆匆建造起一个栅栏，将另一个人挡在外面，而且不去管他知觉、情感、意图的细微差别？会心一直是一种潜在的创造性体验，通常情况下，紧随它而来的应该是意识的扩展、自我的丰富。（这里，我并没有谈到数量——一次短暂的会面显然可能只能对我们产生轻微的影响，相反，我所指的是体验的质量。）在真正的会心中，两个人都会发生改变，不管这种改变有多微小。荣格（C. G. Jung）已恰当地指出，在有效的治疗中，治疗者和患者两者都会发生改变，除非治疗者愿意接受改变，否则患者也将不会发生改变。

会心的现象还非常需要进行研究，因为所发生的事情几乎比我们每一个人所意识到的都要多得多，这一点非常明显。我提出这个假设，即在治疗中，就算治疗者进行了充分的澄清，如果一个人没有在某种程度上产生某种情感，那么另一个人是不能产生这种情感的。我知道，关于这一点，你将会看到许多例外，但我想提供这个假设来供大家思考和研究。我的假设的一个推论是，在人际世界中必然有某种共鸣，而如果我们感觉不到，其原因在于我们自己的某种阻滞。弗雷达·弗洛姆-理查曼（Frieda Fromm-Reichmann）过去经常说，她说出患者感受——如患者不敢表现出来的焦虑、害怕、爱或愤怒——的最佳工具，是她自己在那个时刻的内在感受。当然，将自我用作一种工具，需要治疗者自己有一种极大的自律。在这里，我不是说要你打开门，然后简单地告诉患者你（即治疗者）的感受是什么，你的情感在很多方面可能是神经症的，而患者在没有进一步承担你的情感前，他自身已经有很多问题了。相反，我是说，在我看来，如果你愿意这么做，自律、自我净化以及在作为一个治疗者的最大能力的程度上对你自己的曲解和神经症倾向进行分类，似乎可以让你在某种程度上将会心体验为一种参与到患者的情感和世界之中的方式。所有这些都需要进一步研究，而且我认为，可以用比我们已经意识到的多得多的方式进行研究。正如我说过的，我相信，在一个人与另一个人的关系之中正在发生着某件事情，它是人际世界所内在的，它比我们通常已经意识到的要复杂、微妙、丰富、强大得多得多。

我一直谈论的这些细微差别至今还没有得到研究的主要原因在于，我们没有会心这个概念。自弗洛伊德起，我们一直有一个关于移情的明确概念，因此，我们对移情进行了各种各样的研究——这些研究告诉了我们很多东西，但却没有告诉我们两个人之间真正发生的事情是什么。对那些认为纯粹的现象学正在遭到心理治疗者的玷污的哲学家，我可以说，我们作为心理治疗者正在试图做到的是获得某种关于人的理解，这种理解将使我们至少能够看到正在发生的事情，然后对它进行研究。我们指望现象学来帮助我们获得这样一个概念是完全有道理的，这个概念将使我们能够感知会心本身，我们至今只感知到这个词的误述，即移情。让我来补充一下，尤其重要的是，我们在职业生涯中并没有屈服于这种通过使其成为移情或反移情的派生物而回避和削弱会心这个概念的倾向。

第三个问题是关于“无意识”的问题。这是一个尤其棘手的与现象学相关的问题。我们所有人都知道无意识的“地下室”理论中内在的各种困难——潜意识这个概念指的是它处于地底下的水平，在那里储存着各种各样的实体。而且我们也知道，潜意识这个概念是怎样地被用作一张空白支票的，各种类型的因果关系的决定论都可以写在它的上面。我的朋友埃尔温·斯特劳斯（Erwin Straus）用一句话绝妙地总结了这种对无意识的负面使用：“患者的各种无意识想法通常就是治疗者有意识的理论。”显然，我们必须抛弃关于无意识的这种“地下室”观点。

但是，萨特以及其他现象学家以任何形式反对无意识的论点，例如逻辑形式的论点，给我留下的印象一直是墨守成规、咬文嚼字的。萨特的论点之一是，弗洛伊德那个应该站在无意识的门口决定哪些想法能够进入意识的稽查者，必须“知道”很多东西，他必须“知道”那些被允许进入意识的东西，还要知道本我所知道的内容。这一点，我接受。但是萨特在这里仅仅描述了事实的一个方面，即实际上，心理的作用方式是复杂的、微妙的。我认同这一点，即我们所意识不到的任何体验都在某种程度上存在于觉察之中，或者至少是潜在地存在于觉察之中。真正的问题是，这一个体为什么不能让他自己“知道他知道这一点”。在我看来，无论如何，弗洛伊德在谈论无意识时所试图描述的关于存在的内容以及这种现象的重要性是毫无疑问的。如果我们将这个假设扔出船外，那么我们将会由于失去人类体验的丰富性和意义而使我们自己变得更为枯竭。

那么，我们将如何应对这个问题呢？在这里，我发现有两个原则对我有帮助，一个与觉察有关，而另一个与意识有关。这两者之间的区别对于我们的问题来说非常关键。我将从觉察开始，根据我关于中心的最初概念，即中心的主体性一面是觉察，来陈述它们。觉察是我们与动物以及自然界中的大部分事物所共有的一种能力。实际上，怀特海（Whitehead）和蒂利希在他们各自的本体论中都坚持认为，觉察是自然界中所有事物的特征，下至分子粒子之间的吸引与排斥。

在我们的患者身上，觉察通常与付诸行动、偏执行为是联系在一起的。也就是说，觉察到而没有意识到，这是可能发生的。我们所有人都知道，聪明的（通常是有强迫倾向的）患者可以花几个小时谈论他非常明确地觉察到的其生活关系中正在发生的事情，但是他却没有体验到这些关系中关于他自己的任何东西。最近，我在一个督导小组中听到了一盘关于一个受到良好教育的男人的谈话磁带，他已经接受了九年的分析，可以非常详细、敏锐地谈论他的妻子在他们的关系中所使用的机制，以及他们两人之间的机制，但是给我留下最深印象的是他完全没有觉察到他自己是这个关系中的另一半。我感觉到我好像身处一个幽灵般的房间，可以听到声音，但却看不到人。缺乏意识的觉察是高度非人化的。

因此，另一条原则不仅是相关的，而且是必需的。我对它作了如下的陈述：意识是人类所特有的觉察形式——尤其是指人类不仅知道某件事情，而且知道我知道这件事情，也就是说，将自我体验为与客体联系在一起的主体，或者是将自我体验为与你联系在一起的我这种能力。我发现埃尔温·斯特劳斯的研究，如这篇恒久的论文《直立的姿势》（The Upright Posture），对于觉察与意识之间的区别来说是中肯的、基础性的。用四条腿来走路的动物，如我们家那只中国种的狗，在很多方面都比我拥有多得多的觉察。它可以通过嗅觉和听觉对很远的地方有所警觉，这总是让我感到无尽惊奇，使得我感觉从进化论的观点来看，我们人类真的是拙劣的样本。在我们家农场，这条狗能够检查远道而来的要进入大门的其他动物或人，而且作为一条中国种的狗，它假设那些不属于我们家人的东西理所当然应该被消灭，不需要啰嗦。

但是，当人类用两条腿站了起来，直立地站着，看着周围的一切，他不能感觉远方，而是觉察到了他自己与这个世界之间的距离。我认为这种距离与意识有相互联系。普列斯纳（Plessner）博士的论文《关于人类的表达》（On Human Expression）在很大程度上论述了这一点的意义。[4]《人，质疑的存在》（Man，the Questioning Being）[5]也论述了同样的现象。如果没有觉察到我们与这个世界之间的距离，我们就不能质疑。质疑暗含着这一点，即我们站在了与实际的某种重要的关系之中，因此它是意识的一种独特的表达。

现在，让我们回到这个关于无意识的问题。我们将怎样来解释这种在梦中非常丰富、明显，在我们的患者以及我们自己的整个情感和行为范围中非常重要地存在的无意识现象呢？一开始，我们必须重新界定这个概念。我们不能说**这个**无意识，因为它绝对不是某个点。我们也不能从实体的意义上说事情是无意识的，事情不会受到压抑，而心理过程与潜能会受到压抑。我提出如下这样一个定义：无意识体验是个体不能或不会实现的行为潜能和觉察。不过，这些潜能可以在身体方面得以实现，正如弗洛伊德非常清楚地知道的，否认性欲望与潜能就是躯体症状的表现。但是重要的一点是，个体将不会或者不能让他自己意识到这种欲望。

正如我在上面已经指出的，对觉察和意识进行区分是非常重要的。患者很可能在体验的某种水平上已经“觉察”到了某件事情，只是它被否认了因此他对此无意识。因此当他说“我一直都知道这件事情”，他的论点是正确的。但是，他的用词错了：他很可能已经觉察到了这种被压抑的体验，但是他不能让他自己知道他知道这件事情。

我认为，当萨特说那位稽查者一直都知道这件事情时他所谈论的是觉察，而不是意识。我们应该在“意识”的基础上来理解“无意识”这个概念，并且将它理解成是从“意识”派生而来的，而不应该像进化论思想家所倾向于去做的那样用其他的方法来进行理解。如果有人想要用进化论的术语来谈论，那么他应该说，意识以及否认它的能力，即无意识，是从一种没有分化的觉察中产生的。无意识是一种关于意识的无限的、变化多端的形式的描述。

现在，人们通常认为，现象学，尤其是胡塞尔式的现象学，仅仅与意识有关。这是不完全正确的。在与我讨论时，凯恩斯教授陈述了他的观点，即胡塞尔通过将自己限制在关于意识的描述中，“似乎”为无意识留出了一片天地。这个也是凯恩斯教授的观点，即我对无意识所做的重新定义至少在某种程度上与他所理解的胡塞尔的现象学是一致的。

这种关于无意识体验的分析对于治疗而言是有重大影响的。据弗洛伊德所说，这种分析的任务是使得无意识变为有意识的。而我将提出，治疗者的任务是帮助患者将觉察转变成为意识。这一过程包括我所描述为无意识的所有潜能，但是它们在某种程度上存在于觉察之中，或者至少潜在地存在于觉察之中。意识包括这种体验："我是拥有这个世界的个体，而且我正在这个世界中做着某件事情。"这就暗含了对世界"作出反应"的责任。

因此，在将觉察转变成为意识的过程中，我们要有一种改变的动力，即提高患者意识和体验的范围，这是患者自身存在中所固有的。这种改变与实现的冲动与动机并非必须通过维多利亚式的意志论，通过条件作用，或者是通过现代遵奉者的教化而从外界引入，它直接来自于患者自身的存在以及他实现那种存在的需要。

注释

［1］弗洛伊德一直都在描绘的神话（如俄狄浦斯神话），以及他一直都准备着通过神话来进行**思考**的能力和勇气，使他的决定论避免了完全机械化的含义。他所寻求的人的意象——即，一种符合19世纪自然科学的决定论范畴的意象——他从来都没有成功地获得，因为他的神话总是闯出来，给意象带来新的维度。（相似的情况也发生在另一个不同的背景中，当时柏拉图试图从逻辑上来思考人类，在逻辑范畴的终端，柏拉图的思维到达一个神话的顶点。）但是，当弗洛伊德主义跨越了大西洋，神话是最先被扔出船外的东西。因此，在美国，弗洛伊德主义的机械论和决定论成了一个比欧洲更为困难、荒谬的问题，它一方面成了行为主义的同伴，另一方面又成了逻辑实证主义的同伴。

［2］我采用保罗·蒂利希的说法，称这些原则是本体论的，我很感谢关于它们的哲学阐述。这一段是对我先前一篇论文的一个部分的重新叙述，在那篇论文中，我做出了更为详细的尝试来

得出这些原则。“Existential Bases of Psychotherapy,” in *Existential Psychology*, edited by Rollo May, Random House, New York, 1961.

[3] 患者会说：“如果我爱某个人，我所拥有的一切将会像水流出河流一样流出来，而且什么都不能剩下了。”我认为，这是一种非常确切的关于移情的陈述。也就是说，如果一个人的爱不是某种独立的东西，那么它显然将会枯竭，正如弗洛伊德所说，整个问题就在于一种经济学上的平衡。

[4] Helmuth Plessner, “On Human Expression,” in Erwin Straus ed., *Phenomenology: Pure and Applied*, Duquesne University Press, Pittsburgh, 1964.

[5] Erwin Straus, *Phenomenological Psychology*, Basic Books, New York, 1966.

第八章 Chapter Eight

存在治疗与美国社会

自由的人们承认了这个世界的筋疲力尽，
在行星上，在太空
他们寻求如此众多的新鲜的事物……
它完全成了碎片，所有一致的东西都不见了；
所有一切都仅仅是供给，所有一切都是关系：
君主、臣民、圣父、圣子都成了被遗忘的东西，
因为每一个人都独自认为他不得不
成为不死鸟——

——约翰·多恩（1573—1631）：《世界剖析》，
见《一周年》

一陈述存在分析与美国社会这个话题，我们所面临的一种自相矛盾的观点就会导致我们产生问题。一方面，存在分析与美国人性格中所潜在的特质有着许多非常深远的、重要的密切联系。但是，美国心理学与精神病学却一直对此明显地表现出模棱两可的态度。在询问导致这种奇怪的矛盾现象产生的原因时，我们不应该躲在这个事实的背后，即直到六年前，在美国（或者在英国）才可以看到这些存在精神病学家以及心理学家的基本著作的译作，因为译作随着兴趣而来，而不是兴趣随着译作而来。

在这一章中，第一，我想要说明存在心理治疗的一些主要原则与美国人性格和思维中潜在的特质之间的关系。第二，我想要指出美国社会中使得这个自相矛盾的观点清楚明白地显现出来的一些方面。这个自相矛盾的观点就是尽管我们在某些方面是非常存在主义的个体，但是我们却对存在主义感到怀疑。第三，我想要强调一下存在分析中的一些元素，我们当中有一些人发现这些元素在我们的心理治疗中具有特别的意义。第四，我打算引用美国心理治疗者提出的一些未解决的问题和一些对存在分析的批判。

一个贯穿于整个存在取向的中心要点，即对行而后知的强调，与美国人的思维尤其相似。克尔凯郭尔宣称："只有当个体自己在行动中创造真理的时候，真理才会存在。"这些话在我们当中那些在美国实用主义传统中长大的人听来是一种非常熟悉的音调。保罗·蒂利希，一位代表存在主义思想一个方面的哲学家，在他的著作《存在的勇气》[1]中绝妙地表达了大量美国人身上所潜在的存在主义态度。在他的一篇关于存在哲学的经典文章中，蒂利希写道：

> 像威廉·詹姆斯（William James）、约翰·杜威（John Dewey）这些美国哲学家一样，这些存在主义的哲学家将"理性主义"思维的结论，诉诸人们在其真实的生活中所即时体验到的现实，这种"理性主义"思维将现实等同于思维的客体，等同于关系或"本质"。因此，他们取代了所有那些将人的即时体验看作是比人们的认知体验更完整地揭示了现实的本质和特质的人。[2]

在美国人的思维和态度中非常重要的另外一点是，为了其自身的目的而对抽象的范畴和理论化表示出不信任，克尔凯郭尔以及对主体—客体两分法的否定，就非常强烈地表现了这样一种不信任。

尤其是如果阅读威廉·詹姆斯的著作，就会发现他与存在主义思想家有惊人的密切关系。除了上面引用的那些论点以外，詹姆斯还表现出了一种对体验之即时性的热情洋溢的强调。他坚持认为，任何人都不能通过坐在一张孤立的扶手椅上知道真理，而只有在体验中才可以，这种体验包括意志，这就是说，个人的自我决策通常情况下是真理的一个必需的开端。尼采坚持认为真理是一个生物群体实现其自身的方式，威廉·詹姆斯的认识论在意志到力量这个部分与尼采有惊人的相似之处。最后，威廉·詹姆斯有一种巨大的人性，通过他自己作为人的宽广胸襟，他将艺术、宗教带进了他的思维之中，而没有牺牲任何的科学完整性。世纪之交，心理学一方面迷失在扶手椅之中变得哲学化，另一方面迷失在生理心理实验室的细节之中，他几乎是单枪匹马地拯救了美国的心理学。在很多方面，他都是最为典型的美国思想家。

但是，对我们上面所讨论的发生于两次世界大战之间这个时期的美国大学中的同一个自相矛盾的观点，威廉·詹姆斯通常不予考虑，还带着轻微的蔑视。在过去的30年中，心理学和精神病学基本上已经变成行为主义、实证主义的了。詹姆斯代表了在美国仅仅是在意识表面之下的潜在态度，现在在我们的大学中出现了一种对他以及对他作为一个思想家之伟大重要性的兴趣的复兴，这是具有非常深远的意义的。以同样的方式，在美国对存在分析的兴趣也一直是潜在的、受到压抑的，而且仅仅是被压抑在美国人思维的意识表面之下。

这个自相矛盾的观点的根源是什么呢？我邀请你跟我一起看

一下在我们的美国社会中使得这种自相矛盾的观点清楚明白地显现出来的特定困境。西方人对机械方法的专注以及他们对技术的神化，尤其重重地打在了美国身上，而且在一些方面，我们的冲突反映了西方人最为关键、奇特的困境。

我认为，理解美国人性格的最佳方式是通过边疆这个象征。实际上，我们大多数人都仅仅是从边疆过来的、这个州真正的开拓者的第一代、第二代。而且像移民家庭的小孩一样，即使我们不是在地理意义上的边疆长大的，我们也还仅仅是经济或教育意义上的边疆的第一代。在边疆强调实践，即你能够清理你自己的土地，能够建造你自己的房子是非常必需的。个体的自力更生是最为重要的，因为个体以及他们的家人经常不得不在大草原和森林中与世隔绝的地方单独生活。我们很容易看到，对于这些身体被隔离的人们来说，主体性与内省是怎样成为一种真正的威胁，以及他们是怎样为了逃避崩溃而彻底地压抑他们的主体性的。因此，我们对为了其自身的目的而做出的理论化、抽象的思辨或理智化感到怀疑。

而且，边疆一直都是变动的，总是有某个地方是水平地发展的。在欧洲，个体不需要垂直地进入他自己的体验，与欧洲对时间感兴趣形成对照，在美国，更多的强调是放在空间和空间的范畴之上的。美国人在换工作方面所表现出的勇气——社会学家称其为经济能动性——根本就不能理解成仅仅是极度的实利主义，或者仅仅是一种对于经济利益的追求：它显示出了一种在物质与精神这两极之间的自力更生的中间道路。正如保罗·蒂利希所指出的，有勇气让自己冒险，以及将个人的命运掌握在自己的手中，是一种精神上的态度。这与美国人的信念是联系在一起的，即每一个人都能够改变他的生活，有时候我们称其为“乐观的存在主义”。因此，在美国，人们非常关注于帮助别人解决问题。婚姻诊所、调解中心的广泛蔓延，以及心理治疗的普遍流行，都部分地与这种信念联系在一起，即每一个人都应该能够变成某种新的样子。

难道这个问题不是富于成效的吗？我们强调实用的理性主义与实践控制，我们行为主义的思维方式，难道不是一种对在100年前边疆地区社会中大多数人身上都存在的非理性元素的防御吗？这些非理性的元素总是突然出现，通常会使我们感到非常困窘——从19世纪情感运动的燎原烈火般的复兴，到三K党以及反理性运动本身。我们大量的心理学研究都可以被看作是为控制这种非理性而做出的努力。

但是，我认为，关于我们对“行为”的全神贯注，在这里要特别提一下。我们关于人的科学被称为“行为科学”，美国心理学会的全国性电视节目被称为“行为之声”，而我们对西方心理学发展主要的、最为广泛的、创造性的贡献也是行为主义。实际上，我们社会中的所有人在小时候总是会一直听到：“规矩点！……规矩，规矩！”我们对行为的强调不也是我们边疆居民的清教主义所遗留下来的吗？这种在我们遗传下来的道德清教主义与我们在关于人的研究中对行为的专注之间存在着密切关系的假设，绝不是荒谬的，而且对这一论题的研究能够得出一些有趣的结果。我当然完全觉察到了这种论点，即我们之所以不得不研究行为，是因为只有在行为那里，我们才能得到各种类型的客观性。但是，这在很大程度上难道不是由我们特定的历史时期决定，并且上升到了一种科学原则水平的狭隘偏见吗？

美国人性格中的边疆美德也给他们带来了严重的危险，而且在这里，那种关于对存在主义态度的抑制这种自相矛盾的观点变得更为清晰。因为对“实践”和空间能动性的强调导致了对技术的过分强调，将技术尊崇为一种控制自然的机械方式，因此也就导致了这个推论，即需要将人类的人格看作是一种与自然界的其他事物一样可以控制的客体。在这个点上，西方人特有的悲剧在美国尤其付出了惨痛的代价。由于相信技术可以成为一种有效的缓解焦虑的方法，我们很可能主要采用这种方法来对当代西方社会中的悲惨情境所导致的心烦意乱做出反应。这种相信还伴随着疯狂的希望（尽管是幻觉），即只要我们能够找到正确的技术，那么不管怎样，我们就无需面对当前的世界困境所导致的压倒性的焦虑了。

上面所引用的那些美德同样也导致了一种对人性的过分乐观主义，这种乐观主义可以理解地（尽管是不幸地）与对技术的信念结合在了一起。在美国，我们的严重危险之一是这种倾向，即相信技术在本质上可以改变人，而且只要他找到正确的方法，任何人都可以改变。这种信念通常可以用作勇气的替代物，让人在内心面对个人自己的存在（不仅是快乐的可能性，而且还有它悲剧性的一面）。去行动（to do）通常比去成为（to be）更为容易，而且可以更快地缓解焦虑。

还有一个源自于这个事实的问题是，在边疆，每一个人都是从零开始的。从理论上，每一个人都在建构他自己的历史。因此，我们有缺失历史感，和缺失关于存在中的时间的更为深层的体验的倾向。但是，在我看来，最为严重的是，我们缺乏人类体验中的悲剧感。

加百利·马瑟尔（Gabriel Marcel）曾说过，现代西方人的特征是他对本体感的压抑，他逃开了那种对他自身存在的觉察。马瑟尔恰当地指出，正是这种对本体的压抑，而不是对本能的压抑，成了现代西方人神经症最为深层的基础。例如，这种对本体感的压抑，就是我们用这个多少有些模糊的短语“作为一个人的丧失”所真正要表达的含义，并且成了我们今天大量的盲从运动，以及走向个体自我意识丧失这种倾向的理由。许多美国人都深切地关注这种对本体感的压抑，因为我们的好运本身使得我们特别容易遭受这种丧失。我们大量的资源与地理位置使得我们能够避免对存在的悲剧性打击，这种打击已经迫使欧洲的各族人民考虑他们是否希望存在的本体论，而且已经迫使他们直接地面对焦虑、死亡以及生命中其他的存在困境。

现在，我们来到了一个关键点，正是在这个点上，美国发生了一个意义非常重大的改变。在美国人的思维中，出现了一种强烈的态度，我将称其为“对本体论的渴求”。这在20世纪50年代宗教的广泛复兴中表现出了其流行的形式。但是，它也在美国科学家和各种类型的文化领导者所询问的关于存在的意义这个问题中表现出来。关于宗教的复兴，就我个人而言，由于其盲从者的特性而对它感到严重的怀疑。但是，对精神病学家、心理学家以及其他研究人类存在意义的知识分子中所产生的新的关注的意义，没有人感到怀疑。尽管我怀疑在美国精神病学与心理学中对实证主义的强调在即将来临的这一段时间将会占据统治地位，但是有清楚的迹象表明，这种对存在的强调像面包中的酵母、酵粉一样，将会产生深远的影响。

因此，我们发现了存在精神病学与心理学中具有特殊价值和重要性的一些特定方面。第一，他们激昂地坚持主张，人不应该仅仅被当作是人类的自然（homo naturans），甚至在科学中也是这样，而且他们还坚持主张，人性的独特状态是我们特别关注的东西——这一要点在宾斯旺格的研究中是非常重要的。第二，突破了我们现代情境的“认识论孤独”，并且削弱了西方狭隘的、过时的因果关系——这是明可夫斯基和萨特的现象学优雅地、明确地做出的一种现象学贡献。第三，他们强调，每一种心理治疗都是以哲学假设为基础的，而且只有模糊这些假设才会导致危害和混淆。我认同齐尔伯格（Zilboorg）反对将心理治疗过于密切地固定于任何特定哲学的告诫。但是，在我的观点中，关键的一点与齐尔伯格的观点是不同的。我的论点是，大多数的心理治疗流派根本一直都没有承认他们需要任何的哲学——他们只是需要“客观地看待事实”，充满喜悦地忽略了，正是这个看待事实的过程涉及了非常根本的、深远的哲学假设。澄清精神分析的动力所依据的本体论基础是非常必要的。我不能过分强调这项事业的重要性，因为我认为像移情、抗拒等等这样的动力，都悬在半空中，除了把它们当作其本体论基础来加以理解（例如，在人的情境中，就是作为人），否则它们不能拥有持久的意义。[3]

而且，我认为，存在的取向能够，而且也应该在对患者的实际治疗中产生深刻的、深远的影响，尽管这种贡献到现在为止还没有得到恰当的发展。存在取向应该打破很多传统心理治疗的人为性，并将现实的更具有动力的意义带进这一过程中。那么，心理治疗就将不再是狭隘意义上的治疗，而将成为一种以即时的、完美的形式出现的与个人自己的存在的会心。例如，这种新动力的一个具体方面可以从这条原则中看出，即决定先于洞见和知识。过去人们一直认为，当一个患者获得了足够的洞见，他就可以做出正确的决定。现在，我们看到这仅仅是一种只有部分真实性的欺人的陈述，而且它会导致患者放弃他自己的存在。真理的另一半，并且是完全必要的一半是，患者将永远都不能获得洞见，永远都不能看到真理，除非他已经准备好做出关于他自己的存在的决定。治疗者与患者之间个人关系的重要性，不仅仅在于它给了患者一个新的——而且现在看来是好的——父亲或者母亲，而且更为根本的是，它给了患者一个新的以稳定的关注为特征的个人世界，在这个世界中，他变得能够为他自己的存在决定性地选择一个方向。

而且，对存在的强调改变了治疗的目标。现在，我们不再受到“适应”这个普遍存在的观念的诱惑，“适应”这个词在我们的社会中通常可以被当作是一味顺从、真正丧失个人自身存在的代名词。相反，现在的目标是充分地面对个人自身的存在，即使他可能因此而变得比以前更不能适应社会，即使他很可能会产生比以前更多的有意识的焦虑，也就是正常的关于存在的焦虑。这种目标的改变使得我们能够研究生命中最为重要的关系，即正常的焦虑、内疚、欢乐、爱与创造力，这些关系在此前的治疗中仅仅处于一种模糊的位置。

现在，我想要引用一些给我留下了印象的问题和批判。第一个与许多存在精神病学和现象学精神病学对所谓的“无意识”的否认有关。我打算适当地谴责我们许多的存在主义同事，尤其是在欧洲的那些同事，他们在研究“无意识”时成了非存在的了。正如我们已经看到的，现在，无意识这个概念在精神分析中确实已经臭名昭著地促成了这种朝向过分简单化的机械因果关系的倾向。但是，我们对此的反应不应该是引导我们去否认，而是给这种由无意识这个概念所代表的体验的更为深层、更为巨大的领域一种新的阐述。治疗者与患者经常会谈到某件在患者的无意识中“导致”这个或那个症状或行为的事情。这是关于无意识体验的“地下室”观点，当然应该加以抵制。

但是弗洛伊德关于无意识的阐述的真正历史意义具有一种相

当不同的重要性。其最大的意义在于扩大了人格的维度，打破了维多利亚时期人们那种狭隘的理性主义和唯意志论。无意识体验的观念赋予人格一种深度维度，而这是维多利亚时期的文化试图否认的，我们通常称这些深层的东西是与人的许多悲剧性潜能密切地联系在一起的非理性的、原始的、被压抑的或者是被遗忘的观念、冲动以及人格的其他方面。在18世纪的存在主义思想家如叔本华和尼采那里，以及在爱德华·冯·哈特曼（Eduard von Hartmann，弗洛伊德曾阅读过他的著作）那里，这个维度就是无意识这个概念出现的历史意义。尽管弗洛伊德自己以一种空头支票的、过分简单化的方式错误地使用了这个概念，但是他真正的才能在这个术语更为宽泛的含义中表现出来了，即从根本上扩大了人格的深度维度。在我看来，许多存在主义的、现象学的学者反对“无意识”的论点本身太过于墨守成规，只用语言的逻辑进行论述，没有吸收这个术语的动力的、存在的意义。是的，谈起**这个**无意识、**这个**前意识或下意识一直是不确切的：它们从来都不是某些点。但是我们必须能够将无意识体验包括进来。这是一个还没有得到恰当研究的问题。我期待着（尽管听起来有些矛盾），有人能够为我们贡献出一种关于无意识体验的现象学。

第二个问题是很多存在分析对发生的维度重视不够。我完全觉察到了精神分析中对发生学方面的因果关系的滥用，表现在说一个患者之所以做某件事情是因为小的时候在他身上发生了这样的或那样的事情的倾向中。我们变得非常感兴趣于立即问为什么一个人会以这样或那样的方式来做出行为，以至于我们从来都不能理解他正在做什么，这是一种真正的危险，尤其是在美国。当然这种过分简单化的因果关系阻碍了对患者的真正理解。不过，我们不能怀疑儿童早期体验的巨大构成力量。这样的体验不是以过分简单化的方式构成原因的，相反，它们具有一种典型的力量，这种力量会在以后以象征的形式表现出来，它们是阿德勒（Adler）所称的“生活风格”的构成力量。我有一个很有名望的同事最近评论说，现象学存在着一种危险，它可能会变得仅仅只有两维。如果没有历史发生这个维度，如果找不到一种在不同于过去因果关系的基础之上将儿童期体验的丰富性和动力性引进来的方式，那么我们就不能充分地看到一个个体的存在，这一点难道不是很明显吗？

我的同事们所提出的第三个问题是，某些欧洲的存在精神病学著作缺乏治疗学的兴趣。在这里我可能会由于美国人对应用科学的专注这种古老的兴趣，即我们想要改变所有人，而受到谴责。我不会为我们关注于帮助所有遭受痛苦的人而道歉，尽管这有时候看起来有些不切实际。不过，我在这里的观点不只这一点。因为你永远都不能在另一个人的真实存在中理解他，除非你在他试图变成某种样子的过程中的每一个时刻都看着他。正如克尔凯郭尔所坚持认为的，他的自我仅仅是他处于生成过程之中的某个东西。道德成长与变化是生活体验中一个一直存在的方面——而一个人对这种道德改变的否认仅仅是从另一个角度证明了它。而且，我们发现人们只有在关键的情境中才会暴露，任何人都不愿意经受暴露他的心理和精神痛苦中最为深层的方面所带来的极度痛苦，除非他有某种希望可以获得帮助找到方法来战胜他的这种极度痛苦。我认为，心理学与精神病学是两门无法知道它们的材料——即人——的科学，除非它们被定向为直接地或间接地帮助这些人。

注释

[1] Paul Tillich, *The Courage to Be*, Yale University Press, New Haven, 1952.

[2] Tillich, "Existential Philosophy," *Journal of the History of Ideas*, 5: 1, 44-70, 1944. 我当然不是说美国的实用主义等同于存在主义。我只是说，它们所强调的一些要点是相同的，如对主体—客体两分法的抵制，对将逻辑范畴等同于真理的否定，等等。

[3] 我们在第七章中已经做出了一次努力。

第九章 Chapter Nine

让-保罗·萨特与精神分析

俄瑞斯忒斯：让我灭亡吧！让岩石辱骂我，让鲜花由于我的来到而枯萎。你的整个宇宙都不够证明我是错的。你是神之王，是岩石与星星的君主，是大海中海浪的统治者。但是，你不是人类的统治者。

宙斯：放肆的小子！你是说我不是你的王？那么，是谁创造了你？

俄瑞斯忒斯：你。但是你犯了大错，你不应该给我自由。

——让-保罗·萨特：《苍蝇》

关于萨特的研究，我有两种反差极大的观点。一种是我们需要真正认真地将他的思想看作是在我们这个时代为现代西方人在哲学、心理学与文学方面的自我阐释做出了毫无疑问的重要贡献的思想之一。我的另一种信念是，萨特的一些基本原则根本就是错误的。而且在我看来，同时考虑这两种观点似乎也是大学生以及其他有思想的现代人研究萨特的最具建设性、最富有成效的方法。

当然，要正确评价萨特的贡献，我们必须先将他从双叟咖啡馆的极端主义者以及塞纳河与哈德逊河的左岸对其观点所做的肤浅的阐释中分离出来。确实，是萨特自己肤浅的、不顾后果的话语引来了这样的曲解，比如《存在精神分析》第三章结尾的那句话——“人是一种无用的激情。”但是在这里，“无用的”可以被理解成“没有被使用”的含义。在他一些术语的虚无主义含义背后，确实存在着萨特充满激情地、恒久地坚持的观点，即人类不是一种可以被使用的客体（不管是上帝，是精神病学，还是心理学都不可以），现代工业主义的庞大计算机也不能操纵他，他也不能被大众传播工具塑造成一种机械的、被动的消费者。

人也不能被用作一种心理机器来对他自己的自我进行操纵，或者通过诺曼·文森特·皮尔（Norman Vincent Peale）的“积极思维”而把自我调整为或塑造为一个组织人以在麦迪逊大街获得成功。正如黑兹尔·巴恩斯（Hazel Barnes）小姐在她翻译萨特著作的引言中所写到的，人不是一种被强迫成为“现代社会所要求的角色的客体——只能成为一个服务员、一个售票员或者是一位母亲，只能成为一个雇主或者是一个工人”[1]。她继续恰当地说：“在我看来，萨特存在主义的这个方面是他最为积极、最为重要的贡献之一——这是一种让现代人重新寻找自我，并且拒绝被舞台上一部木偶戏中某个角色同化的尝试。”

从前面所写的这么多页的内容中，读者会发现，萨特对同时代的心理学进行了尖锐的攻击，这种心理学将人看作是一种可以进行条件作用的客体，或者坚持认为“个体仅仅是通用图式的交叉”[2]。萨特写道，如果我们“认为人类能够分析，能够被还原成原始的数据，能够由驱力（或者‘欲望’）决定，能够被主体证实为具有一个客体的特质”，那么我们实际上可能最终得到一种让人印象深刻的关于物质的体系，对这样一种体系，我们可以因此而称其为机制、物力论或模式。但是我们不可避免地会发现自己面临着一个困境。我们人类已经变成了“一种不确定的肉体，他不得不被动地接受［欲望］——或者他将会被还原成一堆简单的不能削减的驱力或倾向。在这两种情况下，人都消失了，我们再也找不到这种或那种体验发生在其身上的‘那个人’”[3]。

因此，萨特给我们呈现了一种非常有力的关于人类自由与个体责任的论述。他以各种不同的形式一次又一次地宣称：“我是我的选择。”在他的戏剧中，他不断地、强有力地声明这条原则：俄瑞斯忒斯，《苍蝇》中的主要角色，在反抗那个操纵人的、浅薄的宙斯时喊道：“我是我的自由！”俄瑞斯忒斯没有因为宙斯提醒他说尾随自由的人的步伐的将是由于巨大的绝望与焦虑而感到畏惧，他喊道：“人类的生活就是从绝望的遥远一侧开始的！”他将自由看作是使一个人成为人类的重要的、独特的潜能，萨特给出了关于现代存在主义的最为激进的论点。

但是，同样正确的是，这种萨特式的人会变成一种孤独的、单个的个体，他站在单独一个人反抗上帝和社会的基点之上。萨特那句著名的话为这条原则提供了哲学基础：“自由是存在，而且在自由中，存在先于本质。”这就是说，将不会有本质——没有真理，没有现实的结构，也没有逻辑的形式，没有标识语，没有上帝，也没有任何的道德——除非人能够肯定他的自由，才能够使得这些成为真实。

在我看来，这一点促使我们对萨特思想进行最根本的批判。我想用保罗·蒂利希的话来呈现这种批判，保罗·蒂利希带着平衡的智慧来看待现在存在主义运动的意义，这其中也包括萨特的观点：

> 与这种情境形成对照……在第二次世界大战之后，当时

大部分人都将存在主义等同于萨特，现在在美国这已经成了常识，即在西方思想史上，存在主义开始于17世纪的帕斯卡尔，在18世纪拥有一段隐蔽的历史，在19世纪拥有一段革命的历史，然后在20世纪取得了一个惊人的胜利。存在主义已经成了我们这个时期生活中所有领域的风格。甚至连分析哲学家也通过退回到规范的问题，而将实质性问题的领域留给了艺术与文学领域的存在主义者，称赞了存在主义。

然而，在这种不朽的发展中，却仅有极少的时刻达到了一种几乎纯粹的存在主义。一个例子就是萨特关于人的学说。我要提一句话，在这句话中，本质先于存在论与存在主义的整个问题暴露了出来，他那句著名的话就是：人的本质就是他的存在。这句话的含义就是，人是一种没有本质可以肯定的存在，因为这样一种本质将会引入一种恒久不变的元素，这与人不确定地转化他自己的能力是相矛盾的。在萨特看来，人的现状是由他的行为导致的。

但是，如果问他的论述是否（与他的意图是相违背的）提供了一种关于人的本质的论断，我们当然必须肯定地说，是的。人类的特殊本质在于他具有创造自己的能力。而如果进一步地提出这样一种能力如何成为可能以及它如何必须加以结构化这个问题，要回答它的话，我们就需要一种发展得很充分的本质先于存在论的学说，我们必须了解他的身体、他的心理，简而言之，我们必须了解那些几千年来一些用本质先于存在论的术语进行讨论的问题。

只有在一种关于自由的本质先于存在论学说的基础之上，萨特的论述才具有意义。在神学或者哲学中，存在主义都不能单独生存。它只能在一个本质先于存在论的框架中作为一个对比的元素而存在。[4]

换句话说，如果没有某种个体在其中可以做出行动的结构（或者在对抗的情况下，是反对这种结构），那么你就不能拥有自由或者成为一个自由的个体。自由与结构互相包含。而萨特当然具有某种结构。在我看来，与萨特似乎觉察到的或者明确表达出来的相比，他预先假定了多得多的西方思维的人本主义传统，甚至是多得多的关于人的意义与价值的希伯来—基督教概念。他还预先假定了关于历史的道德意义的希伯来—基督教信念。例如，预言家阿摩司（Amos）和以赛亚（Isaiah）以公正原则为基础大声呼喊着反对邪恶，对此，甚至上帝都有责任。萨特在反抗这样的原则时，也预先假定了相似的道德原则。在萨特所有的理论中贯穿着这样一个假设——这个假设在很大程度上可以归功于笛卡尔和法国的理性主义，而且克尔凯郭尔和尼采充满激情的信念使得它更加可信——即，在生活中，甚至在西方资产阶级社会中，存在着一种有意义的结构，这使得像萨特这样的人有可能如此强有力地反对它们。就像尼采一样，为了成为一个反基督教的人，而预先假定了基督教。

当然，对萨特关于精神分析的取向，我们也可以说同样的东西。在这个部分，他预先假定了弗洛伊德，是为了有力地反对他。精神分析是完全可能的，人能够战胜心理问题以及一个人（治疗者）能够帮助另一个人（所谓的患者）这个事实，预先假定了在人类心理和人际关系中存在着一个有意义的结构，无论这个结构是在梦中、口误、关于儿童期历史的记忆、神经症的症状中展现出来，还是在其他的什么当中显现出来。这个结构是弗洛伊德尽力描述，然后将其系统化的。作为弗洛伊德努力之结果的这个体系存在着根本性的错误，这一点非常明确。而且我认为，在这本著作中，萨特用他锋利的、尖锐的解剖刀成功地刺穿了其中的一些错误。但是，要不是他一开始就预先假定了弗洛伊德为本质先于存在论作出了系统的努力，他是无法做到这些的。

萨特过分地预先假设弗洛伊德的一个地方是他的书名。《存在精神分析》这个书名表明，萨特将会提供一种不同形式的精神分析。这是他没有这么做，也没有试图这么做的，实际上，他恰当地承认说一种真正的存在精神分析还不能被阐述出来或者写出来。相反，他的著作对一般意义上的现代心理学进行了基本的批判，尤其批判了弗洛伊德决定论，同时，还给出了萨特对这些错误的通常让人觉得相当有才华的分析，并且给出了他纠正这些错误的建议。他还指出了存在精神分析可以发展的方向。萨特做所有这一切是基于他对人的存在主义的理解，以及他不可动摇的信念，即如果我们在人类身上看到的仅仅是我们关于低于人类的生命形式的研究允许我们看到的，或者如果我们将他还原至自然主义的或机械的决定论，或者把他分裂成单独的本能或者一批一批的刺激反应，或者我们以任何的形式从我们试图去研究的那个人身上拿走他最终的自由以及个体的责任感，那么我们就根本不能理解人类。

现在，让我来说一下萨特在《存在精神分析》中提出的一些重要的，以及在我看来非常有意义的观点。我将不会尽力合乎逻辑地或系统地做到这一点，但是在某种程度上我希望这么做能够表明一些萨特之贡献的本质与意义。

首先，萨特指出，通常在大多数心理学与精神分析中占据支配地位的“解释”形式，根本什么都不能解释。通过使用福楼拜（Flaubert）的例子以及他是怎样成为一个作家的这个问题，萨特指出，布尔热（Bourget）根据一般的情感模式所作出的“解释”，以及福楼拜据说想要逃进写作中不太暴力的表达形式中的需要，掩盖了正是我们需要去理解的事情。同时，“解释”还将我们与这个人隔离开了。我们失去了福楼拜。

既然你永远都不能从一个一般的抽象法则跃起，跳至一个独特的、特定的个体身上，那么像“摄入”、“移情”这些弗洛伊德式的机制同样也不能解释。正如我们许多人在精神分析中所发现的，关键的问题总是要去知道这个一般的法则是否能够运用于历史中这个特定的时刻这个特定的个体身上。这是用来解释人类个体的所有一般法则的唯一致命弱点，而且我们经常会轻率地在我们对科学特殊取向的过分简单化的、草率的信念中将其略掉了。

萨特也不会接受任何根据过去的决定论而进行的“解释”。不去探究我们所有人在每一个点上都会遭受决定性的影响，在这一点上萨特太聪明了。我们会受到我们出生于一个具有某种特定文化和经济地位的特定家庭的限定，会受到我们的身体的限定，会受到本能需要的限定，会受到过去的情感创伤的限定等，还有很多很多。他认为，唯一的问题在于，这些解释中没有一个曾告诉我们我们想要知道的东西——为什么像福楼拜这样一个既定的个体在他的历史中一个既定的点上选择成为一个作家，而且，为什么他在一百零一个不同的时刻以一百零一种不同的方式和程度肯定了这个决定？萨特坚持认为，人类的现实“是通过它所追求的目标来鉴定和限定它自身的”[5]，而不是由所谓过去发生的假定的“原因”来鉴定和限定的。

你也不能用进化术语中那些“较为低级的”来解释“较为高级的”。在理解人时，至关紧要的问题不是人类与马、狗或者老鼠所共有的属性，而是是什么独特的属性使他成为了一个人。

此外，我们也不能通过求助于关于环境的探讨来解释人。萨特坚持认为（而且我也认为是非常恰当的）："环境仅仅只能在主体对它了解的程度上，对他产生作用，他将其转变成一种情境。"[6]我认为，萨特所说的"了解"指的是个体具有一种与这个"环境"、这种当前的情境的有意义的关系。我们许多人都会（而萨特不会）将这种有意义的关系中个体没有意识到的元素包括进来。

萨特继续说，精神分析学家不能运用一对一的具体象征，而不得不"在他正在考虑的那个特定案例的每一步，重新发现一种象征机能"。萨特感觉到，这种将一个人分裂成自我与本我的做法对我们一点帮助也没有。只有当一个人对本我，也就是对弗洛伊德在那里所安置的所谓的无意识力量、冲动等采取一种被动的态度，他才是他自己的本我。

通过所有这些强调的要点，萨特像其他的现象学心理学家一样，坚定地把自己归到了"理解"心理学，而不是"解释"心理学。不过，存在心理学完全不是一种混乱状态，也不是神秘主义的一种形式，相反它有其原则和结构。

现在，我们来看一下萨特精神分析的积极一面。存在精神分析的中心原则不再是力比多或权力意志，而是个体的存在选择。"存在精神分析的目标是通过这些经验的、具体的规划重新发现每一个人选择他的存在的最初模式。"[7]此外，"存在精神分析是一种注定会以非常严格客观的形式发现主观选择的方法，通过这种选择，每一个活着的个体都会使他自己成为一个人。"[8]萨特认为，如果我们承认个体是完整的，那么我们显然不能通过简单地计算出各种不同的数字来获得这种完整性。相反，我们会在"成为一个可理解的人的选择"中找到这种完整性，因为在一种具体的与世界的关系中，我“什么也不是，只是我让自己成为一个整体的选择”[9]。

当然，在所有这一切的背后，存在着萨特对个体责任的坚持：“我是我的选择。”如果读者不把这些选择仅仅理解成是新年时所下的“大”决心，而是在这个既定的时刻我与我的世界联系在一起的特定的、有意识的方式，那他就能更好地理解这句话。精神分析中的自由联想（如果它想要富有成效、可行的话）也取决于将个人的自我放入这个过程，取决于承担风险。甚至回想一个被压抑的儿童期记忆，也需要这样一种有意识的、与世界联系在一起的倾向，记忆是这个世界中的一部分。正如我在上面所说的，我认为萨特过分简单化了这个关于自由的问题。但是，我认为，我们不能回避他那个敏锐问题的透彻说服力，即选择难道不是显现人类完整性的最为完美的一个点吗？正如保罗·蒂利希在另一个背景所说的：“只有在做出决定的那个时刻，人才真正地成为人。”

我们也不能把这种选择看作仅仅是处于意识水平的，或者仅仅是由反映性的、随意的决定构成的。萨特谈到了“关于我们的存在的自发决定”，而且，他当然认为在每一个选择中，自我的完整——梦、欲望、味觉、权力、过去的体验以及将来的希望——都涉及到了。因此，在他的选择概念中，他似乎将弗洛伊德主义者所谓的“无意识”的一些方面也包括了进来。

阅读萨特著作的读者也将会被他关于“坏的信念”（bad faith）的透彻讨论所打动。坏的信念指的是自我欺骗。人类由于能欺骗自己这一事实而变得与众不同。而且，要做到这件非凡的事情需要我在某种水平上知道我就是那个对自己说谎的个体，否则我无法做到这一点。“说谎是一种超越的行为。”[10]萨特恰当地评论道。持有坏的信念指的是由于没有将个人的自我接受为一个自由的个体，对将它看作是一个客体而感到内疚。萨特坚持认为，经典的精神分析拿掉的恰恰是为个人自己的自我欺骗而承担责任这个十分关键的中心，他控诉道，经典的精神分析是基于一个“没有说谎者的谎言”[11]这个观念基础之上的。

只要萨特攻击关于无意识的“空头支票”或“地下室”观点——这个观点就是，我们可以通过假设某物存在于“无意识”之下来解释一切事情——我就赞同他。但是，我认为，他的抵制有点过头了。

最后，我们需要注意萨特对本体论——即关于存在的研究，关于是什么使人之所以为人的研究——的强调，他将它作为精神分析的必要基础。本体论停止的地方，就是精神分析开始的地方，“本体论的最终发现是精神分析的首要原则。”[12]本体论是一个很难的概念，但是给它一个正确的界定的话，我认为萨特在这里的主要观点是完全正确的，而且是非常重要的。

我们重复一下萨特在他一个章节的结尾所提出的告诫：他的“精神分析”不应该成为一种新研究出的技术体系。正如我们已经说过的，他提出，存在精神分析是不能被写下来的，但是他认为存在精神分析的开端已经存在于各种人类文献中。例如，萨特自己也相信传记对研究这些原则具有巨大的价值。像美国心理学家阿尔波特、马斯洛（Maslow）、麦金农（McKinnon）以及默里（Murray）一样，萨特也研究“生活中成功适应的行为”，研究者的风格以及行为的其他建设性的、创造性的方面。这些方面——如果我们能够理解它们的话——与神经症和精神病一样，甚至在有些方面更多地揭示了人类体验的重要意义。

注释

[1] 巴恩斯小姐是萨特的更为大型的著作《存在与虚无》的翻译者，《存在精神分析》是《存在与虚无》中的一部分。黑兹尔·巴恩斯的著作中关于萨特的心理学的章节将会被推荐，其章节标题是“一种关于自由的心理学”，黑兹尔·巴恩斯的著作是 *The Literature of Possibility*，University of Nebraska Press，Lincoln，1959。

[2] Jean-Paul Sartre，*Existential Psychology*，Chicago，Regnéry，1953，p. 44.

[3] Jean-Paul Sartre，*Being and Nothingness*，translated by Hazel Barnes，New York，Philosophical Library，1956，p. 561.

[4] Paul Tillich，“Existentialism and Psychotherapy，” *Review of Existential Psychology and Psychiatry*，Vol. 1，No. 1，p. 9.

[5] Sartre，*Existential Psychoanalysis*，p. 41.

[6] *Ibid.*，p. 83.

[7] *Ibid.*，p. 155.

[8] *Ibid.*，p. 37.

[9] *Ibid.*，p. 59.

[10] *Ibid*，p. 207.

[11] *Ibid.*，p. 215.

[12] *Ibid*，p. 91.

第十章 Chapter Ten

将存在主义与心理治疗联系在一起会出现的危险

人类思维的悲剧性历史就是理性与生命之间斗争的历史——理性致力于给生命以合理性，并迫使它屈从于必然性、必死性；生命致力于给理性以生命力，并迫使它成为维持生命欲望的支撑。

——米格尔·德·乌纳穆诺：《生命的悲剧意识》

在美国，存在取向要想在精神病学和心理学中找到其特定的形式，还没有到时候。直到最近，关于存在心理治疗的著作和演讲还似乎是一座没有建成的通天塔，还处于一种语言的混乱状态。有人说，存在心理学是阿德勒式的，有人说它完全是荣格的，有人说它是弗洛伊德所包含的，还有人说它就等同于心理剧，如此等等。一方面，存在着将精神病学等同于禅宗佛教和反理智的趋势；另一方面，又将它等同于一种由不能翻译的德语词汇所构成的超智力哲学。它被说成是每一个人在进行很好的治疗时都采用的疗法，它还被说成是——尤其是在其经典的现象学这一个派别中——一种与治疗实践本身毫无关系的哲学分析。这些发言者似乎过于轻率，没有觉察到他们浅显的矛盾：如果存在心理治疗是这些事物中的一种，那么它就不可能成为其他的那些。

我们会回想起，在《创世记》没有建成的通天塔故事中，上帝派遣混乱去挫败建造者的骄傲与沾沾自喜。我猜想，在我们这个时代，这种很多声音交织在一起的混乱压在我们身上的另一个目的，或者至少可以说是另一个机会，是迫使我们去切断那些破坏观念的任何新动向的狂热或从众倾向，然后尽可能敏锐地自问当前存在主义与心理治疗关系中的积极方面，以及消极方面。

既然我们在其他地方已经集中讨论过积极的方面，那么在这里，我将提出这种关系中的一些消极的倾向。

在我看来，第一种非建设性的倾向是存在精神病学与心理学中所存在的反科学倾向。这种倾向已经与我们这个国家中的反理智倾向联系在一起。当然，欧洲一些地方的存在主义运动不幸地继承下来的陋习之一，就是反理智倾向。但是，我们不能反对科学或理性本身。这使我想起了玛格丽特·富勒（Margaret Fuller）浮夸的话："我接受这个世界"，以及卡莱尔（Carlyle）恰当地做出的那句著名的反驳："天哪，她应该可以更好。"因为科学是我们这个世界的一部分，因此不接受它是说不通的。我们文化中许多有思想的精神病学家、心理学家以及其他敏感的、聪明的人们都承认，当前用于人的研究的科学方法的不恰当性这个事实，不应该引导我们走向反科学的倾向，而是引导我们努力地找到一种能更为恰当地揭示人的本质的新的科学方法。我们在欧洲的同事，如宾斯旺格、比腾代克以及梵·邓·伯格（van den Berg）等努力为关于人的科学发展出一种现象学背景，他们的方向是建设性的。

反理智主义也是一样的。我们文化中怀疑理性本身这种倾向源自于这一事实，即聪明的、敏感的人们只有两种选择：要么是贫瘠的理性主义或实证主义（在这其中，一个人是通过失去他的灵魂而拯救他的大脑的），要么就是充满活力的浪漫主义（在这其中，似乎至少有机会可以暂时地拯救一个人的灵魂)。

存在主义者——从克尔凯郭尔、尼采，到叔本华，一直到现代的心理治疗者——在某种意义上是具有建设性的反理智主义者。他们反对西方19世纪和20世纪思想中区隔化的理性主义倾向。我无意将他们与麦卡锡主义者、进行政治迫害者以及其他在政治上为了自身权力而将我们这个时代的焦虑煽动成敌意与愤恨的反理智主义者进行比较。这些麦卡锡主义者与我正在谈论的这些思想家的关系，就像是希特勒的国家社会主义（即纳粹主义）与真正的社会主义之间的关系，或者是法西斯的集体主义与合作的经济和政治统一体之间的关系，或者是任何神经症症状与真正的需要之间的关系。但是，当破坏性的、神经症的发展就像存在于一个人身上那样发生在一个社会中，几乎总是有一些真实的、极度的渴望作为潜在的原因而存在。

在这里，它将有助于看到理智化——这是存在主义者所反对的——与反理智主义之间的差别。知识分子倾向于促成我们这个时代的区隔化倾向，这个事实每天都可以在我们与知识分子一起从事的心理治疗工作中得到证实。作为患者的知识分子通常会把观念作为体验与真实生活的一种替代。谈论问题——他们通常是非常健谈的人——常常是他们避免这个问题所导致的焦虑的防御方式。他们通常在这个假设的基础上进行操作，即如果问题能够被阐释，那么某件事情就会被改变，而在现实中，根本什么都没有发生，除了一种错误的基于幻觉的安全感的支撑，这个幻觉就是一个本质上具有现实性的观念。的确，阐述确实经常能帮助一个人更为清楚地看到他的问题。但是，它绝对不能成为考虑、感觉、体验这个问题的替代物。同样正确的是，真正的理解确实涉及这个个体身上的某种改变。当苏格拉底说知识就是美德，他不是天真幼稚；相反，他是说知识会深深地进入个体的情感，包括理性的和非理性的体验、所谓的“无意识”材料、伦理决定，等等。在文化的层面上，这种知识还不仅仅是理智主义的，而且还包括社学、宗教信仰以及经济的、政治的信念。

如果我们能透彻地阐述一个具有无生命本质的问题——也就是，物质的——那么我们同时也就获得了解决方式，这是很可能的，即阐述与解决方式是等同的。但是，这在人身上就不正确了。如果这个特定的事实对于那个个体来说是真实的，那么个人的介入、参与以及承诺就总是必要的。我认为，许多对知识分子的精神分析没有获得成功的主要原因在于，他们的问题倾向于被理智化，而且伪科学的分离代替了情感的介入。

在心理治疗中，我们一直倾向于犯这样的错误，即太过于重视言语化。言语化像心理治疗过程中的阐述一样，只要它是体验的一个必需部分，它就是有用的。接受治疗的人们通常会说个不停，是因为他们害怕沉默，或者是害怕直接地体验他们自己以及另一个人，即治疗者。实际上，当一个人获得一种洞见，他可能会滔滔不绝地、热烈地谈论这种洞见，恰恰就是为冲淡这种洞见，并因此避免它所带来的所有压力。

这些观点之所以具有特别的重要性，是因为在我们这个时代，在心理治疗中，我们越来越少地接待弗洛伊德曾写过的歇斯底里类型的患者，这类患者会将大量被压抑的情感带进咨询室中。相反，我们越来越多地接待精神分裂症性的、不相干类型的患者，他们已经学会了通过非常熟练地谈论关系来掩盖他们的孤独与分离，他们根据规则和计划来体验而不是直接地体验。来我们诊所的这些人中有许多并不是任何专业或严肃意义上的知识分子，但他们已经阅读了很多关于精神分析、俄狄浦斯情结等等的书籍，而且他们通常随时准备着熟练地、冗长地讨论他们的问题。在我们这个精神分裂症性的时代，似乎每一个人都在尽力地成为一个不好的意义上的知识分子，也就是说，每一个人都试图通过谈话来生活在他自己的生活之外，而且他认为，如果他能使得他的谈话在科学性和理性方面受人尊敬，那么他就是成功的。

心理学与精神病学中的存在取向可能会促进分离与理智化，这种危险尤其诱人，因为对存在术语的使用给人披上了正在从事关于人类现实的研究这样的伪装（而他根本就不是如此）。我们许多人都批评过正统的精神分析，因为它的技术可以被用作一个便利的屏障，在其背后，治疗者可以躲在所谓的“非个人镜子”之中，避免完全的会心，避免完全地存在于与另一个人的关系之中。会心具有深深地震动我们的力量，它会引起欢乐，同时也会引起焦虑。因此，治疗者必须觉察到所有回避它的倾向，包括在技术方面以及在哲学方面。

现在，存在取向不是理性主义的或反理性主义的，而是寻求人类体验中理性与非理性基于其之上的潜在基础。苏格拉底警告我们，我们绝不能成为“厌恶论者”，而必须让那些“标识语”变得新颖。

保罗·蒂利希的文章《存在主义与心理治疗》[1]是一个绝妙的例子，它意义深远地将理性与超越了纯粹理性主义的存在探究结合在了一起。蒂利希是一个没有反对本质与逻辑结构的存在主义者。在我看来，莱茵（R. D. Laing）博学的研究似乎也表现出了这种努力。

第二种消极的倾向是将存在精神病学等同于禅宗佛教的倾向。对禅宗的广泛兴趣，尤其是在美国的知识分子中，已经成了我们这个时代建设性宗教质疑的一个症状。让我马上陈述一下，我对那些真正为其献身的人，如铃木（Suzuki），所代表的禅宗佛教非常尊敬。我也非常重视一些西方学者对禅宗所作的严肃的阐释，尽管我并不赞同他们的一些观点。禅宗佛教作为一种对西方过于能动主义的矫正，具有真正的重要作用。它对于体验的即时性、存在而不仅仅是行动的强调，是一个极大的宽慰，为许多被竞争性、受到驱策而严重困扰的西方人提供了重要的指导。

但是，将禅宗佛教等同于存在精神病学就是另外一回事了。这种做法对于两者来说都是过分简单化了。我有一个同事在一个精神病院从事研究，他坚持认为，通过麦角酸这种药物，他一次又一次地获得了开悟。“从这种药物体验中退出来从事研究，”他写道，“没有这种药物，我也最终一次又一次地达到了这种开悟。”此时，开悟是多年训练的结果。如果我们能够如此轻易地通过药物来达到这一点，那为什么我们还需要禅宗佛教或者是任何其他的宗教呢？而且，如果我们能够那样来克服生活中的绝望、痛苦以及畏惧，那么我们当然就不需要任何的心理治疗了。正如威廉·巴雷特（William Barrett）在《纽约时报》上发表的对阿伦·瓦茨（Alan Watts）某本著作的评论，在谈到瓦茨相似的关于通过药物来获得开悟的主张时所问道的，权威们将根据什么样的标准来决定谁接受这种药物、谁不接受这种药物？

正如我已经说过的，这种过分简单化的禅宗佛教与存在精神病学之间的联系内部存在着绕过和回避焦虑、悲剧、内疚以及邪恶的现实这种倾向。所有形式的心理治疗运动的持久贡献之一在于，帮助人们坦诚地承认和面对他们的焦虑、敌意、内疚，面对世界上文化方面与心理学方面的破坏性和邪恶。存在主义取向就是个性的获得，不是通过回避我们在其中找到自我（这对于我们西方文化而言是不得已的）的世界中的现实冲突而获得，而是通过直接地面对它们，应对它们来获得个性和有意义的人际关系。

为了让东方思想对西方式褊狭的积极贡献不致丢失，做出这些批判是非常重要的。禅宗佛教作为对西方过分个人化的意志与意识的一种矫正措施，已经具有，并且将继续具有（如果它的追随者没有把它弄糟的话）根本的意义。

最后，我还要说一下关于麦角酸二乙基酰胺（LSD）以及其他致幻剂的内容。在当前这种病态恐惧、反恐惧的氛围之下，很难对这个主题有一种平衡的知觉。那些已经使用了这种药物的人倾向于将其说成是一种宗教体验，而且非理性地“持赞成意见”，而那些反对使用这些药物的人——而且现在在美国，这些人中包括相当一部分的官员——非理性地害怕会对他们自己的合理性产生威胁。在威廉·阿伦森·怀特研究所——这是一个我联系的专业群体——所进行的关于在心理治疗中使用 LSD 的广泛研究基础之上，我将对药物作出一些评论。

似乎毫无疑问，从事研究的治疗者大体上认为，LSD 在治疗中是有用的。（与那些为了获得一种宗教的、神秘的体验而服药的人相比，他们给的剂量要少很多。）患者在服过这种药之后似乎可以被描述为，情绪波动更大，防御性降低，联想松散，能力被即时的情境所占据，而且变得非常集中地专注于自己。大多数服用这种药物的人似乎都声称有积极的体验，从愉快到入迷不等。但是那些有紊乱倾向的人则一定会导致紊乱，然后进入一种痛苦的心理状态。“心理膨胀”这个术语对于药物而言是一种不当的说法。在欧洲，人们在更长的时间里一直使用“心理瓦解”（psycholytic），而不是“心理膨胀”（psychedelic），而前面那个术语更为确切。因为药物本身不会把什么东西放进你的体内：它仅仅是通过瓦解某些心理机能，使得用伸缩的强度来体验个人的自我与世界成为可能。这个个体的视野被放大了、集中了，这样他就可以感觉自己是与原始的、最初的体验联系在一起的，这种体验被设想成先于主体—客体两分法的。但是，永远地生活在这样一个层面上，不是人们想要的，同时也是不可能的。混杂地、外行地服用这种药物似乎通常会使个人与现实之间的联系变得迟钝，而且会导致一种幼稚的、过分简单化的生活态度。真正的问题是，这个人建造了一个什么样的新的自我结构？

我有一些在这个领域进行了深入研究的同事说，没有证据表明服用 LSD 会提高**有创造力的**个体的创造能力。[2]这可能足以震撼没有创造力的人们，即他们在生活中找到了一些创造的可能性。但是服用药物具有价值还是没有价值，在于为后来的体验而做的准备以及对这种体验的经历。那些已经做过大量分析但却面对障碍的人们，那些已经具有宗教戒律的人们，似乎最能受益。针对这些药物的可能性，我提出一种积极的态度。但是，同样，我认为，以为我们可以把这种或任何药物看作万能药，从而进入一个非常好的、摆脱了人类困境的新世界，这种“宗教信仰”却是一种幼稚的、误导的幻觉。在这种对药物的狂热中，我听到了一个极度痛苦的叫喊声反对我们精神分裂症性的、非个人化的社会：“我们需要某种东西——什么东西都可以——使我们可以重新感觉到个人的东西！”[3]

存在精神病学与心理学中第三个危险直接地来自于上述内容，就是这种将诸如“超越”、“会心”、“在场”等术语用作一种绕过存在现实的方法的倾向。例如，我们在讨论中可以听到，在论文中可以看到诸如“对治疗者与患者之间主体—客体两分法的超越”、“对心—身两分法的超越”、“对二元思维的超越”、“对人与最高实在［上帝］之间认识的障碍的超越”等这些被假设发生在心理治疗中的“超越”。“会心”这个术语被使用——毋宁说是被误用——带着一层光环来粉饰人际关系及其扭曲这个非常困难的问题，而“在场”这个术语被误用来掩盖这一事实，即在最佳的情境中，真正地理解另一个人是一个非常困难的过程，而且从一个完全的意义上说，是永远都不可能的。

在这样一种取向中所发生的是，所有关于人类存在的古老问题（自从人类意识诞生之日起，思想家们就一直与它斗争的问题），都用一个词来绕过了。例如，人们一直认为，在“对二元思维的超越”中，治疗者使用了一种“超越了语言与符号意象”的思维模式，这样他就解除了那些妨碍“看到真正发生了什么事情的能力”的概念，而且在这样的“理解的时刻，没有理解者”。

但是，符号、这种或那种形式的语言，一直都是任何思维的形式和内容。使用一种超越符号意象的思维模式难道不是显然不可能的吗？胡塞尔的现象学取向通常被错误地用来意指，心理治疗者观察一个患者，根本就不需要在治疗者的头脑中预先假定任何的概念。但是，这同样也是不可能的。概念是方向，知觉据此发生。没有一些预先假定的概念，治疗者就不能看清身处治疗室的患者，也不能知道任何关于他的事情。

当然，要去理解的话，就必须有一个“理解者”。我在相当大的程度上觉察到了这些论点（这些论点通常在佛教以及其他东方宗教中有其基础），即在深层理解的时刻，就“好像”是两个人完全融合到了一起。但是，这是一个哲学的维度，将它等同于心理治疗，只会混淆科学和宗教。这种确实恰当地出现在治疗者与患者之间的关于“融合”的主观体验，是一种与客观的即时转换，也就是说，是他作为治疗者的这种意识，即他实际上是一个治疗者，而不是一个患者，而且只要患者处于他自己的完整性中，只要他不放弃他的同一性，治疗师就将能真正地帮助他。

保持两个人之间的明确区别，还有另一种价值（治疗的和道德的）。因为如果治疗者意识到，他一直都是通过自己的眼睛来看患者，一直都是用他自己的方式来理解患者的，无论他是多么明智，多么好地进行分析，多么的宽宏大量，他都会觉察到，他的理解在某种程度上一直是有限的、有偏见的。这会导致一种谦卑，一种人际关系（高度治疗的）中仁慈、宽恕的特性。如果治疗者不假设这一点，而是绝对化他自己的知觉和理解，他将自动地用他自己的主体性来统治患者，萨特曾警告过我们这种危险。然后，治疗者就会非常明确地扮演着上帝的角色，就好像他拥有了一种绝对的技术。存在主义的治疗者能够通过一开始就承认他自己的偏见和局限性来尽可能地克服他自己束缚患者主体性的倾向。正如我们许多人已经发现的，一旦这些得到承认，现象学取向在认识患者真正的样子以及与患者联系在一起方面将很有帮助。

最后一个危险是使存在精神病学成为一个特殊的流派。在我看来，这一取向存在着严重的错误。原因之一是，正如莱斯利·法伯（Leslie Farber）合理地进行评论的，就像没有黑格尔的精神病学、柏拉图的精神病学或者斯宾诺莎的精神病学一样，也不存在任何特殊的“存在精神病学”。存在主义是关于人类的一种态度、一种取向，而不是一个特殊的流派或群体。像任何哲学一样，它与作为精神病学技术或精神分析技术之基础的预先假设有关。

例如，在运动发展的这个阶段，从一种技术的意义上谈论一个“存在心理治疗者”是否有意义，还不确定。存在的取向并不是一个治疗的体系——尽管它对治疗做出了非常重要的贡献。它不是一套技术——尽管它可能会导致这些技术的产生。相反，它是一种对理解人类的结构以及他在某种程度上应该作为所有技术之基础的体验的关注。那些称他们自己为存在精神分析者的人中有很多已经预先假定了在精神分析或某种其他的治疗形式中进行了一段长期的、复杂的训练。[4]

显然，我不是意指存在取向必须与那种特定的精神分析的心理治疗形式结成同盟。我也不是否认关于人类的态度和预先假设将会比那些特定的该治疗者从属于其中的技术流派更能决定（正如罗杰斯的研究已经表明的）心理治疗的成功。但是，我们绝不能落入这种认为在心理治疗中只要有仁慈就已足够的观点，这通常是过分简单化的感情用事。

还有另一种强调在我看来也是错误的——即“对存在的心理分析”。你不能分析存在，而且如果你能这么做的话，也将是一件有害的事情。存在必须在心理治疗中加以假设，而不能被分析。例如，一个个体的存在表现在他作为一个人而存在的权利、他自尊的可能性以及他选择自己的生活方式的最终自由中。当我们给一位患者做咨询时，必须假定所有这些，而如果我们不能假定关于一个既定个体的这些方面，那么我们就不应该给这位患者做咨询。试图分析存在的这些证据，就是违背了这个个体自身的根本的存在。将我们的技术态度施加于存在本身，就是重复了存在主义者所批判的——不仅对经典精神分析，而且对我们整个文化——同样的错误，即使人从属于技术。像在精神分析中那样分析“心灵”，是非常困难的，而且只能同时，也应该在一定的范围内进行分析。例如，那些个体所遭受的让他不能获得恰当的自尊的障碍，我们可以加以分析。但是，这与分析本体论、对使得一个个体成为人类存在的基本特质表示怀疑，远不是一回事情。从它使存在从属于一种技术态度这个意义上说，分析存在就等同于压抑它，而且分析在这一点上害处会更大一些，即它为治疗者的压抑提供了一种精密的合理化，并让他解除了由于没有表现出尊敬与谦卑（他应该对存在恰当地表现出尊敬和谦卑）而感到的内疚。

强调我们对“关于存在的心理分析”的批评的另一种方法是，精神分析开始的地方，就是本体论离开的地方。正如萨特恰当地指出的：“最终发现本体论就是精神分析的首要原则。”[5]

引用完了这些批判，最后，我想说，我认为，现代思维中这场被称为存在主义的运动将会为心理治疗的将来做出独特的、非常重要的贡献。

注释

［1］Paul Tillich，“Existentialism and Psychotherapy，” *Review of Existential Psychology and Psychiatry*，Vol. 1，No. 1，1961.

［2］似乎人们在相当大的程度上已经公认，例如奥尔德斯·赫胥黎（Aldous Huxley）的《勇敢的新世界》（*Brave New World*）是一部伟大的著作，而它的一部姐妹篇［赫胥黎之后撰写的一部小说《岛屿》（*Island*），书中内容表现出对药物的兴趣］，非常像赫胥黎在后来的岁月里所创作的大部分作品，只是作为一部小说不是太好。我们在多大的程度上能够将他的文学作品与他服药的行为联系起来，当然还是一个尚待争论的问题。

［3］我们可以用这种极度痛苦的呼喊来强调而不会忽略这种情境的讽刺意味，这种对药物的迫切需要与技术犯了同样的错误，即期望从个体的外部引入某种东西来拯救他。

［4］我自己是在威廉·阿伦森·怀特研究所接受训练的。我认为自己是一位属于这种取向的精神分析学家——这一点也不会减少我的预先假定的存在主义。

［5］Jean-Paul Sartre，*Existential Psychoanalysis*，1953，p. 91.

第四部分　自由与责任

许多心理治疗者都有一个共识，即个体负责任的自由的扩大，如果不是治疗的主要目标的话，也是治疗的目标之一。我们在这里还将提出，这样一种负责任的自由的扩大，也是建设性地面对人类无法逃避的困境所不可缺少的。

第十一章 Chapter Eleven

被关在笼子之中的人

人类的工作是多么的伟大！人类的理性是多么的高尚！人类的才能是多么的无限！他们的形态和行为是多么的特殊和绝妙！……他们是动物的楷模！

——莎士比亚：《哈姆雷特》

现在，关于当一个人被剥夺了自由的这种或那种元素时，在他身上会发生什么样的事情，我们已经获得了相当多的不连续的信息。我们已经对感觉剥夺、当一个人被放进不同的独裁主义氛围中他将如何做出反应等等进行了研究。但是，最近我一直在想，如果我们将这些不同的知识放在一起，那么将会出现什么样的模式呢？总而言之，如果他全部的自由——或者是我们所能想象得到的几乎所有的自由——都被拿走，那么在这个活着的、健康的个体身上将会发生什么事情呢？在考虑这些问题的过程中，一个寓言在我的脑海中变得清晰起来。

这个故事是这样的。一天傍晚，有一位国王正站在他的宫殿的窗前，陷入了幻想之中，碰巧他注意到了下面城市广场中的一个男人。他显然是一个普通人，下班了正在走回家，许多年以来，他每个星期有五个晚上都要走这同一条路线。国王在想象中追随着这个男人——描画着，他回到了家，敷衍地吻了吻妻子，吃过晚饭，询问孩子们是否一切都好，读读报纸，上床，或许与妻子做爱，也可能不做，然后睡觉，第二天早上又起来去上班。

突然，一种好奇心占据了国王的思想，这使他有一会儿忘记了自己的疲乏："我想知道，如果将一个人像动物园里的动物一样关在一个笼子里，会发生什么样的事情呢?"他的好奇心在某些方面很可能和最先想知道对人脑施行前脑叶白质切除术的效果的外科医生相似。

因此，第二天，国王叫来了一位心理学家，告诉了他自己的想法，并邀请他来观察这个实验。那位心理学家反对说："将一个人关在笼子里是一件无法想象的事情。"这位君主回答说，从罗马人的时代，到成吉思汗，到希特勒以及极权主义的领导者，许多统治者实际上（如果不是完全一样的话）这么做过，所以，为什么不按照科学的方法看看将会发生什么样的结果呢？而且，这位国王还补充说，不管这位心理学家是否参与，他都已经下定决心这么做了，他已经让大社会研究基金会给了一大笔钱来进行这项实验，为什么要让那笔钱浪费掉呢？到这个时候，这位心理学家在心里也对如果将一个人关在笼子里将会发生什么感到非常的好奇。

因此，第二天，国王让人从动物园搬来了一个笼子——这是一个很大的笼子，最初当它还是新的时，它被一只狮子占据着，后来是一只老虎，而最近它是一只鬣狗的家，这只鬣狗在前一个星期死了。这个笼子被放进了宫廷里面一个秘密的庭院中，而国王从窗子里看到的那个普通人被带来关到了里面。那位心理学家就坐在笼子的外面，在他的公文包里装着罗夏墨迹测验（Rorschach）和韦—拜智力测验（Wechsler-Bellevue），准备在某个适当的时刻来进行测试。

开始时，那个人仅仅是困惑，他不停地对站在笼子外面的心理学家说："我必须要去赶电车，我得去工作，看看什么时间了，我上班要迟到了！"但后来到下午时，那个人开始清醒地意识到了所发生的事情，然后他强烈地抗议："国王不能对我这么做！这是不公平的！是违法的。"他的声音强而有力，他的眼睛里充满了愤怒。这位心理学家喜欢这个人的愤怒，他开始模糊地觉察到这种情绪是他在来他诊所求治的那些人身上经常看到的。"是的，"他意识到，"这种愤怒是那些想要与错误的东西做斗争，并直接地反抗它的人——就像任何时代健康的年轻人——的态度。当人们带着这种情绪来到诊所，这是很好的——他们还能有救。"

在那个星期接下来的时间里，那个人继续着他的强烈抗议。当国王散步经过笼子时（这是他每天都要做的），这个人就会直接向这位最高统治者提出抗议。

但是这位国王回答说："看看这里，你能得到大量的食物，你有一张这么好的床，而且你还不需要去工作。我们把你照顾得这么好，你为什么还要抗议呢？"

过了几天之后，这个人的抗议减轻了，接着过了几天就停止了。他静静地待在笼子里，通常情况下拒绝谈话，但是这位心理学家能够在他的眼睛里看到仇恨像烈火一样在燃烧。当他确实说出了几个字，这几个简短的、肯定的字是这个非常愤恨并且知道他所恨的人是谁的人用强有力的、充满活力但却镇定的语气说出的。

不管国王什么时候走进这个庭院，在这个人的眼中都会出现一团怒火。这位心理学家想："这肯定是当人们第一次被征服时作出反应的方式。"他记得他曾经在他的诊所里也看到过那种眼神，他也曾在许多患者那里听到过这种声音的语调：在家或者在学校受到不公正的指责却对此无能为力的青少年；那位公众和校园的观点要求他成为一位橄榄球场上的明星，但是他的教授们却要求他成为通过那些课程考试的大学生，但若想在球赛中获胜，就没有时间准备这些考试——后来，他由于在考试中作弊而被学校开除了。这位心理学家看着那个人眼中积极的愤恨，心想："还好，一个在内心有这种斗志的人还有得救。"

每一天当国王散步经过这个庭院时，都会不停地提醒在笼子里的这个人，说给他提供食物和住所，并把他照顾得很好，他为什么还不喜欢这样呢？这位心理学家注意到，尽管一开始这个人完全不受国王的话的影响，但是，现在他在国王说过这些话以后，似乎会越来越多地停顿——仇恨会推迟一点时间然后重现在他的眼睛中——就好像是他在问他自己，国王所说的话是否有可能是事实。

又过了几个星期，这个人开始与心理学家讨论，说一个人被提供食物和安身之所是一件多么多么有用的事情，说无论如何人都必须按照自己的命运生活，并且说接受自己的命运是明智之举。他很快就发展出了一种关于安全感和接受命运的广泛的理论，这个理论在这位心理学家听来非常类似于罗森伯格（Rosenberg）及其他人为德国的法西斯主义者研究出的哲学理论。在这期间，他非常爱说话，老是滔滔不绝，尽管他的谈话大部分都是自言自语。心理学家注意到，在他谈话的时候他的声音单调、空洞，非常像做电视预演的人在告诉你，你应该看他们正在大肆宣扬的这个节目，他们非常努力地看着你的眼睛，非常努力地想让声音听起来比较真诚，或者像电台里拿报酬的广播员，他们劝说你应该喜欢高级趣味的音乐。

这位心理学家还注意到，现在这个人的嘴角总是向下，就好像他非常生气地噘着嘴。然后，这位心理学家突然记起：这就像是来到他诊所的那些中年的中产阶级以及受人尊敬的资产阶级，去做礼拜，有道德地生活，而他们却总是充满了愤慨，就好像他们所做的一切事情都是在愤慨中构想、诞生和操作的。这使得这位心理学家想起了尼采的话，即中产阶级被愤慨所吞噬了。因此，他第一次开始认真地为这个被关在笼子里的人感到担心，因为他知道一旦愤慨有了一个坚实的开始，它就很可能会被合理化和结构化，它会变得像癌症一样。当这个人不再知道他所恨的人是谁时，要帮助他就非常难了。

在这期间，大社会研究基金会举行了理事会议，他们决定，既然他们花了基金来将一个人关在笼子里，供他吃穿，如果基金会的代表们能够至少去看一下这个实验，那么看起来将会好一些。所以，有一天，一群人（包括两位教授和一些研究生）来看这个被关在笼子里的人。于是，其中一位教授接着向大家演讲了自主神经系统与生活在笼子中的人的无管腺分泌之间的关系。但是，这让另外那一位教授想到，受害者自身的言语交流很可能是非常有趣的，所以他问这个人生活在笼子里的感觉如何。这个人对教授和学生们都非常友好，还向他们解释说，他已经选择了这种生活方式，说安全感和被照顾是具有很大的价值的，还说他们一定能够看出来他的选择是多么合情合理，等等。

“多么奇怪，”心理学家想，“而且多么可怜！他为什么那么努力地想要他们赞同他的生活方式呢？”

在接下来的几天，当国王走过庭院时，这个人便会在笼子中隔着栅栏极力奉承讨好国王，并感谢他为他提供了食物和安身之所。但是当国王不在院子中，而他又没有觉察到心理学家在边上时，他的表情则迥然不同——闷闷不乐、愁眉不展。当看守人隔着栅栏递给他食物时，他经常会打掉盘子或弄翻水，然后他又为自己的愚蠢和笨拙而感到尴尬不安。他的谈话开始变得越来越单一不变，他不再谈论关于被照顾之价值中所涉及的哲学理论，相反，他开始只说一些简单的句子，像他一遍又一遍反复说的“这是命”这句话，或者仅仅是咕咕哝哝地自言自语：“就是命运。”这位心理学家非常惊奇地发现，这个人现在变得如此笨拙以至于打掉食物，如此愚蠢以至于用那些单调的句子来谈话，因为他从测试中知道这个人最初拥有相当高的智力水平。然后，这位心理学家开始认识到他曾在对美国南方的黑人进行人种学研究时观察到过这种类型的行为——这些黑人曾被迫去吻那只给他们提供食物又奴役他们的手，他们再也不能去恨，也不能反抗。这个被关在笼子里的人越来越多地整天仅仅是坐在太阳底下（当阳光穿过栅栏照在他身上时），他从早上一直到下午唯一的动作就是不时地更换一下他的位置。

很难说最后这个阶段是何时开始的。但是，这位心理学家开始觉察到，这个人的脸上似乎已经没有了特别的表情：他的微笑不再是奉承讨好的，而仅仅是空洞的、毫无意义的，就像是婴儿在肚子被笑气麻醉时所做的鬼脸。这个人依旧吃着食物，不时地与心理学家谈几句话，但是他的目光是遥远而模糊的，而且尽管他看着这位心理学家，但似乎他从来都没有真正地**看到**他。

他已经接受这个笼子了。他不再有愤怒，不再有愤恨，也不再有合理化了。但是现在他却已经精神错乱了。

那天晚上，心理学家意识到了这一点，他坐在自己的公寓里，竭力地想写出一篇总结报告。但是他却很难想到恰当的措辞，因为他感觉到自己内心有一种巨大的空虚。他不停地用这些话来尽力消除自己的疑虑：“他们说，什么也不曾失去，物质仅仅是转变成了能量，然后能量又转变回了物质。”但是他还是情不自禁地感觉到，某种东西确实已经失去了，在这个实验中，某种东西已经消失在这个宇宙中。

最终报告没有完成，他上床睡觉了。但是他无法入睡，在他的内心有一种持续的剧痛，这在不太理性和科学的时代被称作良心。为什么我不告诉国王这个实验是任何人都不能做的——或者至少我为什么不能大声呼喊，说我与这整个血淋淋的事件没有任何关系？当然，国王可能会让我离开，基金会也永远都不会同意给我提供任何的金钱，在诊所他们也会说我不是一个真正的科学家。但是，一个人也许可以在山上耕作谋生，也许可以画画或者写一些东西，这些东西会使得将来的人们更加幸福、更加自由。

但是，他认识到，他所沉思的这些东西是不现实的，至少在此刻是不现实的，因此他竭力把自己拉回到了现实之中。然而，所有他能得到的就是这种内心的空虚感，还有这些话：“某种东西已经被带出了这个宇宙，剩下的就只有一片空白。”

最后，他睡着了。一段时间之后，有一天凌晨，他被一个惊人的梦惊醒了。在梦中，一群人聚集到了庭院中的那个笼子前面，而那个被关在笼子里的人——不再迟钝，不再茫然——正透过笼子的栅栏热情洋溢地大声演讲着。“不仅只有我的自由被带走了！”他喊道，“当国王将我或者任何一个人关进笼子中时，你们每一个人的自由也都被带走了。国王必须下台！”人们开始喊道：“国王必须下台！”他们抓住了笼子的铁栅栏，将铁栅栏拔掉了，他们袭击宫殿，挥动着手里的武器。

心理学家醒了，由于这个梦而感到内心充满了巨大的希望和喜悦感——这一种希望与喜悦的体验类似于英国自由的人们在强迫约翰国王签订《大宪章》时所体验到的。但是，这位心理学家在他训练过程当中所接受的正统分析也不是一无用处，当他被幸福的感觉包围着躺下来时，在他的内心有一个声音说道："啊哈，你是在用这个梦来让自己感觉好一点，这仅仅是一种愿望的满足。"

"见鬼！"这位心理学家说着，从床上爬了起来，"也许有一些梦是需要按照它们来行动的。"

第十二章 Chapter Twelve

被重新审视的自由与责任

是的！我坚定地、持久地坚持这种想法；

理智的最终结果会给它打上正确的印章；

他仅仅是赚到了他的自由与存在

他每天还要重新去征服它们。

——歌德：《浮士德》

在很多方面，自由与责任的问题对于咨询和心理治疗来说都是根本的。但是，最近几年，我们发现自己陷入了关于这些问题的一些紧迫的、紧要的困境之中。这些困境是西方文化尤其是美国过去三十或四十年中价值观根本改变与转变的重要部分。过去的这三四十年同时也恰恰是我们社会中咨询、心理治疗与精神分析开始扮演非常重要角色的时期，这当然不是偶然的。因为正是社会中价值观的倒塌与根本转变，导致了那个社会中的个体没有坚固的系泊杆，或者甚至是救生圈、灯塔可以让他们在风雨飘摇的海上依靠，这使得帮助人的职业成为非常之必需。

对我们在自由与责任中所面临的这些困境，已经出现了一些“解决方式”。我想先引用这些解决方式中一些我认为不太恰当的，然后转到一种对自由与责任问题的更为深层的（我希望是这样的）分析上。

一个不恰当的解决方式是一二十年前比较流行的假设，即我们在咨询与治疗中的任务仅仅是让那个人“自由”，因此，治疗者以及社会所持的价值观没有参与这个过程。这个假设得到了后来流行的定义的支持和合理化，即心理健康就是“不会感到焦虑”。在这种假设影响之下的大多数治疗者从未曾进行“道德判断”便得出了一个教条，并且一直将内疚看作是神经症的，因此内疚成了一种总是应该在咨询与治疗中得到缓解与去除的“感觉”。我记得，20 世纪 40 年代早期，在我还是学生的那个时代，在精神分析中，有能力的、有经验的分析者们认为，患者是一个歹徒还是一位有责任的社会成员，不关他们的事情——他们的任务仅仅是帮助他自由地去更好地做他想做的事情。

大多数治疗者很可能都具有足够的常识和单纯的人性，绝对不会去执行这样一种幼稚的假设，也不会完全受它的影响。但是，在我看来，这种认为“价值观没有关系”的假设所产生的微妙影响却是有害的，并且要为后来反对精神分析与咨询的反应负部分的责任。一个有害的影响是，正如金赛（Kinsey）所表达的，性欲成了一件在一个“性对象”身上“释放”的事情。这种对性乱交的着重强调——足够相互矛盾地发展成了一种新的教条，即要想健康，你就不得不在性方面完全随便——导致了我们同时代的人在整个性行为领域产生了新的焦虑与不安全感。在过去十年，我们已经在大学生身上看到了非常多的早婚现象，在我看来，这似乎是（至少部分是）一种对性乱交的不安全感、焦虑和孤独所做出的反应。因为我们正在描述的“完全自由”的假设实际上会将这个个体与他的世界分离开来，使他与他的世界异化，移除了他不得不在其中做出反应或者反对的结构，给他留下了一个孤独的、没有世界的存在，没有路标给他提供指引。

“完全自由”这个假设的错误不仅在于它导致了前来咨询的人和患者身上焦虑增多，而且还在于它有些不诚实。因为不管治疗者或咨询者可能在多大的程度上断言，他在他的实践中不假设任何的价值观，患者或前来咨询的人都知道（即使他不敢表达他所知道的内容），这种断言是不正确的，而治疗者正是在不承认这个事实中，将更为有害的东西偷偷带进了他自己的价值观中。

为我们的困境所提供的另一种“解决方式”作为一种对上面提到的情况的反应出现于过去的十年。这就是目前在我们周围的心理学和精神病学讨论中非常广泛存在的**对自由的不信任**。这是一种对“责任”的过分强调，但是放进了另一个人的道德控制与社会控制这种形式之中。当代这种不可避免地与电视和大众传播相伴随的朝向顺从的趋势与关于标准化的巨大压力，为这种朝向控制的趋势提供了原动力。威廉·H·怀特（William H. Whyte）在他的《组织人》中就这些论点向心理学家与精神病学家提出的精练的警告，是相当确切的。他简洁地指出，现代人的敌人可能会被证明是“相貌温和的治疗者群体，他们……将会做他们所能做的一切来帮助你”。他指的是使用我们这个特定历史时期的社会伦理这一不可避免的倾向。因此，这个帮助人的过程，实际上可能会使他们变得更为顺从，并且会摧毁他们的个性。

最近，其他一些社会评论家指出，我们目睹了精神病学与心理学中一种“新的清教主义”的诞生，以及对“行为控制”的新的强调。这种新的清教主义一直到最近在精神病学中都非常明显，治疗领域的心理学家已经开始强调道德主义。尽管20年前关注精神病学的出版社出版了大量的书籍，恳求你要“释放你的性压力”，并要“充分地表达你自己”，但过去五年所出版的书籍却告诉我们“离婚没有任何帮助”，并建议我们“一夫一妻制是科学的新的教条”。心理学家们当中这种新的道德主义可以在霍巴特·莫勒和佩里·伦敦（Perry London）关于治疗的著作中得到论证，他们称其为“现实疗法”。[1]正如我将要在下面指出的，我认为，夸大自由的解决方式与将治疗和咨询等同于社会的道德控制和社会控制，这两者都是不恰当的。

随着精神病学与心理学中出现了新的清教主义，对于“对心理与人格的控制”的新的强调作为一种对人的自由的否认，最为可能出现在学术心理学中。我想要引用的卡尔·罗杰斯与斯金纳之间的一次交锋非常生动鲜明地论证了该困境的这个方面。在斯金纳的操作性条件作用中，关于其最为极端的形式，罗杰斯写道：

> 随着技术的发展，正如在最近一次会议上我与哈佛大学的斯金纳教授所进行的一次简短交锋所论证的，出现了一种僵化决定论的潜在哲学。斯金纳博士所提交的一篇论文，使我针对他说出了这些话。“从我对斯金纳博士所说内容的理解，他的意思是，尽管他可能已经想过他选择来参加这次会议，可能已经想过他有作演讲的目的，但是这些想法实际上是幻觉。他确实在他的论文上作了几个记号，并发出了一些声音，但这仅仅是因为他遗传的性格和他过去的环境已经以这种方式操作性地条件作用了他的行为，即发出这些声音是很值得的，但是他作为一个个体并没有置身其中。从他严格的科学观点来看，事实上如果我正确地理解他的思想的话，他，作为一个个体，并没有存在。”在他的回答中，斯金纳说，他不会深入地探究他在这个问题上是否有选择这个问题（大概是因为这整个问题都是幻觉），相反，他陈述道：“我

> 真的接受你对我置身此处的存在的描述。”我不需要过于详尽地阐述这个论点，即对于斯金纳博士来说，“学会自由”这个概念是相当无意义的。[2]

当然，我们可以将我们的论证乘以许多倍来支持这个观点，即关于自由与责任、选择与决定论的问题，在美国心理学中是非常重要的、关键的。

我希望通过考虑当前这种对控制的强调来开始我对自由与责任的重新审视。在这个讨论中，我多少有些将它们用作同义词的“对行为的控制”和“对心理与人格的控制”这两个短语，引起了一些使人不安的问题。控制意味着受到某人或某物的控制。**谁**会控制心理？是这个个体自己吗？在这样的情况下，他的心理或自我的一些方面将会施行这种控制。但是，这个观点是不能让人接受的，因为这样的话，我们就会发现自己假定了一种自我分裂的观点，这样的观点几乎是站不住脚的，而且只会让我们的问题更加混乱。或者，我们是说是社会控制了心理？但是，社会仅仅是由我们这些“心理”被假定将会受到控制的人构成的。

这个短语的意思是一些特定的群体——精神病学家、心理学家或者是其他的科学家——将会控制心理，即其他人的心理吗？不幸的是，我认为，这是许多使用这个短语的人所做的没有经过详尽研究的下意识假设，也就是说，是他们将会施行这种控制，就好像**我们**知道**其他人**的心理应该怎样得到控制一样。最近，我参加了一次关于战争与和平这个紧迫问题的精神病学家与心理学家的紧急会议。会上有一些论文提议，精神病学家与心理学家应该被派到世界上有动乱的地方，对世界各地的外交官进行访谈，然后回来向他们各自的政府部门报告他们的发现，这样，那些具有妄想倾向与严重适应不良的政治家就会被撤职。这个计划的问题在于，这些“诊断”（如果可以这么称它们的话）将会预先假定一些标准和目标作为你据以进行判断的基础。幸运的是，不管怎样，似乎没有一个政府部门有机会允许任何的群体来僭取这种控制。我说幸运，是因为没有理由认为精神病学家与心理学家中关于生活目标的判断，比哲学家，或者是政治家他们自己，或者是神学家、作家或艺术家的判断更好一些。

我们注意到，“目标”这个词现在终于慢慢地进入了我们的讨论之中。把这个词置于讨论之外是不可能的。因为控制总是意味着，不仅受到某物的控制，而且是为了某事物而进行控制。为了什么样的目的，也就意味着在什么样的价值观基础之上，心理将受到控制，以及这种控制将指向什么样的目的。过去，认为作为科学家我们只研究手段而不是目的这种反驳，使得这个令人不安的问题在心理学讨论中通常被当作是无关紧要的。但是，这难道不是一种非常含糊的，而且很可能是危险的态度吗？而且，这种手段与目的的分离，不也是我们在20世纪的文明中出现的困境的部分原因吗？即，我们拥有非常强有力的手段——药物、原子能，等等——来控制自然以及我们自己，但是，我们却没有在分析我们进行控制的目的是什么这个方面齐头并进。

或者，如果我们接受了有时候在一些心理学会议上提出的这个建议，即我们的计算机能够设定目标，我们的技术人员能够决定政策，那么在我看来，我们所犯的就是最为严重的错误。因为在面对目标与价值观的缺乏时，我们放弃了。计算机无法告诉我们，我们的目标应该是什么。在这个时代，当我们以及所有敏感的同时代人都感到非常混乱、焦虑的时候，我们倾向于赞同这台机器而选择放弃，这并不令人感到奇怪。于是，我们越来越倾向于只问这台机器能够回答的问题，我们越来越倾向于教授这台机器能够教授的东西，并将我们的研究局限于这些机器能够做的量化研究。因此，注定会出现一种真实的、不屈不挠的倾向，将我们关于人的意象改变成符合机器的意象，我们正是凭借它来进行研究和控制。

我认为，我们必须寻求一种新的、更为深层的对自由的理解，这样一种理解甚至在一个存在着非常巨大的、趋于控制的压倒性压力的世界中，也将能站得住脚。在我看来，要做到这一点，我们必须一开始就提出这个问题：我们试图去理解的这个存在，即人的独特特征是什么？

我们已经看到，一个主要的独特特征是，人具有觉察到自己拥有一个世界并且与这个世界相互关联的能力。权衡他的行为在长远的将来会导致的结果——我们也将此看作是人的一种能力——是一种社会的行为，并且不可避免地会暗含着价值判断。因此，心理与人格的概念暗含着独特的作为人类之特征的社会—历史发展。正如我们在前面所指出的，人不仅仅盲目地受到历史步伐的推动，不仅仅（像所有的动物那样）是历史的产物，而且他还具有自我觉察到他的历史的能力。他能够行使关于历史的选择性，能够改变自己使自己成为历史的一部分，能够改变其他的部分，而且能够在有限的范围内朝着自我选择的方向塑造历史。这种超越即时情境以及将时间这个决定因素带进学习之中的能力，赋予了人类行为独特的可塑性与自由。

你瞧，我们发现，在界定心理与人格时，我们也谈到了自由。因为人类意识到他自己是一个正在进行体验的个体，实际上不也是人类自由的心理基础吗？黑格尔用一个强有力的句子提出了我们的论点："世界的历史正是对自由的意识的发展。"

我们在心理治疗中给患者做咨询所获得的资料，在我看来，似乎明确地支持了我的论点。当人们前来寻求治疗时，他们通常将自己描述为“受到驱使的”，不能知道或选择他们想要的东西，而且他们都体验到了不同程度的不满足、不幸福、冲突和绝望。当开始对他们进行咨询时，我们所发现的是，他们已经将觉察的大部分领域隔开了，不能感觉或觉察到他们的感觉与世界联系在一起时的含义。当他们实际上只感觉到性的时候，他们可能会认为他们自己感觉到了爱；或者当他们实际上所希望的是在母亲的怀抱中得到照顾，他们却可能认为他们感觉到了性。他们通常以一种或另一种方式说：“我不知道我的感觉是什么，我不知道我是谁。”用弗洛伊德的术语来说，他们已经“压抑”了各种各样的重要体验和能力。这些症状的结果是出现大范围的冲突、焦虑、恐慌和抑郁。

因此，在治疗一开始的时候，他们呈现出一幅缺少自由的画面。根据患者体验这一事实，即他是一个拥有这个世界、能够意识到这个世界并且能够在这个世界中行动的个体这种能力的提高，我们能估计治疗的进程。[3]从一个侧面来讲，我们可以将心理健康界定为能够觉察到刺激与反应之间的差距，以及能够建设性地使用这种差距的能力。因此，在我看来，心理健康位于从“条件作用”到“控制”这个范围的对立面。治疗的进展能够根据“对自由的意识”的提升而得到测量。

自我暗含着世界，而世界也暗含着自我，每一个概念——或体验——都需要另外那一个。现在，与通常的假设相反，这些在量表上是一起向上和向下地发生变化的：广泛地说，对自我的觉察越多，对世界的觉察就越多，反之亦然。处于精神病边缘的患者通常会表现出压倒性的焦虑，即对于同时失去对自我以及世界的觉察感到恐慌。失去个人的自我就是失去个人的世界，反之也是如此。

自我与世界这种不可分割的关系中也暗含着责任。“责任”这个术语的意思是“做出反应”、“对……的反应”。换句话说，我无法成为一个自我，除非我能不断地对我是其中一部分的这个世界做出反应。

在这里，非常有趣的一点是，随着患者越来越意识到他生活中的决定性体验，他越来越朝着生活中的自由和责任发展。也就是说，随着他探究和同化了他作为一个小孩是怎样受到拒绝、过分保护或憎恨的，他被压抑的身体需要是怎样驱使他的，他的个人历史，比如说他作为一个小群体中的一员，是怎样制约他的发展的，甚至当他开始意识到他作为那个社会历史进展中的一个特定创伤时刻的西方文化中的一员，他发现他的自由边缘也同样扩大了。当他变得更加意识到他生活中无限的决定性力量时，他就变得更加自由。

这一论点的含义是非常重要的。因此，自由并不是决定论的对立面。自由是个体知道他是一个被决定的人，在刺激与反应之间做出停顿，并因此能够在一些可能的反应中进行权衡，然后偏重于一个特定的反应（不管这个反应可能会多么微小）的能力。

因此，自由也不是无政府状态：那些“垮了的一代”是反对我们这个机械论社会的贫瘠的一个象征，但不是自由的一种表现。自由永远都不能与责任相分离。

现在，让我们转向问题的另一个资料来源。这些资料是戏剧性的、鲜明生动的，但同时也是非常重要的——监狱和集中营中的个体的体验。我们可以恰当地认为，谈论在这些严重歪曲人的尊严的地方人们“对自由的意识”，将绝对是一件让人感伤的事情。但是，我们发现情况正好相反。

克里斯托弗·伯尼（Christopher Burney），一位年轻的英国特务机关官员，在第二次世界大战期间被落在了敌军战线之后，随后被德军俘虏了。他被关进了一个单独的禁闭室里，没有一本书、一支笔或者是一张纸，总共被关了18个月。在监狱中那个六乘六的小房间里，伯尼决定每一天在心里一课一课地回顾他在中学和大学学过的课程。他回顾了几何中的定理、斯宾诺莎以及其他哲学家的思想，在脑子里略述他曾读过的文学作品，等等。在他的著作《孤独的囚禁》（*Solitary Confinement*）中，他论证了他所谓的“心的自由”是怎样使他健全地度过了孤独的18个月并且使得他生存下来的。

根据在达豪集中营所经历的恐怖事件，布鲁诺·贝特海姆（Bruno Bettleheim）博士说他学会了一个相似的教训。当他被扔进这个集中营时，贝特海姆非常虚弱以至于不能吃东西。但是一位“老战俘”（他已经被关在那里四年了）对他说：

> 你听着，然后下定决心：你是想活着还是想死？如果你无所谓，那么不要吃这些东西。但是如果你想活下去，那么你只有一条路：下定决心什么时候能吃就什么时候吃，你能吃什么就吃什么，永远都不要在意这是多么令人作呕的事情。不管什么时候，只要你有机会，就排便，这样你就能确保你的身体在运转。而不管什么时候，只要你有一分钟，不要喋喋不休，自己读点书，或者一屁股坐下然后睡觉。

贝特海姆继续说：“这里所暗含的是生存所必需的东西，去开拓，获得最大的可能性，获得行动与思想的一些自由领域，不管它是多么的微不足道。”在他的著作《见多识广的心》(*The Informed Heart*)中，贝特海姆总结说，在最恶劣的环境中，个体要想生存下来的话，就必须找到并坚持他所知道的、做出行动的、保持他“对自由的意识”的权利。

现在，我想从这个讨论中提取一些关于自由的心理学基础原则。第一，自由是有中心的自我做出行动的一种特质。在上文中我们已经指出，心理或自我的“一部分”控制着心理的其他部分，这是说不通的。同样，像维多利亚时期的神父们那样，说“意志”控制着心理，或者像我们追随弗洛伊德的同事那样，说“自我”是自由与自主性的所在地，也是说不通的。大卫·拉帕波特（David Rapaport）撰写了一篇文章，作为弗洛伊德主义最近发展的一部分（试图涉足自由领域），标题是《自我的自主性》。荣格的著作中有一个章节的标题是“无意识的自主性（或自由）”。也许有人会追随沃尔特·B·坎农（Walter B. Cannon）的《身体的智慧》，撰写一些关于“身体自主性”的内容。每一个人都拥有一个特定的真理，但是每一个人同时也都犯了根本性的错误，难道不是吗？因为不管是“自我”，还是“无意识”或是身体，都不可能单独地是自主的或自由的。

正是根据其本质，自由只能存在于作为整体、作为“中心自我”而行动的自我之中。[4]意识是从其中心出发做出行动的自我的体验。个体的神经肌肉装置、他过去的发生体验、他的梦，以及无限多的他作为一个活着的有机体的体验中，其他或多或少决定性的方面，以各种各样的方式与这个中心行动联系在一起，并且只能在这种关系中才能得到理解。

当然，心理学中出现这种关于自由的混乱的一个原因，以及过去的心理学研究为什么会混淆和掩盖，而不是揭示自由之含义的一个主要原因，恰恰在于他们将人分裂开了，分割成了“刺激”与“反应”，或者是分割成了“本我、自我、超我”。甚至在我们开始对他进行研究之前，我们已经通过这些方法破坏了他的中心。如果我们想要在研究中发现任何关于心理自由的东西，那么我们显然需要某种像高登·奥尔波特的“单个个体的统计学”或者是特殊规律研究法那样的方法。或者，正如我将要提出的，需要依赖于个体的**内在一致性**以及与这种分裂相反的**重要模式**。

第二条原则是，自由总是包含着社会责任。在我们在上文中提到的关于心理的定义——在时间和空间上超越即时情境并且考虑到长远结果的能力——中，我们发现，我们不能避免心理的社会方面。主观的“心理”与客观的“世界”是不可分割地相互关联的。

这条原则引出了自由的**限制**。自由并不是特许，也不是完全“按照个人的意愿来做事”。实际上，从某种意义上说，这种凭借幻想或者是个人的领悟状态的生活，与我们一直谈论的有中心的自我所做出的行动是完全对立的。自由受到这一事实的限制，即自我总是存在于一个世界（一个社会，一种文化）当中，并且与这个世界之间存在着一种辩证的关系。艾布拉姆·卡丁纳（Aram Kardiner）在他关于美国普莱恩维尔（Plainville）的研究中已经指出，这个中西部小城镇中的人们“大体上赞同垂直灵活性的美国信条，而且认为一个人能够成为他想要成为的任何样子。实际上，机会对他们而言是非常有限的……即使他们走了很远”[5]。普莱恩维尔信条中的错误，与我们大多数普及化的关于自由的观念中的错误一样，在于他们被外在化了——它们将自我看作是在世界中做出行动的，而不是将自我看作是存在于与世界的一种辩证关系之中的。

一个人的自由会受到他的身体、疾病、死亡、智力局限、社会控制等等的限制。贝特海姆不能改变集中营中的野蛮残酷，但是他能意识到他是一个正在经受着这些野蛮残酷的个体，这样，他就已经部分地超越它们了。有意识地面对限制的能力（不管这些限制是正常的还是粗野的）已经是一种自由的行动，它将个体在某种程度上从自我削弱的愤慨中释放了出来。

我们的第三条原则是，自由需要接受、忍受焦虑以及建设性地带着焦虑生活的能力。当然，我们所指的是我们所有人在心理成长的每一步，以及在当代这个令人不安的世界中都会体验到的正常焦虑。很多年来，我一直认为，将心理健康界定为“不会感到焦虑”这个通俗的定义是错误的。它促成了个体的这些倾向，即放弃了他自己的创造性，涂上了“保护色”，并且怀着获得心理平静的希望而变得顺从。这种对不会感到焦虑的自由的强调，实际上倾向于削弱自由。

诚然，我们所有人都赞同不会感到神经症焦虑的自由——这种类型的焦虑会阻碍人们的觉察，导致他们感到恐慌，或者以其他的方式使他们盲目地、破坏性地做出行动。但是，神经症焦虑仅仅是没有面对的正常焦虑的长期结果。例如，发展中的个体面对着断奶的危机，在后来的一个阶段，即要开始上学时面临着与父母的分离，然后十几岁的时候面临着性问题的出现，他发现他无法处理这其间所涉及的焦虑，而必须将其压抑，那么他从这一系列的事件开始，最终导致了神经症焦虑。同样，我们成年人在面对着核战争这个迫近的危险时，也是这样的：如果我们在面临这种可怕的可能性时，压抑我们正常的焦虑，那么我们将会发展出具有各种症状的神经症焦虑。

自由意味着面对和忍受焦虑，而逃避焦虑意味着自动地放弃个人的自由。整个历史中的鼓动者都是使用后一个策略——使一个民族不断地遭受不能忍受的焦虑——作为一种强迫他们放弃自由的方法。于是，这个民族就可能怀着摆脱焦虑的希望接受了实际上的奴役。

在这里，要提出一个关于使用药物来减少焦虑的告诫。镇静剂的使用（除了在这样的情况下，即当患者的焦虑是不可忍受的，导致了破坏性的退行，或者是致使他不能接受治疗）是非常没有把握的。我们应该面对这样的事实，即在带走个体焦虑的时候，我们也带走了他学习的机会，我们带走了他的一些资源。焦虑是内在冲突的一个迹象，只要有冲突，在意识的更高水平上做出某种决定就是有可能的。“焦虑是我们最好的老师，”克尔凯郭尔说，“因此，正确地学会焦虑的人就学会了最为重要的东西。”

自由是某种你成长为的东西。我对这种过分简单化的说法，即说我们是“生而自由的”表示怀疑，除了在潜能方面。相反，正如在本章开头的引语中所说的，我更倾向于强调歌德在《浮士德》中的洞见。

让我来谈一下我自己关于自由之人的印象主义画面。自由的人能够意识到他具有在影响他的社会群体或国家的决策中承担某种角色的权利，他通过肯定这些决定来实现这种意识，或者，如果他不同意，那就为了下一次能够做出一个更好的决定而表达出他的反抗，从而实现这种意识。自由的人会尊重理性的权威，不仅是历史的权威，而且还包括他那些可能与他拥有不同信念的同伴的权威。自由的人是有责任心的，他能够为了群体长期的福利而进行思考和做出行动。他尊重作为一个具有价值和尊严的个体的自我——这种尊严不是他知道他自己是一个自由人的根源。如果需要的话，他能够独立自主，就像梭罗（Thoreau）一样——

当基本的原则濒临危险时，能够成为一个少数派。而在我们这个时代，可能最为重要的是，自由的人能够接受在我们这个动荡的世界中所不可避免的焦虑，然后将这种焦虑转换成建设性地用作朝向更大的“对自由的意识”的动机。

我将通过指出这种对自由与责任的重新审视是怎样影响心理咨询的来结束这一章。

第一，我们已经强调，自由与责任总是互相包含的，并且永远都不能将它们分割开来。

第二，我们的讨论指向了对焦虑的建设性使用，并且间接地指向了对咨询中内疚与内疚情感的建设性使用。内疚是由于我们没有完成责任，也就是说，没有实践我们自己的潜能，或者是我们在与其他人以及群体的关系之中（例如，在爱和友谊中）的潜能而产生的主观体验。然而，我们关于自由的讨论表明，我们作为治疗者和咨询者不应该将我们的内疚和我们的价值判断转移到前来咨询的人与患者身上，而应该努力地帮助他说出并面对他的内疚，以及对他而言的含义与意义。当然，我们的目标是缓解神经症的内疚情感，但是神经症内疚与神经症焦虑一样，是早先没有面对的正常内疚的最终结果。虽然没有给出理由来支持我的陈述，但是请允许我在这里这样说：建设性地面对正常内疚，会让前来咨询的人与患者获得自由的能力与承担责任的能力。

第三，我们的讨论指向了这一事实，即在咨询过程的每一个点上都预先假设了价值观。我们需要再次考虑存在咨询关系——这是一种奇怪的情境，在这个情境中，两个人坐下来，专门花一个小时的时间来解决其中一个人，即前来咨询的人的问题——这个纯粹事实中价值观的深刻意义。这包括在一个更深的水平上再次询问什么是德国人所谓的共在（Mitsein，“与……在一起”）以及布伯（Buber）所谓的我和你关系。

第四，我们的讨论还指出了这个事实，即在前来咨询的人自身整合的每一步中都预先假设了价值观，但不是从将咨询者的价值观或者甚至是社会的价值观作为唯一可能的价值观或者首选的价值观移交过来，或者是巧妙地作出暗示这个意义上说的。通过承认（尽管这并不需要用言语表达出来）他（即咨询者）拥有自己的价值观，而且隐藏这一事实是没有利害关系的，咨询者能够最佳地帮助前来咨询的人获得他自己的价值观，不过没必要假设这些对于前来咨询的人自身来说将是最为有意义的、最适合的价值观。

注释

［1］参见托马斯·萨斯（Thomas Szasz）对威廉·格拉泽（William Glasser，M. D.）的著作《现实疗法》的评论。萨斯博士指出，格拉泽博士将一切现在将其称为“心理疾病”的东西都重新标注为“不负责任的”。因此，既然在患者与治疗者的道德标准之间并没有作出区分，那么，在最糟糕的情况下，就会设置阶段来将治疗者的价值观强加到患者的身上，以及至多在“适应”和“心理健康”这些标题之下将社会的道德态度移交至患者身上。我获悉，格拉泽博士的疗法是他在一个过失少女机构担任精神病学家时，通过原创性的研究得出的。这就说得通了：病态人格是一种不需要用“良心”来开始就可以得到认可的临床类型，而且如果没有在患者身上发展某种社会感，就不可能触及。但是，要将这种类型的疗法扩展至所有类型的患者是没有希望的，会混淆整个关于神经症和心理疾病的问题，而且会使得治疗者成为破坏患者的自主性、自由、内在责任心以及激情的社会代

理人。

［2］Carl Rogers，"Learning to be Free，" paper presented at Conference on Evolutionary Theory and Human Progress：Conference C，The Individual and the Design of Culture，Dec. 2－14，1960. Mimeographed transcription，pp. 15－16，79.

［3］卡尔·罗杰斯已经提交了论证这个论点的实证研究。

［4］这个概念来自于保罗·蒂利希的著作，也在他的著作中得到了发展。

［5］Abram Kardiner，*The Psychological Frontiers of Society*，Columbia University Press，New York，1945，p. 4.

第十三章 Chapter Thirteen

关于人的科学的问题

在某种观念会因与宗教相左而受压制的时代，神学成了谬误最大的、唯一的根源。而今天，当任何一种人类思想由于被打上了非科学的标记而遭到怀疑时，这种以前由神学行使的力量就传给了科学，因此，科学就转而成了错误的最大的、唯一的根源。

——迈克尔·波兰尼：《意会的知识》

如果我们想要研究和理解人类，那么我们就需要一个人的原型。这听起来就像是一个自明之理，它也应该是一个自明之理，但是让人觉得奇怪的是它根本就不是。我们其他从事诸如物理、生物这些科学学科的同事，发现我们的原型不是从他们的科学中选出的，而经常是从他们已经抛弃的过时科学形式中选择时所表现出来的惊奇，一次又一次地给我留下深刻的印象。他们可能是在增加另一个自明之理："当然，你们必须有一个来自于你们所研究的对象那个复杂性水平的原型，即人类。"

缺乏恰当原型是与另一种奇怪的状态联系在一起的。也就是说，在我们的科学杂志和日常报纸上经常会出现各种关于心理治疗和现代人的情绪问题的一般讨论，但是我们却仍没有一种可以作为心理治疗之基础的可行的关于人的科学。在本章中，我不会擅自提出任何解决该问题的科学，但是我确实怀有更为谦恭的希望，即希望下面的话将有助于指出富有成效的、基本的问题。

我所说的“关于人的科学”，并不仅仅指把心理学、社会学、人类学以及狄尔泰所称的与“自然科学”相对的“文化科学”中的其他学科堆在一起。当然，这些文化科学与任何对人的恰当理解都有非常大的关系。但是，我所说的关于人的科学，其含义是完全不同的，它是一种使我们能够理解、澄清人所特有的与众不同特征的可行理论。它是一种可以作为心理治疗之基础的理论。如果这个短语还是模棱两可的话（很可能是这样），我相信随着这个讨论的进行，它将会变得更为清晰、更为精确。

就是由于我们缺乏这样一种科学，才使得现在对心理治疗的目标产生了很大的理论混淆。没有人对人类这种动物是什么、我们心理治疗者研究和试图帮助的对象是谁，或者甚至是这种帮助包括什么有一个非常明确的观念。实际上，有迹象表明，当代的心理治疗处在了一种特定的困境中：它在应用方面变得更为普遍，训练变得更为熟练的同时，它内在的理论混淆却变得更为明显。例如，12 年前，美国精神分析学会指派了一个委员会来研究一种关于精神分析的定义。这个委员会刻苦地工作了四年的时间，用问卷对其成员进行调查。但是唯一能够达成一致的论点是一种技术上的论点，即精神分析是一个星期至少需要花四个小时的某种东西。这个委员会最终只能作出结论说，理论不确定性非常大，以至于不能得出一个定义。

在这里，我并不打算列举或评价现在正在进行的许多不同的研究。我只是想指出，研究倾向于遵循着这样的科学路线，即已经设定了明确的假设和方法，而实验设备也已经是可用的。根据精神病学进展小组的研究[1]，精神病学杂志上所刊载的各种研究的主要共同点是对躯体治疗的研究。“根据突出性来排序，接下来的是与精神病相关的解剖学研究、生理学研究以及生物化学研究。精神病学家的医学背景，以及他多年专注于研究器官和组织病理学，就决定了研究的兴趣。”[2]直到最近，心理动力学与精神病理学的研究在精神病学的研究中也只占很小的一部分。这个报告表明，尽管当前出现了一种朝向这类研究的趋势，但是我们还是要加速这类研究，使其符合关于精神病的躯体治疗和躯体相关的研究。

众所周知，最近精神病学领域中最为显著、深远的进展在于用药物来控制焦虑、抑郁以及其他形式的情绪障碍。对于障碍程度非常高的患者而言，药物在保护他们自己以及缓解他们无法忍受的焦虑与抑郁方面显然具有价值，而对于多得多的患者而言，药物可以帮助他们进入使他们服从于心理治疗的状态。

但是，正是这些药物的使用，使我们获得一种恰当的关于人的科学的必要性更加强烈。原因如下。与消灭有机体的疾病中那些入侵的细菌和病毒的原则相比，缓解情绪问题的药物是在一个完全不同的原则上发生作用的。一些药物会阻断情绪状态所导致的让人痛苦的结果，但是它们无论如何都不会对其起因产生任何效果。它们能够改变有机体的反应，但是它们却不能触及这些反应原先为什么会被歪曲这个问题。例如，镇静剂能够帮助你获得一晚上的好眠，但是对是什么使得你无法入眠这个问题，它却无能为力。对你来说获得那一晚的好眠也许仍然是有价值的，尤其是如果它使得你次日可以更为有效地应对问题。另一方面，服用安眠药片可能确实会帮助你避免你的问题，它也可能去除了你在你自身的发展之前采取某种措施的动机。这个简单的论证可能会让我们弄清楚这个一点都不简单的论点，即一般情况下，对于患者来说，消除他们的症状，而没有帮助他们治愈导致这些症状的潜在问题是有害的。一般而言，症状的作用是提供诱因和定向仪以找到潜在的问题。在心理学方面，焦虑和抑郁是告诉个体他有一个潜在的问题需要努力纠正的自然方式（如果我们可以这么说的话）。

如果现在已经得到完善的这些用于缓解心理障碍的药物以及改变情绪的药物变得广为人们使用（接下来的几十年几乎肯定会发生的情况），而没有同样地帮助人们解决他们的问题，那么我们将很可能会目睹我们社会中在一个甚至比当前更为广泛的范围内各种新的心理和心身障碍的出现。如果我可以冒险做出一个预测的话，那么这些障碍中主要的将很可能是情感淡漠以及我已经在其他地方说过的内在空虚的体验。[3]因此，这些药物绝不会使我们对人的心理学理解变得不那么急迫，实际上，克服我们对这种生物的性质的混淆，然后研究出某种关于人的科学以引导心理治疗的研究，将只会变得更为关键。

同样，我们为一种关于人的科学所提供的原型也不能一股脑儿地全部从医学中移植过来。显然，许多专家以及聪明的门外汉都对医学与精神病学和心理学问题之间的关系产生了很多困惑。我们必须清楚看到的具有实质性的一点是，精神病障碍（排除少数具有器质性基础的）和心理问题，与医学方法在过去几十年中非常成功地治疗的疾病（例如，治疗小儿麻痹症所取得的显著成功）相比，具有一种迥然不同的性质。沙利文深刻地证明了这一点，托马斯·萨斯充满激情地证明了这一点，还有许多其他人也恰当地证明了这一点。医学方法的本质在于，界定疾病实体，然后将入侵的生物体（细菌、病毒）分离开来，发展或发现特定的药物或疫苗来消灭这些生物体。但是，正如斯蒂芬·兰森（Stephen Ranson）博士精确地指出的：

> 医学上的器质性疾病根据其最为显著的方面可以被归入相对具体的疾病实体……这对于精神病学的个案材料来说似乎生来就是不可能的。而后者似乎是由反应模式或相互作用模式（生活模式）构成的，表现出了最大可能的变异性。……［器质性疾病包括］个体内部的异常现象的模式。另一方面，功能性的精神病障碍……指……的是个体与其他个体或群体的相互作用……简而言之，器质性疾病与精神病障碍似乎代表的是发生在不同的关系框架中的现象。[4]

兰森博士恰当地总结道："对基础理论结构的广泛评论，表明其状况是良好的。"同样，其含义也是明确的，即既然这些障碍发生在话语的一个新的水平上，即，个体之间的相互作用，以及个体与群体之间的相互作用，那么就需要一个新的科学框架，而不仅仅是生物科学或物理科学的一种扩展。

当我们将精神病障碍（例如，精神病）转到情绪和心理问题（典型的是神经症以及行为困难）时，甚至更为惊人的是需要一种新水平的话语。弗洛伊德在漫长的人生历程中一直试图找到他可以据其探究人类心理生活的方法，在他的努力中，我们可以观察到这种最为迷人的、最有启发意义的新发现。在最初那些孤独的研究岁月中，实际上没有一个人理解或支持他的研究，他写了一封信给他的朋友弗利斯（Fliess），在信中他描述了这些努力。弗洛伊德当然是作为一位医生和神经病学家而接受训练的，他一次又一次地向弗利斯（一位生理学家）解释了他想要用神经学的、器质性的术语来阐释歇斯底里以及其他心理问题的努力。但是，每一次他都失望地发现，他不得不移到一个新的水平来进行他的解释。在1897年8月所写的深深打动人的一段话中，他告诉他的朋友他想通过歇斯底里理论来获得声誉的伟大希望是怎样完全破灭的，而且他还补充说："在总体的失败中，只有心理学还保留了它的价值。"他甚至悲痛地，也许是讽刺性地要求弗利斯"给我某个坚实的基础，在这个基础之上，我能够放弃从心理学方面来解释这些事情，然后开始在生理学中寻找一个坚实的基础"。

弗洛伊德是一个真正的探索者，不管资料将他引导到哪儿，他都会跟随到哪儿，即使这意味着要艰苦地爬过高山才能到达新的山脉，在那里，旧的图表与方法也不再适用。从这个意义上说，他不仅具有科学家的精神，而且还具有哲学家的精神。"当我年轻的时候，"他在给弗利斯的信中写道，"我唯一渴望的东西是哲学知识，而现在，我正从医学转向心理学，我正处于获得它的过程之中。"实际上，弗洛伊德最终不得不与弗利斯绝交，因为生理学家拥有"根据一个物理的、数学的程式来建立生物学的牢固观念"，但是，弗洛伊德知道，他所寻求的真理必须在一个新的整合水平上来加以解释。正如恩斯特·琼斯（Ernest Jones）在他关于弗洛伊德的传记中所说："我们知道，关于人的身体折磨的研究，并没有使他更接近也许甚至阻碍了他的进展。然而，通过一条非常迂回的路，他最终达到了他的目标，他合理地将其看作是他生命中的胜利。"

在关于人的科学中，医学资料以及其他的生物学资料都是非常重要的。然而，我只是想强调，我们像弗洛伊德一样，在现代科学的阳光之下面临着某种新的东西。

当然，关于人的混乱，并不是精神分析学家、精神病学家或是心理学家的错，它像一条裂缝刺穿了我们的整个文化。如果我们片刻地回顾一下整个历史以获得我们的历史意义，那么我们能更为清晰地看到我们正在谈论的内容。自文艺复兴时期起，现代人的才能一直都在于对物理自然的理解与掌握。17 世纪的一些哲学家和科学家曾系统阐述了这种对自然的新的控制方法。我们看一下笛卡尔的生动阐述。他在他的《方法导论》（*Discourse on Method*）中坚持认为现实有两面：一面是物质，这是能够测量的，是客观的，而且有其外延——也就是说，物理自然，包括人的身体。另一面是思维、心理，这是主观的，是无法测量的。笛卡尔以及 17 世纪的其他哲学家与科学家并不是有意将世界一分为二。他们关于理性的观念就是保罗·蒂利希所说的“入迷的”，他们并不是二元论者。实际上，笛卡尔试图将身体与心理都包括进来，坚持认为它们是通过位于大脑底部松果体的灵魂而联结在一起的。现在，我们已经知道了松果体的具体位置。但是，研究者显然一直都很难发现居于那个位置的灵魂。笛卡尔犯了典型的现代错误，即试图将灵魂界定为一样东西、一个实体。

这种两分法的结果是，现代人于是放弃了另一个方面，而让自己沉湎于对其中一个方面的追求——即，可以测量的自然。现在的方法已经使得在自然与人之间保持一段距离，然后将自然当作客观的、“在那里”的某种东西进行研究成为可能。这种方法在物理学、化学中取得了巨大的成功，后来在生物学与医学中也取得了成功。可以理解的是，那些最符合这些新的数学方法的科学取得了最大的进展。同样可以理解的是，那些在自然科学中非常有用的方法也用在了人身上，人类体验中那些看起来合理的、明确的、可以测量的方面被挑了出来进行研究，但是那些主观的问题——价值观、意识、自由、责任——被当作不值得研究的东西而束之高阁，或者被完全否认。到 19 世纪中期，生命中主观方面与客观方面之间的这种分裂，已经加深成了一条分裂整个文化以及文化中的个体的裂缝。[5]生活于 19 世纪后期的个体遭受了一种心理的分裂——这种分裂正是弗洛伊德在其精神分析的发展中试图去治愈的障碍。在其最简单的形式中，精神分析是一种将非理性与理性的东西、"客观的"与"主观的"东西带回这个整体的方法，是一种使人重新变得完整的方法。

现在，我们已经知道了大量关于身体的化学过程和对身体疾病之控制的内容，但是对人们什么会憎恨、他们为什么不能爱、他们为什么会遭受焦虑与内疚的痛苦，以及他们为什么要互相摧毁对方这些问题，我们却知之甚少。然而，站在氢弹这个致命的阴影之下，我们已经强烈地觉察到，在一种科学上对自然和人的片面研究中，存在着极端的危险。

实际上，我们社会非常强调笛卡尔两分法中的客观面，以至于人们倾向于认为这是唯一的取向。在我看来，当威廉·亨特（William Hunt）博士在他的萨蒙（Salmon）演讲中说"精神病学，连同心理学一起，在过去的 20 年中，一直广泛地炫耀着心理动力学，而忽视，有时候几乎是排除了机体的、生理的一面。钟摆注定要晃回来，而且有证据表明这种往回的晃动已经开始了"，他就是犯了这种错误。在我看来，这似乎反映了一种对历史的短期解读。诚然，如果他是反对最近几年出现的肤浅的心理学化，那么亨特博士是对的。在格林威治村或派克大街的一些圈子中，如果没有人谴责你试图逃避责任，或者是怀有针对你岳母（婆婆）的受到压抑的愤恨，那么你甚至不用感到疲劳。当然，我们越早地结束这种心理学化越好。让我们一刻也不要忽视现实和体验的机体方面，正如克尔凯郭尔说的，自然还是自然，而我要补充说，疲劳还是疲劳。但是，这并不能改变这一事实，即在现代，我们所强调的要点一直压倒性地放在了机体的一面，对于人们行为的生理方面，我们了解很多，但是对于他们心理、社会和精神的动机，我们在很大程度上却仍然是文盲。我们的问题是，我们是否能够克服身体与心理之间的分裂，然后根据人之作为人的独特特征直接地研究人。

在过去的半个世纪中，已经成为美国哲学与科学（包括心理学）之特征的对人与自然的关系以及人与动物的连续体的强调，在其目标方面是合理的。是的，我们已经在非常大的程度上打破了与自然的联系。但是，我认为，人与自然之间出现这种分离的原因，恰恰就是我们正在讨论这种两分法：倾向于将自然和动物假定为纯客观的、“在那里的”。现在，显而易见的是，我们与自然以及低于人类的有机体的关系，无法通过对这种两分法中一面的进一步过分强调而得以恰当地重新建立。而且，每一个存在都必须在其自身的固有特征基础之上与其他存在相联系。

作为这个问题的一种解决方式，我们有许多同事都积极地提出，只要我们关注自己的行为，我们就能避免整个困难。这是洛克派的模型——在英国和美国占据统治地位的行为主义心理学就是阿尔波特所谓的心理学的洛克派形式。[6]通过加倍地强调其一面，行为主义大体上避免了这种笛卡尔哲学的两分法。但是，我们所看到的在心理治疗的每一刻都能得到论证的这个简单事实是，人们确实会对环境的内在体验作出反应。

例如，当A先生走进我的办公室，我必须对他行为的所有方面都保持敏感——他紧张的眼神，他短暂的微笑，他焦虑不安的动作，他以一种过度放松的方式坐在那里这一事实，他点着了一支烟但却只吸了几口。这些不仅是他所告诉我的关于他的问题的内容，也是所有的资料。但是，他的梦和他的幻想也是资料。同时，我还必须觉察到在那个时刻我自己的感觉如何，因为我是他此时正在尽力与其交流的世界的一部分。正如尼尔斯·波尔（Niels Bohr）所说，甚至现代的物理学家也必须觉察到，作为一位科学家，他不仅是观众，同时也是演员。而我作为一位治疗者，是这位A先生在这个特定的时刻与这个世界交流所凭借的工具。所有这些以及其他成百上千的资料都是非常重要的。简而言之，对于我们治疗者而言，行为主义的主要问题在于，它遗漏了大量的行为。

我感觉，当波尔、海森堡以及其他物理学家指出这种认为自然能够与人相分离的哥白尼式观念不再站得住脚，而且“一种完全独立于人的（即，客观的）科学这种理想是一种幻觉”[7]时，对我们心理学家所产生的主要影响应该是一种解放。我们应该勇敢地看到，我们已遵循了太过狭隘的科学观点。例如，对于科学来说理想的数学量化测量的方法是现代特有的一种发明，在很大程度上归功于中世纪后期阿拉伯数字被带进欧洲。从古希腊时期起，科学的基本目标就是发现现实的规律（lawfulness）。这种规律能够用除了定量以外的其他方法来加以论证。内在一致性就是一种这样的方法，模式的发现是另一种。

对于一种关于人的科学而言，将行为主义作为模型的另一个缺点在于，它并没有充分地考虑到人是一种能够觉察到他正在受到制约的哺乳动物。如果人不是仅仅让自己沉湎于实验室的任意条件，不是没有意识，或者不是在药物或催眠的控制之下，那么他就能知道他正在受到制约，而且在这个时刻，他能够在刺激与反应之间作出停顿。这种停顿即使可能只是一会儿，也能使他做出某种权衡然后偏重于一个或另一个反应。因此，说人类仅仅是条件作用的“产物”是不确切的。行为主义以及其他形式的实验心理学和实验室心理学具有其重要作用，这一点已经得到公认，但是，我们必须将它放在一个关于人的本质与科学这个更为宽泛的背景之中。

存在一种情绪的，或“心理的”问题，是什么意思呢？具体地说，什么是情绪问题之所在？如果你观察自己的体验，你马上就会看到，需要一个新的范畴，常用的“身体”与“心理”这些术语已经不够。人们一般认为，身体影响心理，心理也影响身体，而如果你将这两者加到一起，你就能得到一个个体。但是，整个情形根本就不是这样的，或者这甚至不是这个情形的主要核心。举一个简单的例子，比如说，你在身体方面感到疲劳。它将如何影响你的“心理”，不是取决于疲劳本身，而是取决于你（在你的自我觉察中）怎样与这种疲劳联系在一起。如果你能接受你的疲劳——比如说，是因为滑雪或游泳——那么这种疲劳就是令人感到愉悦的。然而，如果你的疲劳源自于承担某种你不喜欢并与之斗争的义务，那么你很可能会体验到激怒。第三种情况，如果你甚至不能承认这种疲劳而不得不压抑它，那么它将会产生一个完全不同的效果：你将很可能会带着矫揉造作的，但却徒劳的精力迸发来强迫性地工作。在这里，这个简单的身体状态——疲劳，有着三种迥然不同的效果，这取决于你在你的自我觉察中是怎样与它联系在一起的。

同样，让我们以一种所谓的心理或情绪状态——焦虑为例，看看它是怎样影响身体的。如果你能接受这种焦虑，那么它不会对你产生特别的伤害，甚至可能对你来说是一次有教育意义的机会。然而，如果你怨恨它、与它对抗，那么它将会产生另一种效果，你很可能会变得抑郁、厌烦。第三种情况，如果你不能接受它，而采取压抑的方式，那么它实际上可能会促成有害的心身影响，例如溃疡的突然加剧。在每一种情形下，我们看到并不仅仅身体影响“心理”，或者是“心理”影响身体，相反，关键的问题是，这个个体在他的自我觉察中是怎样将身体与心理这两者联系起来的。这个关键的范畴就是与其自身联系在一起的自我。

我们如何来称呼这个东西呢？自我觉察？自我指示？对此，我们的一些心理学同事已经感到担忧了：这个听起来太像“灵魂”这个古老的观念了。他们将会提醒我们：“直到我们去除了那个概念，我们才能建立起作为一门科学的心理学。”这当然是为什么许多遵循行为主义传统的心理学家也抵制“自我”这个术语的原因所在。他们坚持认为，这些观念会被用于用未经证明的假定来辩论：“据说，某人做这件事情是因为他的‘自我’或‘灵魂’导致他这么做的。”我可以补充一点，用未经证明的假定来辩论这种做法显然不是有效的科学——也不是有效的哲学或宗教，在这个方面，他们是对的。然而，我一直都有这种怀疑，即通过拒绝考虑问题来避免问题，是一种防御性的科学，而且历史上更多的情况是，保持一种遵循科学的心理来尽力研究“自我”、“灵魂”这些概念的机能意义。亚里士多德所说的灵魂指的是人身上积极的、理性的原则，他绝不是傻瓜。至于笛卡尔，从他将灵魂看作是某样位于头脑与身体交汇处的东西这种拙劣的现代曲解，我认为，他真的是在尽力（不管有多么的不令人满意）描述这种一个个体据此能够觉察到心理与身体的能力。弗洛伊德的勇气的一个方面在于，他坦率地使用了“精神”这个术语，并且毫不犹豫。我并不是把上述内容当作解决方式提出来的，但是，我确实认为，如果我们想要有点成就的话，那就必须克服我们对这些智力方面的幽灵的恐惧。如果我们想要在理解人类及其问题方面有所进展的话，那我们就需要战胜我们认为事情要成为真实就必须是具体的，或者认为只有可以量化的东西才是真实的这样的幻觉。

现在，我打算总结一些于一种关于人的科学来说所必需的元素。每一种科学都必须适用于所研究主体特有的、独特的特征，在我们的案例中这个主体指的是人类。因此，我们以这个问题开始：什么是人类这种哺乳动物的独特特征？

首先，我们观察到，人是一种会谈话、能够将符号用作语言的哺乳动物。人类使用语言的能力基于他可以象征性地应对现实这一能力——这仅仅是一种使某物脱离于它真正的样子的方式，例如构成“table”这个词的两个语音，并且在我们自己当中已经达成共识，即这两个语音将代表一整类事物。因此，人类能够用像“美”、“科学”和“善”等抽象的东西来进行思考和交流。这就预先假定了一种不仅仅与即时的、既定的具体情境相联系，而且在具有普遍性的情境中进行应对的能力。

我们所观察到的另一个特征是，人类这种哺乳动物能够保持时间。这是能够站到当前之外，然后让个人的自我向后回忆昨天所发生的事情或向前想象后天将会发生的事情这种简单但却惊人的能力。正如霍华德·里德尔所说，一只羊能够保持时间，能够“为将来做计划”，但仅仅只有大约十分钟，一只狗大约能保持半个小时。但是人是一种能够“固定时间的”哺乳动物：他能够将几百年以前的过去带到现在，能够利用过去和现在为遥远的将来做计划。一些研究人性的学者坚持认为，固定时间的能力是“‘心理’的本质，同样也是‘人格’的本质”（莫瑞尔，科尔兹布斯基）。当然，说既然羊能够做十分钟的计划，人可以做五百年的计划，那么很简单，人所拥有的这种能力是羊的 262 800 000

倍，这是完全说不通的。显然，量的差别，同时也是质的差别。人类能够超越即时情境这种能力的主要象征是，他具有超越其自身的死亡而做出计划的能力——他能够像他在那个世界中或不在那个世界中那样来看待世界。

这就是人类为什么是特有的历史哺乳动物的原因所在：他不仅像每一种哺乳动物那样受到他的历史的推动，而且他能够觉察到他受到推动，并因此能够选择那些他特别希望参与以及对他的发展产生最大影响的历史方面。而且，这是他能够（尽管可能非常微不足道）影响作为整体的民族和社会的历史进程的能力的根源。

我们在这个主体身上所观察到的另一个特征在于，能够与他的同伴进行社会交互作用的特有的能力。你可能会说："这不是独一无二的：许多有机体都是'社会性的'。例如蚁群和羊群。"是这样的，但是蚁群尽管复杂地组织到一起，但是五千年来却没有发生任何的变化。我借用霍华德·里德尔的话，即他认为所谓的羊的群居"指的是使看得见的环境保持不变"。只有在两个时期，即交配期和哺乳期，羊会根据它们作为羊的本性而与其他的羊发生交互作用，在其他时间，这个"羊群"可以包括牧羊狗或牧童，只要这个群保持不变。但是人类一直都能——或者至少开始变得能够——觉察到他的人际关系，他愿意接受特定个体的影响，并且或多或少地抵制其他人。因此，他能够在某个界限内塑造以及修正他与同伴之间的关系，他在他的自我觉察中部分地是他的社会的创造者，以及意义的赋予者。一群单独的动物组成一个群，一群人组成一个社会。

现在，我们停下来问一下：我们所引用的这三个例子的共同特征是什么？在第一章中，我们已经将这确定为人类超越即时的、具体的情境，并同时将他自己体验为客体与主体的能力。我不是唯理智地或分离地提出这一点的——他将他自己体验为是客体与主体，这指的是他带着情感、带着某种价值判断以及或多或少的承诺，与这两极联系在一起。他能够将他自己看作是需要在某个既定的情境中做出行动的个体，同时要成为那个个体。当你在阅读这一页时，你就是我这些话语的客体。但是，同时你能觉察到你自己是一个正在读这些文字的个体，也就是说，主体。因此，你拥有某种自由的空间，以决定你在多大程度上表示赞同或不赞同。

在神经生物学家戈尔德斯坦看来，这种超越具体情境的独特能力有其神经学方面的推论。众所周知，在人类身上，额叶是大脑中占据面积非常大的部分，但是在低级动物的身上却很少，或者几乎不存在。戈尔德斯坦表明，当大脑的额叶受伤，患者所丧失的恰恰是我们一直在谈论的这些能力。他们总是专注于具体的事情，如他们的衣服放在哪里，当特意给他们一张纸让他们写下他们的名字，他们不会在这张纸中间的某个位置写，而是即时的、具体的边界在哪儿他们就写在哪儿。戈尔德斯坦指出，他们无法超越即时与当前，而且他们逐渐丧失了抽象思维的能力。

显然，人能够同时将自己看作是主体和客体的能力，与通常所称的“自我关联”非常相似。但是，在这个背景下我所提出的自我关联所指的是，不仅与个人自身的自我，而且与其他的自我联系在一起的能力。这与自我中心是完全不同的。从沙利文及其他人的研究中，我们知道，对个人自我之觉察的缺少或歪曲，会阻碍对他人的觉察，一个人将他自己看作是主体这一能力越明确，他就越能了解其他自我。

而且，这种同时成为主体与客体的情形，成了我们对周围世界的特有觉察之基础。如果这个真理是众所周知的，那么凭借这种能力，我们就能够成为自然的科学家，也就是说，我们能够把自然看作是“在那里”的，能够暂时地将主体与客体分离开来，能够用关于自然的抽象的、普遍的规律来进行思考。实际上，那些坚持用“纯粹的客观性”来对待自然与人性，并且对“自我”这个概念心生反感的最为极端的行为主义者，只有凭借他自己的自我关联能力，才能采取他那种对自然的客观态度。

在这一点上，我们需要指出，“在他的环境中的人”这种说法是不恰当的。诚然，每一个有机体都有一个环境。但是，在人类与他们的环境之间存在着一种独特的关系。正如关于知觉与投射的具有高度暗示性的研究所表明的，人类是根据他们自己的象征和意义来看待环境，并与环境发生相互作用的，而且对于他们而言，环境的某些特征取决于这些象征和意义。当我们意识到在个体身上发生了多少投射（正常的，以及歪曲的）时，比如说，在琼斯与他的环境之间的关系中，以及那个环境对于琼斯而言具有多少特殊意义，我们就可以看到，将环境当作可以被描述为某种与琼斯分离的东西来谈论，是多么的不确切。我经常感觉到，行为主义者以及其他那些假设一个客观真实环境的人，并没有足够认真地考虑这一事实，即从逻辑上讲（就像在哲学以及现代物理学中所论证的一样），他们的假设是一种富有想象力的建构，对于此刻这些特定的、抽象的科学目的来说是有用的，但是在本质上是不现实的。

无论如何，这就是我们在这些章节中谈到自我时说它拥有一个“世界”而不是拥有一个环境的原因所在。自我关联预先假定了一个与自我联系在一起的有结构的世界的存在，通用的“有机体—环境”范畴运用于人类身上的特殊形式就是“自我世界”。

现在，我们遭遇了这个问题，即自我关联这种将个人的自我体验为主体与客体的能力，是怎样与所谓的自我觉察区分开的？自我觉察是自我关联的有意识的、理智的方面。但是，并不是它的全部。实际上，在一些心理治疗流派中存在着一个真实的危险，即自我关联可能变得太过于理智化，太过于咬文嚼字，变成某种谈论的而不是实践的东西。这个错误尤其需要告诫，因为一些读者可能会将我的“超越”这个词解释为生活在一个象牙塔之中，生活在日常的现实之上，安逸地靠在极乐的抽象物这个新的科学子宫之中。这完全是一种误解。

因为自我关联不仅包括有意识的觉察，还包括下意识的水平。例如，当你致力于爱，或者是某种其他形式的激情，或者是一次斗争，或者是一种理想，那么你就应该（如果你想在你的爱或斗争中成功的话）同时在许多不同的水平上与你自己联系起来。是的，有意识的觉察存在于你的承诺之中，但是你同时也会在你自己身上体验到下意识的，甚至是无意识的力量。这种自我关联存在于放任自我选择之中，它意味着作为一个整体来做出行动，它是一种“我让自己陷入其中”的体验。

关于放任体验的技术性术语，是一个古老的术语，对此，我提出，我们应该看到这个术语的一种新的含义——即，入迷。入迷（ecstasy）这个词的词根是 *exstasis*，其含义是“从……中突出来”，入迷存在于所有的创造性活动中。放任的相反类型是恐慌或被迷住这种状态。一极的入迷，以及另一极的恐慌与被迷住，两者都涉及作为一个完整的个体而做出行动，但是，注意一下，它们之间的差别是多么大啊！在恐慌以及被迷住的状态下，自我关联处于最低的水平：这个个体盲目地、无理性地、不能自由选择地做出行动。而且报纸上说："他像一只动物一样做出行动"——这对于我们的类人猿亲属来说是一种不适宜的侮辱。但是，入迷不是非理性的，它是超越理性的。任何一个曾经真正地做过爱，或画画，或者严肃地进行一场斗争，或体验到创造性想法的人都知道，入迷会带来一种升华的认识。一个人会得到他不知道自己拥有的观念，他的视野会得到提升，他能更敏锐地知道要做什么，他能改变他的行为，而且还会涌现一种敏锐的推理与判断，就好像它来自于下意识水平一样。正如我们用入迷论证的一样，自我关联不仅仅是有意识的、理智的认识。

这将我们带到了一种关于自我关联与身体的评论上。当尼采说"我们用我们的身体来思考"时，他的意思并不是说思维是一个生理过程。他的意思是，在任何完整的与自我的关联中，都必须将身体包括进去。现代人与其自身之关联的丧失的一个方面是，他的身体陷入了主体—客体的分裂之中：他倾向于将他的身体完全看作是一个客体，是某种外在的、可以用化学方法进行研究的、可以对其进行计算和控制的东西。从牛顿学说的意义上看，身体被看作与自然的其他部分一样，是某种用力量去战胜的东西。例如，这种类型的假设存在于金赛的方法中，即人们可以被看作是性"对象"，而且性可以脱离其主观性的、人与人之间的意义，可以用统计学方法进行研究。带着这些态度前来寻求治疗的人，通常表现出一种相当大的与身体的隔离。尼采比我们现代的许多科学假设都更明智。身体是自我的一个方面：这是我们与世界之间交流的一种形式，并且同样也是自我关联的一个必需部分。

关于人的科学必须有关于人的独特的、与众不同的特征作为其支点，即，他同时与作为主体和客体的自我联系在一起的能力。现在，让我们来问一下：这样一个框架作为基础是怎样促进我们在心理治疗中的理解和研究的？

很快，我们看到，主体—客体概念为我们在关于人类身上导致心理与情绪问题发生的特定过程的发展性起源的研究中提供了一种指导。例如，我们知道在很小的婴儿身上就存在着使用语言与符号的能力，他易于患上神经症，而且他的自我关联作为这同一过程的不同侧面而发展起来。劳伦斯·克比确切地写道：

> 在婴儿期和儿童早期，神经症过程随着语言的发展而出现，也就是说，伴随着用符号来做出行动、思考，并最终用符号来说话这种能力的发展。神经症的符号与语言的符号是相同的，并且依赖于许多同样的基本人类能力。而对于这些符号功能的神经症歪曲，作为在意识与无意识过程之间的一个两分法的结果而发生，这个两分法在每一个人类婴儿的发展中很早就开始了。[8]

事实上，这种意识与无意识之间的分裂之所以发生，主要是因为婴儿在发展他将自己看作是主体与客体这一能力方面受到了阻碍。婴儿能够与其父母交流的就变成了“有意识的”，而他不能交流的（由于焦虑或者害怕被惩罚）就受到了阻碍、压抑，变成“无意识的”。这就是为什么克尔凯郭尔非常正确地说：“意识越多，自我就越多。”

而且，这个框架还为我们提供了一个测定神经症与精神病的视角。这种自我关联的受阻就是弗洛伊德所说的“压抑”，以及沙利文的术语“分裂”。自我关联被截断的程度，是对个体身上神经症发展的一种测量。当然，自我关联的完全缺乏只存在于精神病患者身上。因此，神经症问题的出现，与我们在多大的程度上被迫放弃我们同时将自己看作是主体与客体的能力是成比例的。心理自由是与个体自身的性格一致地起作用的。

这里，我们碰到了一个非常棘手的问题。由于人具有从外界来看他自己，同时与作为主体与客体的自我联系在一起的能力，因此，他能够做出反对他自己的行动。正如保罗·蒂利希所说："从本质上看，行动因存在而起：猫根据'猫的存在'而做出行动，它们不会做出反对猫的本质的行动。但是，人能够做出反对他自身本质的行动，因此在我们的语言中有'非人'这个范畴。"我猜想，人类体验中很多被称为悲剧的行为，以及弗洛伊德的"死本能"所指的很多东西，都可以根据人能够做出反对自我的行为这种潜能来进行理解。

同样，这些思考表明，一种恰当的关于人的科学不能排除伦理观。因为一个活着的、具有自我觉察的人类存在的行动，绝不是自动的，而是涉及某种对结果的权衡、某种导致善与恶的潜能。同样，与自我关联的缺失成比例——比如说当这个个体处于药物或催眠的控制之下，或者患上了严重的神经症或精神病——这种对结果的权衡也会成比例地减少。伦理观源自于人类能够超越即时的、具体的情境，并根据他自身以及社会长期的福利或毁灭来看待他的行为的能力。

我们提出的关于人的科学将把人作为符号的制造者、推理者，以及能够参与到他的社会中并具有自由和符合伦理的行动这种潜能的社会哺乳动物来加以研究。与对实验科学与自然科学的追求相比，从最好的方面来说，对这种科学的追求需要一样的严格思维和一心一意的训练，但是它会把这项科学事业置于一个更为宽阔的背景之中。用科学的方法研究人，并仍然将他看作是一个整体，将再次成为可能。

注释

［1］*Collaborative Research in Psychopathology*，formulated by the Committee on Psychopathology of the Group for the Advancement of Psychiatry，Topeka，Kansas，January，1954.

［2］*Ibid.*，p. 3.

［3］罗洛·梅：《人的自我寻求》。自从撰写作为这一章之基础的原先那篇文章起，已经有大量的证据表明上面这个预言是正确的，即，情感冷漠已经出现在我们的社会中，并且有越来越频繁的危险（如果现在还没有变成这样的话）。凯瑟琳·吉诺维西（Catherine Genovese）被杀事件（皇后区的38位市民拒绝“介入”）仅仅是证实这种情感冷漠的事件中最为显著的一件。

［4］See Ernst Cassirer，*An Essay on Man*；and Rollo May，*The Meaning of Anxiety*.

［5］Gordon Allport，*Becoming*：*Basic Considerations for a Psychology of Personality*.

［6］引自维尔纳·海森堡于1954年10月在圣路易斯华盛顿大学一次关于科学与人之责任的会议上所作的演讲的油印稿。

［7］在1954年美国精神病学会年会上提交的一篇论文。

［8］Lawrence Kubie，*Practical and Theoretical Aspects of Psychoanalysis*，1950，p. xii.

第十四章 Chapter Fourteen

心理学家的社会责任

道德的人并不是一个仅仅想做正确的事情并付诸实施的人，也不是没有内疚感的人，而是一个能够意识到自己正在做什么的人。

——黑格尔

这一主题向我们提出了挑战，这不仅是因为它对我们这些社会科学家来说很重要，而且还因为对于生活在我们世界中一个不稳定时期的人类来说，它也很重要。在那些我撰写本章草稿的日子里，总统刚刚宣布仍然只有很小的机会通过一个测试禁止令来阻止热核战争力量这个妖魔，以及与它相伴的那个魔鬼，即过度杀戮，为了利益而从瓶子里出来。也是在那些日子里，新闻中充斥着关于几百个被囚禁在伯明翰的人的报道。而就在我写下这类观点的那个傍晚，哈莱姆发生了一次暴乱，而且沿着纽约市的阿姆斯特丹大街发生了一次游行，这个游行经过哥伦比亚大学以及离我们家半个街区的地方。莎士比亚《李尔王》的最后四句一直盘旋在我的脑海中：

这个让人悲痛的时代的重担，我们必须承担，
说出我们感觉到的东西，而不是我们应该说的东西。

因此，如果我们拥有这种幻觉，即认为这两个问题一平静下来，我们就可以从我们的不稳定状态中解放出来，那么我们的幻想很快就会破灭。因为我们很快看到，我们的海军陆战队在多米尼加共和国登陆，确保了一种“持久不稳定”状态，并且从那时起在越南的战争就逐步升级了——对于每个人来说，不管你的政治观点是什么，似乎都不是正面结果。我提到这些事情是为了指出，似乎毫无疑问，我们在即将来到的几十年中将处于一种不稳定的世界情境中，除非我们对相关的东西视而不见，否则我们将很长一段时间都生活“在危机之中”。因此，作为心理学家的我们，应该更多地关注社会责任这个问题。

当我们考虑这个问题时，第一件给我留下印象的事情是，直到四五年前，作为心理学家的我们才以某种恰当的方式，或者在社会有权向我们提出期望的程度上承担我们的社会责任。1954年，亚瑟·康普顿（Arthur Compton）召集了一次关于科学与人的责任的会议。只有一个心理学家出席，恐怕这象征着我们的分离。这次会议由像康普顿、海森堡那样的物理学家、生物学家、哲学家以及人文主义者构成。关于我们世界中高于一切的问题，即核战争，原子物理学家尤其要站在我们前面承担起责任。幸运的是，这种情境在过去的几年中已经发生了改变：在这些问题上，心理学家已经位于前列地站到了自己的位置上。我认为，这个就是他们与物理学家的区别：心理学家们已经承担了他们作为有责任感的市民的角色，而且据我看到的，现在仍然缺乏对这一事实的有责任的关注，即就像物理学的发展一样，心理科学的发展本身包含着对社会的危险。

为什么原子物理学家要在心理学家之前很多年承担责任呢？这不是因为只有他们知道核武器巨大的破坏力量：在广岛事件之

后，我们所有人都知道了这一点。他们自己的双手在原子弹的制造过程中起了一份作用，他们的社会冷漠不可避免地受到了动摇。他们的承诺与有责任的关注难道不能被解释为对其自身的内疚的一种建设性反应吗？在第一次裂变时，一位物理学家评论道："我们没有一个人从洛斯阿拉莫斯那个朝外看的地方走开而没有在心里说：'天啊！我们都做了什么？'"他们当中没有一个认真严肃的人认为他们不应该发展使得原子弹成为可能的原子裂变——这意味着一种科学的倒退，而即使只是一种不太能实现的可能性，从他们的观点或者我们的观点来看，都是难以想象的。但是，他们直接体验到的自我—世界关系的动摇，确实在他们许多人当中导致了一种新的意识的出现，现在这一层面必然包括社会责任。

同样，我提出，作为心理学家，建设性地面对自己的内疚是我们最为健康的开始之地。大多数心理学群体至多承认这种内疚仅仅是潜在的而不是事实上的，在他们听来，这很可能是很奇怪的。但是作为一种职业，如果非得等到现代人心理与精神中的大变动迫使我们认识到我们一直运用的这种力量，那么这将真的是一种遗憾。罗伯特·奥本海默（Robert Oppenheimer）在1955年美国心理学会年会之前的演讲中已经提醒过我们，心理学家的责任甚至比物理学家的责任更大。奥本海默说："如果没有认识到这一点，即对他而言，知识的获得开启了控制人们做什么、怎样思考、怎样做出行为以及如何感觉这个最为可怕的前景，那么心理学家将几乎什么都不能做。"[1]

如果奥本海默的话是正确的——这在我看来似乎显然就是正确的——那么我们情境的逻辑性要求我们卸去职业的外部标志，并且进行比我们或者其他任何职业过去所做的更为深远的、彻底的自我审视。在对这样一种自我审视提出质疑的过程中，一个精神分析学家承担着苏格拉底的牛蝇的角色，这样说很可能是恰当的。

第一个质疑是，在“等到所有的证据都齐全”这个标题下，我们缺乏承诺的合理化倾向。但是，关于我们当代世界以及这些问题的本质的关键性情境，不恰恰就是这样的，即它们不能等关键的测试吗？我们不能等一次对核战争的测试，我们不能等一次对辐射的完整测试。我们情境的讽刺是，如果我们等待所有的证据，那么当事情来临时我们将不能在这里使用这些证据了。当然，我的论点完全不是反对接受训练，努力获得我们所能获得的全部证据。相反，我的论点是反对将这种可敬的理想用作承诺的一种替代物。好像如果我们等待足够长的时间，证据就会为我们做出决定！在关于思维控制的研究中，罗伯特·利夫顿（Robert Lifton）很好地评论说，任何完全的“个人或道德的分离在心理学（或者任何其他）研究中至多是自我欺骗，在最糟的情况下是有害歪曲的一种来源”[2]。

但是，在我看来，对于我们心理学家来讲甚至更为重要的一点似乎是：我们所面对的这些问题的本质是，我们无法知道真理，除非我们能够承担责任。在第二章中，我们提到了在一场关于核战争问题的辩论中一位参与者所说的话，他向听众们说：“你们提出是否会有战争这样的问题，无论如何都不会产生任何的影响。这完全是由聚集在柏林或莫斯科的由少数高级政治领导人组成的委员会决定的。”我的回答是：“我承认你所说的似乎是正确的，而且你有相当多的证据来证明这一点。但是即使你拥有了世界上所有的证据，我也仍然不会相信你所说的话。”

正如听众们意识到的，我并不是发表一种反理智的论述。相反，我是说，如果我们接受了我的对手的论述，那么我们将处于被动，而他的论述也会由于我们的接受而变为正确的。另一方面，如果我们拒绝接受他的论述，而是尽我们所能去影响国会、总统以及其他的领导人，这样，一个甚至只有几百人的小群体也会拥有某种意义。

这一点就是政治自由开始的地方，刚开始的时候这种自由可能会非常小。而且，认为这样一种影响能够像一个慈善的连锁反应一样几何地增长，就是对于民主的信念。我们所有人都知道，民主能够恶化成一种对于数量、数字以及总体统计学的盲目信念。但是，民主在其根源以及其最高代表方面不就是某种相当不同的东西，即，对个人承诺的一种质的信念吗？同样，自由根本就不是一件“按你意愿行事”的事情，而是作为一个个体做出对他的群体而言有意义、要紧的行动的力量。

我的论点是，直到我们承担起对它们的责任，对生活中如爱、战争以及和平的关键体验才能产生。而且，除非我们，或者某个人，能够负责任地承担起对这些信念的责任，否则关于这些体验的论述就不可能是正确的。下面，我们将回到关于价值观讨论的这个问题上。

这样一种自我审视中产生的另一个问题是我们在**权力问题上所表现出来的天真**。在观察心理学家时，我发现我们在很大的范围内都共有西方知识分子的职业病——看不到权力悲剧性的、邪恶的方面，实际上是对其实行鸵鸟政策。在早期关于种族关系的研究中，我没有看到心理学家们的研究意识到即将发生的消除种族隔离与种族关系的暴乱。[3]难道我们不是低估了积累的被压抑的激情（从弗洛伊德的意义上说）与在被压制群体中经济决定因素的压力（从马克思主义的意义上说）爆发力量的程度吗？以利莲·史密斯（Lillian Smith）与詹姆斯·鲍德温（James Baldwin）这些小说家为代表的艺术家，结果成了比我们更好的对于消除种族隔离中出现的骚动与暴乱的预言者。

在这里，根本的问题是，我们作为心理学家的心理结构，似乎成了一种否认并压抑力量的结构。正如我所看到的，我们倾向于——西方知识分子职业病的这种症状也是共有的：过度强调理性——完全遵循亚里士多德的格言，即人是一种理性的动物，因为这使得我们的假设更为简单，允许我们继续享受着作为温和的人的舒适，这种温和的人认为，其他人会像**我们认为自己所做的那样**理性地做出行动。而既然我们的测试是在我们自己忽视或者否认权力的基础上建立起来的，那么它们自然会导致不能揭示驱动人们或群体的权力需要的结果。

在我访谈分析学派的心理学家时，我经常想，既然我们的职业倾向于吸引那些否认或压抑自己的权力需要的个体，那么肯定有一种选择性因素在起作用。因此，这些被压抑的权力需要就有可能出现在他的治疗中，或者在他自居拥有实验技术和机器的权力而想要控制其他人的倾向中。在想要被训练成为治疗者的候选人中，我经常看到孤立个体的模式，这些孤立个体之所以想要获得交往，并且受到从事治疗的吸引，是因为治疗给了他一种使他感到不那么孤立的模拟关系——一次“被控制的”风流韵事或友谊，这当然根本就不是爱或友谊，以及从它是被控制的这个意义上说，这还是治疗中的一次失败。同样，深入研究心理学家们那些没有表达出来的、没有面对的权力需要，可以找到一种量身定做的形式，表现为专注于控制他人的技术的权力。

与上述内容联系在一起的自我欺骗的一个方面是，我们认为钢笔比剑更为强大的信念倾向于不知不觉地滑到了一个未经审视的假设，即，因此剑，或者权力是不相干的。而说也奇怪，我们因此也看不到，说出的或写下的字句可能与剑一样不负责任和邪恶。当有人用剑来攻击你，或者像麦迪逊大街的商业竞争一样在经济方面攻击你，你至少能够知道你面对的是什么。而在思维控制中，从它们攻击同一性及自我意识之中心这个方面来说，被用于权力目的的字句可能更为邪恶，更难抵制。[4]

针对关于破坏性权力的问题，我们越少地采取鸵鸟政策，我们就越能有效地帮助自己以及我们的社会朝着积极目标的方向转变我们的权力需要。以和平问题为例。在我上大学的那些日子，我们相信和平，为和平而前进，为和平而搞运动，我们是如此的习惯于“想要和平”，以至于我们从来不让任何一丝关于那里将会出现另一场战争的想法进入我们的脑海中。但是，这使得我们对看到或应对希特勒完全没有准备，我们甚至没有感知到这种邪恶权力的出现（很长时间以来，我都一直羞于记起），仅仅是因为这种非理性的、原始的权力不符合我们的范畴与概念：它完全不能存在。但是，不管我们是否让自己看到这一点，它确实存在着。德国与欧洲的自由主义知识分子陷入了同样的陷阱，他们干了有利于独裁者的事情，因为他们没有考虑到权力的悲剧性现实，因此，他们也没有及时地承担起责任。

我所提倡的——作为这种自我审视的一个希望的结果——是对我们的意识的一种扩展与深化，以将权力问题的悲剧的、动力的、邪恶的方面都包括进来。如果我正在给刚开始接触心理学的学生们上课，那么我会布置他们阅读一些卡尔·马克思的著作，不是为了让他们了解他的经济哲学，而是因为他对非理性的经济和社会权力之根本重要性的理解，而且他看到了你获得权力的方式是怎样制约你所选择的那套特定“理性的”信念（思想意识）

的。因此，在更宽广的维度上重新建立我们的意识，将权力对社会的破坏性方面的感知和理解包括进来，同时囊括我们自身的攻击以及在社会问题建设性一面的权力需要，是有可能的。这不就是威廉·詹姆斯所寻求的“战争的道德等价物”吗？因此，和平不是一种真空的状态——一种消极被动的、毫无兴致的、胆怯的、让人厌烦的状态——而是会挑战并需要我们所有的潜能。

关于自我审视的第三个问题是，心理学中的反历史倾向。我们倾向于将自己看作是“超越”历史的，并且看不到我们的心理学（实际上是现代科学本身），像文化的其他任何方面一样，都是历史的产物。在西方文化中，科学呈现出了几个相当不同的形式，而且认为我们自己的是科学绝对的、最终的形式，这当然是骄傲自大。古希腊观点认为科学是对逻格斯（世界的一种有意义的结构）的揭示，是建立在希腊人对自然特别的尊重基础之上的。中世纪观点由经验哲学学者及阿奎那（Aquinas）系统阐述，认为所有自然都互相适合于一种理性次序，成了现代实验科学的基础，给了科学家们这样一种信念，即他们各种不同研究的所有部分都能够互相适合并说得通。在现代，超越自然的力量，而不是揭示与理解，成了目标（参见培根的格言：“知识就是力量”）。而获得力量的方法以机器模型为基础。因此，西方人开始专注于计算以及对物质自然的控制。

因此，在当代这个世界中，有两个发展对于心理学家的困境而言是灾难性的。一个是17世纪及后来发生的道德绝对论与教堂的权威转到了科学上。另一个是开始于19世纪的使人也成为计算与控制的客体，并且将在获得超越物质自然的力量方面仍然具有让人非常难忘的生产性的方法运用于获得超越人类的力量这个方面的努力。

在我看来，现代心理学的困境似乎就是在这儿。我们是现代科学的代表，注定要在人的心理与精神这个领域中起作用。（而这个困境当然不能通过我们用像“行为”和“觉察”这样的术语来替代而得以逃避。）不管我们是否意识到这一点，我们继承了科学的道德绝对论的衣钵，与研究无生命自然的物理学家相比，或者与至少可以跟自己说他们研究身体的生理学家相比，这个衣钵更为不稳定地压在了我们身上（就像赫拉克勒斯的衬衫一样）。不管我们是否希望，社会把找到伦理与精神的终极问题之答案的需要交给了我们，在许多方面（既包括科学领域内部，也包括科学领域外部的方面），都期望我们通过技术和机器得出这些答案。因此，我们的困境就是，我们是否能够拥有一种关于人的科学，而同时又可以避免把人改造成符合我们借以研究人的机器与技术的意象的倾向。也就是说，我们是否能够拥有一门心理学科学，而仍然能保存使得人成为一个个体的价值观及独特特征，即构成他的人性的价值观。

对于这些问题，并没有简单的答案，但是，我认为答案是有的，如果我们认为没有答案的话，我们中的许多人将根本就不能待在心理学领域中。因此，上面的问题不是是否有，而是我们能够以何种方式来拥有一种关于人的科学并保存这些价值观。

当然，社会对心理学怀有很大的矛盾心理。这通常比对科学的矛盾心理更为尖锐、更为激进。我们被期望扮演上帝的角色，但是在受到尊敬时，我们也以同样的比例被当作恶魔而为人恐惧与憎恨。就一个国家、一门科学或者一群人而言，这种扮演上帝角色的做法，将会不可避免地导致这种上帝—创造物被看作是恶魔。[5]但是，这确实是一个诱惑人的前景——可靠的权威告诉我们这是最强有力的、致命的诱惑。[6]正是在这一点上，我们对自我的审视是非常关键的。难道我们不能在社会对我们这个职业的批评中找到对这种自我审视来说非常有用的帮助吗（尽管这样的帮助总是让人不愉快）？

我谈到了长岛社区反对教育测试的“暴乱”，谈到了诸如《大脑的看守者》（*The Brain-Watchers*）这样的书，谈到了威廉·S·怀特（William S. Whyte）对于职业测试与心理治疗的批评，谈到了约瑟夫·伍德·克鲁奇（Joseph Wood Krutch）对斯金纳的操作性条件作用的攻击。在我看来，我们认为自己“在历史之上”的倾向似乎已经使我们看不到这些批评中潜在的意义，更不用说帮助我们建设性地妥善处理它们了。如果我们仅仅是说这些攻击“不公平”，然后通过证明这些学者在其事实细节方面是错误的而将这些攻击丢掷一边，不予考虑，那我们不是在很大的程度上错过了要点吗？问题不在于一个脾气不好的人撰写了一本书，或者一些吵闹的群体或个人是被误用了的测试的受害者，或者说某些畅言无忌的个体是治疗的受害者。不是的，将这些攻击看作是社会中正在显露出来的对我们潜在的不信任的症状，将富有成效、确切得多。我们应该问，这是哪一种不信任的症状？为什么会出现？当然，我们不能把威廉·怀特和约瑟夫·伍德·克鲁奇（只引用两个例子）看作是无知的、蒙昧的，或者是不忠于公共福利的。

无疑，我们向自己提出的第一个疑问是：我们真的试图扮演上帝的角色吗？在这个疑问中，没有什么东西是非常意外的。在谈到当代这些崇拜科学的倾向与思维控制的关系时，罗伯特·利夫顿说出了这些很有说服力的话：

与这种崇拜相伴随的，是期望科学能提供一种关于一个

> 封闭的、完全可以预知的世界的完整的、绝对机械的理论。现代物理学长期以来一直否认这种理想，但是这在人文科学——生物学、心理学、社会学——中却一直持续存在，并且尤其在这些科学中产生了破坏作用。思维变革是其最终的表现形式——在一个封闭的社会中人的一种机械化的意象，以及一种在重新使人符合这种意象这个过程中对科学方法的要求。[7]

在前一个章节中，我已经指出了在我看来我们是怎样落入在心理学中扮演上帝这个角色的。那么这个情境对我们的社会责任这个问题具有什么样的影响呢？

一些同事坚持认为，接受我们的社会责任需要我们承担控制与操纵其他人的角色。我不赞同这种说法，不仅是因为这样一条路线违背了我关于社会的民主观点，而且更为重要的是，因为我认为这条路线违背了人类价值观的出现与发展。我们所有人都不能否认人类在特定的限制条件内，在一个特定的时期可以被控制——受到药物、条件作用、催眠以及思维控制的控制。我们所有人也都不能否认控制的某种元素以及条件的设置存在于所有的人际关系中——治疗者与患者、父母与孩子、老师与学生。但是，关键的区别在于这种控制预先假定另一个个体是主体还是客体，这种控制是否与操控联系在一起——严格地说，是在塑造另一个人时“对支配（上肢）的使用”——或者说，是为了扩大另一个个体的意识和自由以负责任地参与社会价值观的选择这个目的。

一些关于我们所说的控制的例子可能会引起人们的兴趣。举一个例子，我坚定地，且带着真正的控制地教我的孩子要等绿灯亮才可以穿越街道。但是，我并不仅仅是想建立一种新的习惯，反复灌输一种新的行为形式。我是想向他展示这条原则，向他解释这种情境，希望当他长大后，他的意识能够扩展到将体验的“交通”方面也包括进来，这样这些方面就能够帮助他适应我无从知晓的未来情境，如新的超级高速公路上的交通或者将来某一天（上天帮助我们实现的）星星之间的交通。从这种意义上说，我的这种控制是有助于扩展他有意识的责任心和自由的边缘的。

再举一个治疗中的例子。我们所有人都能觉察到治疗中存在着多少的控制。但是，从控制是为了塑造患者使其形成一种既定的行为方式这个意义上说，我认为，这是治疗的失败，而不是成功。当然，依据时间和空间的现实事实，恰当地说，治疗者与治疗条件的设置有很大的关系，例如，会留出特定的几个小时来给某位患者，他不能在他希望的任何时间来接受治疗，也不能去他想去的任何地方接受治疗。但是，重要的一点是，关键不在于这位患者符合这些条件。相反，当我们不是将反复灌输新的习惯看作是治疗的主要目的，而是将提供一种情境，在这种情境中，患者的认同感、意义以及责任心都可以得以发现和发展作为治疗的主要目的时，患者如何对这些条件做出反应、质疑它们、反抗它们等，就是最为重要的。

例如，我的一位患者在治疗时总是迟到。我可以很轻易地制约他改掉这种显然是自我挫败的“坏习惯”。但是，对我来说，更为重要的是，与他一起尽力地看到在迟到这个行为中他想说的是什么（不仅要告诉我，也要告诉他自己，因为他并没有觉察到他为什么总是迟到，因此也就没有对它进行负责任的控制）。对于这个特定的患者而言（他整个先前的生活都是处于有一个权威的、著名的父亲这个背景之中的），在治疗早期阶段出现的迟到是一种建设性的、独立自主的行为。实际上，在他有机会理解这种症状的语言并听听这种症状要告诉他的是什么之前克服这种症状，将是一种显著的失败。对完全符合我们的“条件”的患者——顺从的患者，我是最没有把握的，他试图取悦我并尽力地找出他觉得我认为他应该做的事情，然后仅仅是太过于焦虑而没有做。对这种类型的患者，我们取得了表面上的成功（这种成功可能只能持续几年），但是从长远看，我认为，对这种类型的预后是最没有把握的。从这个方面看，对条件作用治疗的研究是意义重大的，它表明，最为顺从、最易接受催眠、最易受暗示影响的人，是对治疗的条件作用类型最为敏感的人。[8]

因此，我们的问题包括理解价值观的本质，以及个体自由与那些价值观之间的相互关系。在我看来，从积极的意义上说，我们对自己的社会责任的实现，将取决于我们作为心理学家怎样来解决个体自由与社会价值观之间的关系问题。

我认为，在社会价值观与个体自由之间存在着一种辩证的关系，而且我们不能拥有其中一个，而不拥有另一个。在人类文明中，并没有作为一种纯粹的社会的价值观本身这样的东西，价值观是在社会的传统中被赋予和流传下来的，并且通过社会中的个体行使其自由的某种边缘来对其加以肯定或反抗，使其不断地受到肯定、发展和改革。随着个体与群体的相互作用，这些价值观会在意识的新的层面上不断地出现。如果我们只拥有某些可以通过文化移交过来的东西，这些东西与个体有意识的选择肯定没有关系，那么，我们所拥有的就是惯例、习俗。我正在使用“价值观”这个术语来表明一种朝着行为的某种新形式的推进——这种新形式即我们投身于其中并选择朝其前进的目标和目的，因为我们相信这些目标和目的是我们更想要的生活方式。个体自由与社会价值观之间的这种辩证关系，是在个体的主观意识以及他的客观行为中建立的，并且随着它的进展，会改变社会。

大约20年前，我在报纸上提出，在与帮助人有关的心理学与精神病学的这些方面——即，心理治疗中，价值观是必需的，且是不可避免的。在那个时候，这个观点遭到了相当普遍的抵制，但是现在已经相当广泛地为人接受了。但是认为心理学家因此应该为其他人指定价值观这个结论，几乎称不上是一种解决方式。从总体上看，它显示出了一种关于价值观的过分简单化的观点。在治疗者中存在着这样一种倾向，即在他们的生活中表现某个特定历史时期的社会精神气质。因此，他们为患者指定了他们自己群体的价值观，这些患者由于其自身的焦虑和混乱，正紧紧地抓着某种能够给予安全感的生活方式——而治疗者当然能够用等同于洗脑的具有心理学影响的技术反复灌输他们群体的价值观。尽管这确实会有助于获得"适应"，以及某种类型的短暂安全感和"快乐"，但是它违背了道德敏感性、创造性，并且阻碍了新事物的出现，我坚决主张，这一点对于任何可行的价值观而言都是一个必需的部分。

弄清楚这一点是非常重要的，即尽管我们的科学可能会检验某些价值观，但是价值观的内容本身不会来自于科学。我们能够对人们关于和平的态度和交流的方式，以及这些态度与安全感或恐慌之间的关系进行研究，但是对和平的信念本身却一定来自于我们的科学之外的某种东西。很多德国医生，包括犹太医生都为希特勒的灭绝计划工作这一事实，非常清楚地解释了这一点，即在科学中所接受的专业训练并不能确保做出一种人道主义的价值观选择。在纳粹的德国掌管国家物理研究所时，海森伯决定为了阻止希特勒获得原子弹而工作，这并不是因为科学，而是因为人性。[9]

价值观的内容基本上来自于宗教、哲学以及其他人文学科。如果科学没有为价值观提供内容，这并不是因为科学至今还没有发展得足够远，而是因为价值观的内容与科学所做的检验是处于两个不同的层面的。正如爱因斯坦（Albert Einstein）所说，科学的方法

> 不能教给我们什么，除了事实是怎样相互联系的，是怎样受到限制的，以及是怎样相互受到限制的……追求这些客观知识的抱负属于人的能力的最高水平……然而，同样明确的是，关于是什么的知识并没有直接地为关于应该是什么的知识打开大门……在我看来，弄清楚这些根本的目标与评价，并将其牢牢地放置在个体的情感生活中，正是宗教在人的社会生活中所起到的最为重要的作用。[10]

当我们期望科学无所不能，包括为我们提供价值观时，我们不仅是在危害科学，而且是将自己与几千年来缓慢发展而来的人类智慧阻隔开，并且致使我们自己在价值观方面变得幼稚。

最后，关于个体自由与我所认为的对于解决我们问题的方式来说必不可少的社会价值观之间的相互关系，我想提出一些需要考虑的问题。

第一个是，新的价值观在某种程度上总是作为对社会现存价值观的一种攻击而出现的。在某种意义上，正如马斯洛所说，这种新价值观是一种“对文化适应的抵制”，实际上是一种与文化适应的短暂决裂。这种对文化的攻击不仅发生在对这种新价值观的构想中，而且还发生在其应用中。我们只要粗略地回顾一下西

方传统或者是任何的传统，看一下伦理方面的领导者（如苏格拉底和耶稣）被看作是社会的大敌以至于被国家处死就可以了。对于这个国家的现状来说，他们当然是敌人。社会以处死的方式惩罚了他们的存在，这一点正如我们可以预期的：现状必须加以反抗，这样才有可能出现某种对于文明的成长以及伦理意识来说必不可少的新价值观。这就是蒂利希的“超越神的上帝”所指的含义。

第二个要考虑的问题与保护并尊重个体质疑的权利及能力之重要性有关。所有操作控制体系都共有的一条原则是，个体不能质疑基本的假设。在这里，一个非常重要且丰富的资料来源是我们已经提到过的利夫顿的研究。他描述了用思维控制的方法来重新教育罪犯的给人留下深刻印象的、非常高明的赏罚体系。如果你作为一个罪犯能够接受这个框架，你就能够生活得相当好。但是，根本性的一点是，你绝对不能质疑这个体系的基本假设。这些基本的目标是其他某个人设定的，无论如何与这个特定的个体都没有关系，他完全就是这些技术的客体。

但是，质疑基本目标的能力是人在进化等级中作为人而被区别开来的特征之一。而且，对诸如战争体系、国家统治者这样的目标的质疑不正是我们负责任地参与到引导我们自身进展中的一次机会吗?[11]我自身的经历主要集中于作为一个心理治疗者的层面，对那些遭受强烈焦虑和深切痛苦的人进行咨询与治疗，他们在一些情况下是处于精神病层面的边缘，也就是说，当生活中常见的伪装被扔到一边时。实际上，一天中每一个小时都有更多的资料让我确信，在患者身上所出现的质疑目标（比如说，剥削的父母强加在他身上的目标，或者是他自己的施虐受虐目标）的能力，在他走向健康的过程中是一个非常重要的点。这条原则在神经症或精神病领域之外似乎也显然是正确的。

能够质疑是一个人的认同体验的开端。质疑的功能在于，它将自我与世界区别了开来，并且使得将一个人的自我体验为在一个客体世界中的一个主体成为可能。当一个人被当作控制的客体，而且根本性的质疑受到禁止，就存在着危险，这种自我是与一个客体世界联系在一起的主体的体验就丧失了。

在我们对个体自由与社会价值观之间关系的理解中，第三个需要考虑的问题很可能是最为重要的。这个需要考虑的问题是，人的价值观绝不是一条简单的单行线，而总是会涉及一个“是”，还有一个“否”——在这里，我将称其为意志的极性。实际上，人类体验中的每一个事件不都是这些积极的和消极的极之间的一种辩证关系吗？从阿摩司和弥迦的时代，一直到雅典的最高法院、英国的《大宪章》，等等，反抗、投否决票的权利，作为对人之尊严的尊重，在西方历史中一直都非常受到珍视，其原因在于这种消极的意志实际上构成了积极的意志，也就是说，使后者成为可能。在上文，我已经提到，质疑的能力是认同体验的开端。现在，我要说明，这种说“不”的自由为一个人的认同体验提供了实体与力量，因为它证明一个人所感觉到的和思考的东西是要紧的。而且，这使得成为一个反叛者[12]、体验到愤怒并参与到反抗中的可能性成为了潜在的建设性体验。

当然，在心理治疗中，我们必须一直处理反应的这种极性，而且我认为，在我们是否能够帮助另一个人获得健康这个问题中，这是最为关键的一点。弗洛伊德看到了这一点，并在他对引出患者的敌意和负性移情的强调中应对了这个问题。兰克明确地将其描述为意志的极性，并将他的整个治疗体系建立在这个基础之上。荣格指出，一个消极的元素总是出现在关于任何一个问题的意识之中，作为积极元素的一个平衡力，并且与它大致成比例。同样，我认为，卡尔·罗杰斯之治疗体系的一个不足之处在于，他对意志的消极方面只作了轻描淡写。例如，在关于“相符”的实践中，我发现了一种倾向，即掩盖患者与治疗者之间在情感上的差别，限制治疗中需要应对的情感的种类和深度，以及看轻愤怒、敌意和冲突的倾向。患者会将他的认同体验为与治疗者在一起的，同时也是反对治疗者的，而掩盖消极的元素会使患者更难做到这一点。在坚持要尊重患者的那些人当中，罗杰斯当然一直都是位于前列的。但是，通过公开地承认愤怒、敌意以及与另一个人的冲突不是可以最佳地、最为深刻地表现这种尊重，而同时又一点都不会从关系中退出吗？实际上，这种“将消极方面包括进来”的做法，通常会使得关系（包括互相尊重）更为坚固、更值得信任。

在物理自然中，在中子与质子的吸引与排斥模式中，这种消极—积极元素是非常明显的，但是，在人的意识水平上它具有大得多的重要性。在我看来，“有意识的”指的是我能够觉察到这一事实，即我就是那个进行反抗、否定，以及体验到敌意或愤怒的个体，因此，我能够，并且在原则上必须，在某种程度上为此承担责任。这成了心理体验的一个论据：意识到这是一个人自己的愤怒、反抗等这一事实，就已经构成了责任的一个元素。唯一的例外是病态的（例如，精神病态者的违抗），而这个事实只是更加证明这个论点。意识包括图形—背景——要考虑一件事情，我必须在这个时刻排除其他的事情；要感知一件事情，我必须在这个时刻遮住、“否定”其他所有事情。从这个意义上说，冲突对于意识来说是不可缺少的。

我正在谈论的意志的极性可能至今在很大程度上都没有出现

在我们的实验室研究和经验研究中，但是这不应该使我们感到奇怪。因为我们的预先假设，即正是我们思维的背景，倾向于在开始的时候就将它排除在外了，因此它不会出现在结果中。然而，有许多重要的资料需要研究。[13]以多拉德（Dollard）关于美国黑人之情境的研究为例。很长时间以来，白人一直都是奖赏顺从行为，而惩罚反抗行为，他假设，在南部，他将会从黑人身上获得某种类型的适应。但是，表面上的东西是非常欺骗人的，正如多拉德表明的，他实际上所获得的是作为反对白人压力的防御方式的情感淡漠、漠不关心、懒惰以及表面上的愚笨。这些症状可以恰当地被看作是神经症的反抗，即黑人在一个无力进行完全反抗的情境中为了保存一种虚假的认同而进行的伪装反抗。现在，我们正在获得的是被压抑在这些症状之下的更为深层的反应，即愤慨、愤怒以及报仇的激情。

这在心理学中（当然也在心理治疗中）产生了深远的影响。对那些在其身上我们似乎获得一致而无需在某种程度上存在这种消极元素的个体进行咨询与治疗，我们也许真的可以获得完全的顺从、热情的缺乏以及漠不关心。

我的论点是，反抗的元素被嵌入了人的意识结构中，而且它是构成意识的元素之一。经典的神话为我的论点提供了有力的支持，这些神话是许多个世纪以来人类体验之精华形式的储藏所。例如，普罗米修斯神话就呈现了古希腊的信念，即文化本身（包括其价值观）是在对诸神的反抗中诞生的。

有趣的是，斯金纳以及他以前的辩论对手卡尔·罗杰斯都低估了人类冲突的重要性。（像非常有知识的西方心理学家一样，他们两个人都出现这种遗漏不就是因为过高估计了人的理性方面而低估了非理性的方面吗?）我们回想起在第一章中斯金纳称作完全是胡说的陀思妥耶夫斯基的论点，即通过反抗控制者十足的“可恶”，“人们将会证明他们仍然还是人，而不是一架钢琴上的键”。陀思妥耶夫斯基用讽刺的话语所描绘的不就是人们反抗过度延伸的权威这种正常的、健康的倾向，就像亚当很久以前在伊甸园中所做的，就像普罗米修斯在古代的希腊所做的，就像英国的贵族反对约翰国王时所做的，就像匈牙利人反对俄国人时所做的，就像俄国的年轻诗人反对“对他们有益”的社会制度所做的，宁可冒着被监禁的危险而不愿接受其他人认为对他们有益的东西吗？陀思妥耶夫斯基所谈论的难道不就是人身上的这同一种特质吗？也就是另一个俄国人——这个时代的一位伟大诗人，亚历山大·勃洛克（Alexander Blok），参见他在普希金逝世八十四周年纪念之际进行的一次演讲——在1921年的演说《诗人的目的地》中描述的那个时代的俄国权威从诗人身上拿走的“自由与宁静”——

> 不是外在的，而是创造性的宁静。不是
> 幼稚的随心所愿，不是自由主义的
> 自由，而是创造性的意志——
> 秘密的自由。而诗人正奄奄一息，
> 因为再也没有什么东西可以表达；
> 对他而言，生命已经失去了意义。[14]

我意识到，我也同样引用俄国的例子——未经证明的假定来辩论，这些例子可能会被反驳成显然是“不适当控制”的例子。但是，我认为，这不会改变这个问题。神话中亚当与普罗米修斯的反抗不是针对完全不适当的权威，而是在人类文明与意识的发展中表达出积极的目标。

如果你想要在这个时代的心理学中得到一幅相当确切的关于一个现代伊甸园的画面，那么你只能读一读斯金纳教授的《桃源二村》（*Walden Two*）。在桃源二村中，存在着不会感到焦虑、内疚和冲突的自由，你不需要努力或选择就可以变得非常适合和明智，而且像树下的亚当和夏娃一样，人际关系“处于最让人喜欢的状态之中”（正如斯金纳教授所说）。在桃源二村那个仁慈的独裁者的统治之下，据说人们非常快乐。但是，这是一种后人类的、动物式的快乐，与之相伴随的，是质疑能力以及建设性的不满意感的丧失。尽管我不赞同《桃源二村》中的观点，但是我并不感到担忧，因为我作为一位治疗者，或者作为一位研究人类历史的学者所了解到的关于人类的一切使我对这一点感到很确信，即如果这本书还有下一个章节的话，那么将会是一场对独裁者以及这个体系的强烈反抗，而这个独裁者是恶毒的还是仁慈的与此并不相关。

如果我们现在看一下这个亚当的神话，就像《创世记》的作者所呈现的那样，我们就会发现其真理是迥然不同的。这个描绘了人类意识诞生的经典神话是一个反抗上帝的神话，这并不是偶然的。在上帝“仁慈的专制”之下，亚当与夏娃以一种天真的状态生活在伊甸园之中，他们感受着前人类的快乐，带着满足而不会感到焦虑、羞怯或冲突，而且像刚出生几个月的婴儿一样，他们没有道德意识或个体意识。然后，亚当与夏娃经历了我在本章前面部分引用过的那些相似的步骤。他们质疑权威（这种质疑被投射在了撒旦的身上），他们体验到了道德意识（关于善恶的知识树的参与）。他们为反抗上帝这个权威而付出的代价是羞怯、内疚、焦虑、冲突以及从极乐的、婴儿般状态的伊甸园中被驱逐

了出来。当他们启程时，

> 整个世界都在他们面前，选择哪里
> 作为他们停泊的地方，全凭他们自己的引导。
> 他们手牵着手，带着悠悠的、慢慢的步伐
> 穿过了伊甸园，走上了他们的孤独旅程。[15]

但是，在他们向伊甸园说再见时，他们获得了什么呢？他们获得了自身作为人的区别、认同的开端以及激情与人的创造性的可能性。而且，取代了婴儿时期的那种天真的、不负责任的依赖性，现在出现了通过选择来爱、因为一个人的意愿而与他的同伴联系在一起的可能性，因此也就带来了责任。正如黑格尔所说，亚当的神话是一种"上升"。实际上，它是人类意识的出现。

在这整本书中，我一直强调，评价是一种行动。这就暗含了一个开放的（而不是一个封闭的）体系。在前面我们已经说过，某人只有让自己表明态度，否则就没有价值观——这也强调了价值观是一种行动。正是在评价这个行动当中，意识与行为才联合到了一起。一个人可以从教会、治疗者、学校、美国军团或者文化中任何其他群体那里接收机械的价值观（这些更确切地应该被称为"习俗"、"标准"）。但是，相反，这种评价的行为包括个体做出的一种承诺，这种承诺超越了"机械的"或自动的情境。这反过来又暗含了某种有意识的选择和责任。这整本书所设想的目标，即意识的深化与扩展，同时也是一个开放的（而不是封闭的）目标，鼓舞着、激励着这个开放的社会。

注释

［1］Robert Oppenheimer，"Analogy in Science，" *American Psychologist*，Vol. 2，pp. 127－135（1956）.

［2］Robert J. Lifton，*Thought Control and the Psychology of Totalism*：*A Study of "Brainwashing" in China*，Norton，New York，1961，p. viii.

［3］肯尼思·克拉克（Kenneth Clark）在种族关系中已经指出过这个关于权力的问题，以及它向心理学和精神分析理论所提出的挑战。Cf. *Dark Ghetto*，*A Study in Powerlessness*，New York，1965.

［4］比较：（前面引用过的）利夫顿的研究，关于这一点，我将会回过头来讨论。

［5］Cf. Lifton，*op. cit.*，p. 502，n. 35.

［6］大量的神学与宗教资料都具有这种论点：比较弥尔顿《失乐园》中的路弗西（金星，最耀眼的魔鬼），《圣经·新约》福音书中耶稣的诱惑，等等。人类似乎陷入了不得不反抗上帝（正如我们在后一个部分将要指出的）而不屈从于认为他拥有上帝的力量这个信念的困难立场。

［7］*Ibid.*，p. 459.

［8］Cf. Krasner，*The Therapist as Social Reinforcement Machine*.

［9］个人交流。

［10］我将这个引用归功于罗伯特·利夫顿，*op. cit.*，p. 460。

［11］安妮·罗伊（Anne Roe）在她的论文《人类被遗忘的武器》（《美国心理学家》，1949，14：261－266）中指出，觉察到某人自身的以及其社会的态度这种能力——我在这篇文章中称其

为“意识”——就是在进化等级中将人类区别开来的东西，而且，对它的使用，是我们在塑造自己的发展中行使自由的边缘的一种方式。

［12］比较：以积极的方式，加缪以及其他学者已经使用过这种成为一个反叛者的体验。

［13］也可以参见我们在前面已经提到过的布鲁诺·贝特海姆的《见多识广的心》，书中给出了贝特海姆非常重要的关于集中营中被关押的人选择他自己对于抓捕他的人的态度的“终极自由”的讨论。这保存了在内心进行反抗的权利，甚至在这些外在的反抗根本就不可能进行的终极情境中，这在许多情况下让人们有可能得以生存下来。在一个更为基础的水平上，在对心理上的情感淡漠、漠不关心以及绝望（在这些状态下，他倾向于枯萎，然后慢慢死去）的预防中，它是一个主要的元素。而且，在一个在我看来是最为基础的水平上，这种选择自身态度的内在能力——在内心保留说“不”的能力，即使他不得不去做那些他被命令去做的特定的事情——就是保存了作为一个人的个体尊严的东西。像贝特海姆的这样的著作中的资料，在我看来似乎是非常相关且重要的。维克托·弗兰克尔（Victor Frankel）的《从死亡营到存在主义》以及克里斯托弗·伯尼（Christopher Burney）的《孤独的囚禁》也提供了相似的资料。

［14］George Reavey，*The Poetry of Yevgeny Yevtushenko*，New York，1965，p. viii.

［15］这段引用摘自于弥尔顿《失乐园》的最后四行。

译后记

罗洛·梅的《心理学与人类困境》(Psychology and the Human Dilemma)一书于1967年由诺曼出版公司(W. W. Norton & Co.)出版，1979、1996年又分别出版平装本。该书的大多数章节都是罗洛·梅在20世纪50、60年代发表的论文和演讲稿的基础上修改而成的，这在该书的“关于本书中一些章节的说明”中有详细的说明。正如书名所示，该书探讨了在焦虑时代的人类困境，阐明了自我认同客观现实世界的危险，指出自我的觉醒需要发现内在的核心性。从这种意义上，该书是对罗洛·梅先前出版的《人的自我寻求》(1953)一书中主题的进一步深化。

该书共14章，分为四个部分，在第一部分之前还包括导言和第一章“人类的困境是什么”。第一部分“我们当代的情势”，包括第二章“现代人意义的丧失”、第三章“无个性世界中的个体认同”；第二部分“焦虑的根源”，包括第四章“现代焦虑理论的历史根源”、第五章“焦虑与价值观”；第三部分“心理治疗”，包括第六章“心理治疗的背景”、第七章“心理治疗的现象学取向”、第八章“存在治疗与美国社会”、第九章“让-保罗·萨特与精神分析”以及第十章“将存在主义与心理治疗联系在一起会出现的危险”；第四部分“自由与责任”，包括第十一章“被关在笼子之中的人”、第十二章“被重新审视的自由与责任”、第十三章“关于人的科学的问题”以及第十四章“心理学家的社会责任”。

《心理学与人类困境》一书体现了如下三个显著的特点：

第一，主题鲜明。《心理学与人类困境》的核心主题是，从存在心理学的观点探讨人类所面临的困境。正如罗洛·梅在书中指出的："如果心理学这一学科要想无愧于'人的科学'这一称谓，那么它就必须将人类的全部体验，尤其是在截然相反的情况下所表现出来的体验纳入研究的主题。"全书内容均是围绕着这一核心主题展开的。在罗洛·梅看来，所谓的"困境"是指人类无法逃脱的截然相反的情况与自相矛盾的境地。在《心理学与人类困境》出版的时代，旧的价值观变得空洞，传统的管理已不再可行，生活的困境变得更为显著、更难忍受、更难解决。人们普遍存在的"我是谁?"、"我将去何方?"、"生活的意义是什么?"诸如此类问题都没有终极的答案。但是，罗洛·梅并没有完全消极地看待人类的这些困境，他认为，尽管困境会给人们带来僵局、障碍和问题，会把人们带进心理治疗诊所与咨询室，但是，"这种截然相反同时也是人类活力与创造力的源泉。正是通过建设性地面对这些自相矛盾的境地所导致的紧张情绪，人类才构建了文化与文明。"可见，持乐观主义态度的罗洛·梅为人们指明了人生的方向：勇敢地生活在这个困境之中是人类创造性的源泉！

第二，实践运用。《心理学与人类困境》体现了罗洛·梅从理论到实践的一贯性表述思路。他在本书中明确地指出，治疗的目标不是让患者免于焦虑，而是帮助患者摆脱神经症焦虑，这样他就可以建设性地应对正常焦虑。这种观点具有较强的临床实践意义。同时，他还论述了教育中的困境。例如，他在论及学生焦虑的议题时指出："就帮助学生而言，我们的目标应该是将焦虑从神经症的形式转变为建设性的形式，即，帮助学生确定他真正害怕的是什么——以及他应该害怕的是什么——从而帮助他采取措施克服这个威胁。”罗洛·梅也谈到了大家都在提倡的“提高创造性”这种做法。在他看来，教育中对创造性的过分强调恰恰就是焦虑产生的一个原因。他提出，要帮助学生建设性地面对其焦虑，我们应该重新考虑教育的过程和目的。

第三，语言轻松。《心理学与人类困境》的主题虽然严肃，但罗洛·梅运用生动性、趣味性的语言，提高了本书的可读性。例如，书中圣彼得反驳那位生命即将结束的心理学家时说：“你甚至都没有看到你所研究的人！你不是认为我知道他有时是一条虫子吗？但是，那条虫子也会直直地站立起来，将石头一块一块地垒起来，建造了帕特农神庙。那个人在某个夜晚在尼罗河边的沙漠上停了下来，望着星星，感到惊奇。而当星星下沉，他回到他在山坡上的窑洞小屋里，研究他的陶器上所画的朱鹭的腿。他会从火中拽出一根烧焦的棍子，在墙上画一个三角形，他会做数学题。他因此教会自己如何判断星星的轨道，并学会了利用尼罗河的潮涨潮落来种植庄稼。一条虫子能做到这些？而所有的这一切你都忘了，不是吗？”像这样轻松诙谐的话语，在该书中屡见不鲜。这也是罗洛·梅大多数著作的共同语言特点。

本书由方红和郭本禹共同翻译，我们的翻译工作得到了中国人民大学出版社人文分社策划编辑龚洪训、陈红艳同志和责任编辑李颜同志的指导和督促，特此致谢。

郭本禹

2010年3月10日

Psychology and The Human Dilemma by Rollo May

图书在版编目（CIP）数据

心理学与人类困境/［美］罗洛·梅著；郭本禹　方红译．
北京：中国人民大学出版社，2010
（罗洛·梅文集/郭本禹　杨韶刚　主编）
ISBN 978-7-300-11880-2

Ⅰ．①心…
Ⅱ．①梅…②郭…③方…
Ⅲ．①心理学-研究
Ⅳ．①B84

中国版本图书馆 CIP 数据核字（2010）第 046592 号

罗洛·梅文集
郭本禹　杨韶刚　主编
心理学与人类困境
［美］罗洛·梅　著
郭本禹　方红　译
Xinlixue yu Renlei Kunjing

出版发行	中国人民大学出版社		
社　　址	北京中关村大街 31 号	**邮政编码**	100080
电　　话	010－62511242（总编室）		010－62511770（质管部）
	010－82501766（邮购部）		010－62514148（门市部）
	010－62515195（发行公司）		010－62515275（盗版举报）
网　　址	http://www.crup.com.cn		
经　　销	新华书店		
印　　刷	涿州市星河印刷有限公司		
规　　格	155 mm×230 mm　16 开本	**版　　次**	2010 年 4 月第 1 版
印　　张	18.75 插页 3	**印　　次**	2021 年 6 月第 4 次印刷
字　　数	206 000	**定　　价**	59.00 元